DIAS DE INFERNO NA SÍRIA

KLESTER CAVALCANTI

DIAS DE INFERNO NA SÍRIA

O RELATO DO JORNALISTA BRASILEIRO QUE FOI PRESO E TORTURADO EM PLENA GUERRA

MATRIX

© 2025 - Klester Cavalcanti
Direitos em língua portuguesa para o Brasil:
Matrix Editora
www.matrixeditora.com.br
🅕/MatrixEditora | ❌/@matrixeditora | 🅞/matrixeditora | 🅙/matrixeditora

Diretor editorial
Paulo Tadeu

Foto do autor
Valdemir Cunha

Capa, projeto gráfico e diagramação
Marcelo Córreia

Revisão
Cida Medeiros

CIP-BRASIL - CATALOGAÇÃO NA PUBLICAÇÃO
SINDICATO NACIONAL DOS EDITORES DE LIVROS, RJ

Cavalcanti, Klester
Dias de inferno na Síria / Klester Cavalcanti. - 1. ed. - São Paulo: Matrix, 2025.
264 p.; 23 cm.

ISBN 978-65-5616-530-1

1. Cavalcanti, Klester. 2. Jornalistas - Brasil - Biografia. 3. Correspondentes de guerra - Brasil - Biografia. 4. Movimentos de protesto - Síria - História - Séc. XXI. 5. Síria - Narrativas pessoais brasileiras. I. Título.

24-95534
CDD: 956.91
CDU: 94(569.1)

Gabriela Faray Ferreira Lopes - Bibliotecária - CRB-7/6643

Sumário

Agradecimentos 11
Prefácio 13
Introdução 15
1 Entre o Líbano e a Síria 19
2 Em território sírio 33
3 Tensão em Damasco 43
4 A caminho de Homs 53
5 Na cidade da guerra 63
6 Entre tiros e explosões 81
7 Ameaças, algemas e torturas 97
8 Penitenciária Central de Homs 111
9 Criminosos ou vítimas da guerra? 129
10 Noite de tormenta 145
11 Sem passagem e sem visto 165
12 Fora da prisão 187
13 O retorno a Damasco 209
14 Liberdade 225
A geografia da guerra 245
Álbum de fotos 249

A Ammar Ali, Adnan al-Saad
e Walid Ali, meus irmãos de cárcere.

"Ainda que eu ande pelo vale da sombra da morte, não temerei mal algum, porque tu estás comigo"
Salmos 23

"Só é digno da vida aquele que todos os dias parte para ela em combate"
Johann von Goethe

"Eu envergo, mas não quebro"
Lenine

Agradecimentos

A meus pais, Alcindo e Débora, e meus irmãos Kaíke e Kemine, por tudo.

A Gisele Vitória, Carlos José Marques, Luiz Fernando Sá e Mário Simas Filho, pelo suporte e confiança.

A Chadia e Shadi Kobeissi, pela amizade e dedicação fraternas.

A Bruno Carrilho e João Alcântara, da Embaixada do Brasil em Damasco, pela ajuda imprescindível.

A Roberto Sadovski e Valdemir Cunha, pelo incentivo constante. A Edson Rossi, pela amizade implacável.

Prefácio

Dias de Inferno na Síria é um livro revelador. Mas não apenas sobre a barbárie da guerra na Síria. Desde os primeiros capítulos, o próprio autor, o *sahafi* (jornalista em árabe) Klester Cavalcanti, nos traz o relato de uma grande frustração jornalística, que começa com as tentativas malsucedidas de chegar ao front de batalha. O plano de Klester é chegar à cidade síria de Homs, a base dos rebeldes que lutam contra o governo de Bashar al-Assad, e acompanhar de perto as atrocidades cometidas pelas forças oficiais contra a população civil. Embora alinhado à posição dominante da imprensa ocidental, Klester evitou a entrada clandestina com ajuda dos rebeldes, opção da maioria dos correspondentes para chegar ao front. Ele preferiu o caminho oficial. Foi ao Consulado da Síria em São Paulo e conquistou as garantias do Governo da Síria para visitar o país, com um visto de sete dias de validade no passaporte.

Mas os problemas começam já na chegada à capital, Damasco, onde ele deveria se apresentar ao Ministério da Informação da Síria. Klester resolve driblá-lo e vai direto, de ônibus, para Homs. Na cidade onde a guerra é mais intensa, ele é aguardado por um ativista de Direitos Humanos e já tem agendado um encontro com dois oficiais do Exército Livre da Síria (ELS), a força militar da oposição. Seu plano era acompanhar nas ruas, ao lado dos rebeldes, dois dias de combate contra os militares do governo. Mas nada saiu conforme planejado. Depois de ter seus documentos checados e liberados nas primeiras barreiras militares nas estradas de Homs, Klester acaba preso. Levado para o xadrez de uma delegacia, é interrogado e se nega a assinar um documento escrito em árabe. Coagido a assiná-lo mediante tortura, é levado pelos agentes "fantasmas" do serviço de inteligência sírio para a Penitenciária Central de Homs.

A penúria de seis dias enjaulado, em condições precárias de alimentação e higiene, o leva ao desespero. Deseja a morte para se livrar do sofrimento. Desperta uma comovente solidariedade dos presos que dividem com ele uma cela subterrânea. São 23 homens num cubículo de 40 metros quadrados. A maioria é de muçulmanos prisioneiros de guerra. Um deles fala inglês. Klester constrói uma forte amizade com três detentos, que o influenciam a acreditar na força de Alá. Klester é cristão, mas sua acolhida é justificada pelo muçulmano mais radical da prisão: "Você é um homem de coração puro", ele diz. O jornalista também tira proveito da sua condição de brasileiro, povo que não desperta o ódio no mundo árabe. E conquista a simpatia dos dois lados, tanto dos presos quanto dos funcionários da penitenciária. Mas não vou revelar mais detalhes. Apenas quero avisar a você, leitor, que os horrores da guerra e da prisão não abalaram a gana de repórter de Klester Cavalcanti. E os sírios são a maior prova disso. Eles só o chamam por outro nome: *Sahafi*, o jornalista.

Caco Barcellos, jornalista e escritor

Introdução

Em março de 2011, a Síria mergulhou numa guerra civil que assombraria o mundo. Um ano depois, cerca de 20 mil pessoas já haviam morrido no conflito e quase 1,5 milhão de sírios estavam refugiados em países vizinhos, principalmente na Turquia e no Líbano. Em maio de 2012, a cidade mais afetada pela guerra era Homs, a terceira maior do país, com 1,8 milhão de habitantes. As forças do ditador Bashar al-Assad realizavam ataques diários à cidade, causando mortes e destruição. Nesse cenário de terror, o jornalista brasileiro Klester Cavalcanti ousou desafiar o Governo Sírio e foi a Homs para registrar o que de fato estava acontecendo. Até então, nenhum outro jornalista do Brasil havia entrado na cidade durante o conflito. Após conseguir o visto de imprensa, concedido pelo Consulado da Síria em São Paulo, Cavalcanti embarcou para Beirute, no Líbano, de onde partiu, por terra, para Homs.

Na tarde de 19 de maio, ele entrou na cidade. Estava sozinho. Sua missão era mostrar a guerra e, especialmente, como os moradores viviam seu cotidiano no epicentro do conflito. Para tanto, tinha um ótimo contato em Homs, um ativista de Direitos Humanos que havia programado um encontro entre Cavalcanti e dois oficiais do Exército Livre da Síria (ELS), as forças de oposição ao governo. O jornalista tinha planejado passar dois dias com os militares rebeldes. E, depois disso, ficaria mais três dias na cidade, para mostrar a vida dos moradores.

Após desembarcar na rodoviária de Homs, Cavalcanti pegou um táxi e seguiu para o centro da cidade – justamente a área mais afetada pela guerra –, onde o ativista estava à sua espera. No percurso, encontrou destruição: carros carbonizados, casas, lojas e edifícios destruídos, tanques de guerra nas ruas, garotos correndo com fuzis e metralhadoras. Ainda no táxi, viu uma bomba explodir no topo de um prédio e conseguiu fotografar a cena. Poucos minutos depois, começava seu inferno na Síria. A mil metros do local onde seu contato o aguardava, o jornalista brasileiro foi preso pelas forças de Bashar al-Assad. Confiscaram seu celular, sua máquina fotográfica, sua filmadora – apesar da autorização por escrito que possuía do Governo Sírio para portar os equipamentos – e seu passaporte. Por mais de duas horas, foi interrogado por militares, no meio da rua, enquanto ouvia explosões de bombas e tiros perto de onde estavam.

Nos seis dias que se seguiram, Klester Cavalcanti viveu momentos de angústia, desespero e sofrimento. Por várias vezes, foi ameaçado de morte, com fuzis e metralhadoras apontados para sua cabeça. Foi fichado, torturado, algemado e trancado numa penitenciária, onde ficou numa cela com mais de 20 detentos. Em momento algum disseram por que ele havia sido preso ou permitiram que desse um telefonema. Durante o período em que viveu no inferno, Cavalcanti não sabia o que o futuro lhe reservava. Poderia tanto ser executado e jogado numa das ruas empoeiradas de Homs quanto apodrecer ao lado dos seus companheiros de cárcere.

Acostumado a denunciar violações dos Direitos Humanos no Brasil, o jornalista, que já conquistou três vezes o Prêmio Jabuti de Literatura com livros-reportagem, conseguiu fazer seu trabalho no ambiente inóspito e limitado da prisão. Naquele microcosmo, estavam os personagens e as histórias de vida de que ele precisava para retratar a guerra civil que acompanhava da cela, ouvindo os constantes tiros e explosões vindos das ruas. Na prisão, conseguiu muito mais do que personagens para uma reportagem. Seus companheiros de cela tornaram-se amigos. Irmãos de cárcere.

Neste livro, o conflito sírio é apresentado de uma perspectiva inédita, uma vez que é registrado de dentro de uma cela, expondo as entranhas da repressão e o cotidiano de um país destruído. As vítimas e os algozes se confundem, ganhando uma dimensão humana que faz refletir sobre as razões que levam um país inteiro a uma guerra civil cujo final ainda parece distante. Num minucioso trabalho de jornalismo investigativo, Cavalcanti apresenta fatos e personagens com riqueza de detalhes e precisão de informação, incluindo os nomes reais de todos, entre eles militares, policiais, presos, funcionários do Governo Sírio e os diplomatas brasileiros que trabalharam para a sua libertação.

Graças a seus contatos no ELS, na Embaixada do Brasil em Damasco, nas organizações de Direitos Humanos e até mesmo no Governo e no Exército Sírios, o jornalista conseguiu confirmar, mesmo depois de sua libertação, informações que havia coletado na prisão, como, por exemplo, o fato de um dos seus companheiros de cela, Adnan al-Saad, ser filho de um capitão do Exército Sírio. Em outro caso, Cavalcanti confirmou, com a ajuda de um militar que estava no grupo que o capturou na rua, que um jovem que conhecera no Líbano – Jawad Merah – estava voltando a Homs, contra a sua vontade, porque havia sido convocado pelo Exército para combater os rebeldes. E viu que funcionários do governo também sofriam com o conflito. A diretora de Mídia Internacional do Ministério da Informação da Síria, Abeer al-Amad, revelou ao jornalista a angústia que sentia pelo fato de a mãe dela viver em Homs e se negar a ir morar na capital com a filha.

Em *Dias de Inferno na Síria*, Klester Cavalcanti traz à tona histórias de vida escondidas por trás das estatísticas que apontam os números de mortos e de refugiados na guerra. E conta tudo o que viu e viveu antes, durante e depois do cativeiro. Uma impressionante e comovente história real. Uma história de dor, agonia, desespero, injustiça. Mas também uma história de amor, amizade, respeito, esperança e fé.

1 Entre o Líbano e a Síria

Pela primeira vez na vida, tive certeza de que iria morrer. Não era apenas uma sensação ou um receio. Eu estava absolutamente certo de que aqueles seriam meus últimos segundos de vida. Descendo os degraus de uma escada num corredor escuro e tão apertado que só permitia passar uma pessoa por vez, sentia o cano de um fuzil empurrando minha nuca, forçando-me a continuar. A arma estava nas mãos de um rapaz de pele clara, rosto quadrado e imberbe, nariz largo e cabelos lisos e curtos, cuidadosamente penteados à base de gel. Aparentando não mais de 25 anos, ele usava um agasalho Adidas branco e com tiras vermelhas. Além do fuzil, carregava duas pistolas presas à cintura.

Estávamos num prédio público, na cidade de Homs, na Síria, 180 quilômetros ao norte da capital, Damasco. Depois de passar cerca de cinco minutos numa pequena sala, sendo interrogado por um oficial que só falava árabe – o que tornou impossível a comunicação –, fui conduzido pelo jovem de gel no cabelo à escadaria mal iluminada. Não tinha dúvida: eu iria morrer ali, naquele corredor escuro, frio e tomado por um forte cheiro de cigarro. Quanto mais descíamos, mais as trevas nos cercavam.

No fim da escada, acreditei ter visto uma parede. Fechei os olhos e continuei descendo os degraus, à espera do disparo que me tiraria a vida.

Fiz uma breve oração. Apenas pedi a Deus para guardar e confortar as pessoas que me amam e que sofreriam com a minha morte.

Olhos fechados e cabeça baixa, meus pés tateavam degrau por degrau. Lentamente. Senti um calafrio insólito pelo corpo. Meu coração parecia desacelerar a cada passo. De repente, ouvi um estrondo, como se fosse um tiro. Estou morto? Foi tão rápido que nem senti a bala perfurar minha cabeça? Nada disso. Eu havia batido com a testa numa porta de ferro que ia do teto ao chão, no fim da escadaria. Abri os olhos. Estranhamente, cheguei a desejar que o rapaz de agasalho Adidas tivesse puxado o gatilho do seu fuzil. Ao menos, eu saberia que toda aquela agonia teria chegado ao fim. Mas meu inferno na Síria estava apenas começando.

Era início da noite do dia 19 de maio de 2012. Naquele sábado, fazia um calor seco, clima típico para essa época do ano nas regiões do Oriente Médio cercadas pelo deserto. Eu havia chegado a Homs, a cidade mais afetada pela guerra na Síria, cerca de quatro horas antes, após uma viagem de ônibus de pouco menos de três horas, a partir de Damasco. Estava ali com o objetivo de mostrar o que, de fato, acontecia em Homs, a terceira maior cidade da Síria, com cerca de 1,8 milhão de habitantes – naqueles dias de conflito. Além de registrar confrontos entre as forças do governo do ditador Bashar al-Assad e a oposição, eu pretendia, acima de tudo, ver e relatar como caminhava a vida numa cidade assombrada pela guerra civil havia mais de um ano – os conflitos começaram em março de 2011. Os shoppings, supermercados, bares e restaurantes estavam abertos? Havia aulas nas escolas e na universidade, uma das mais importantes do país? Os moradores – 90% deles muçulmanos – continuavam indo às mesquitas fazer suas orações a Alá?

Eu havia desembarcado na rodoviária de Homs às 15h40 daquele sábado. Dois dias antes, porém – na quinta-feira 17 –, já tentara entrar em território sírio saindo de Beirute, capital do Líbano. De Beirute a Homs, a viagem de ônibus levaria cerca de quatro horas, seguindo pelo litoral norte libanês, passando por Trípoli e entrando na Síria pela fronteira entre as cidades de Aabboudiye, no Líbano, e Ad Dabbusiyah, na Síria. No início daquela tarde, por volta das 13 horas, dois amigos que eu acabara de fazer em Beirute – o casal de irmãos Shadi e Chadia Kobeissi – me levaram até a rodoviária da cidade e me ajudaram na conversa com o motorista libanês do ônibus que partiria com destino a Homs. Antes de embarcar, percebi certa tensão entre o motorista e Shadi, que parecia tentar tranquilizá-lo. Quando fomos trocar dólares por libras libanesas (um dólar estava valendo 1.500 libras) numa casa de câmbio que se resumia a um box de 2 metros quadrados, na rodoviária, Shadi me falou da preocupação do motorista.

– Ele sabe que Homs está em guerra? – perguntou a Shadi o homem de aparência tipicamente árabe, pele morena, nariz agudo, barba e cabelo escuro e um pouco crespo, que vestia calça azul e camisa cinza de botão e calçava sapatos pretos.

– Sim. Meu amigo é jornalista, do Brasil.

– Jornalista? Ele está com o visto de trabalho? Não quero problemas na fronteira!

– Está tudo bem – respondeu Shadi, com seu inabalável semblante de calma e um sorriso amigável no rosto.

– Está certo. Mas, se houver algum problema com o seu amigo, eu vou deixá-lo no meio do caminho. Não posso prejudicar a viagem de todos os passageiros por causa de uma pessoa.

Ao saber do conteúdo da conversa, senti uma ponta de satisfação. Quis acreditar que conseguiria chegar a Homs sem maiores complicações. Tinha plena consciência de que contratempos poderiam surgir no caminho, mas preferia confiar que tudo daria certo. Compramos a passagem, que me custou 15 dólares, e embarquei. Por mais simples que fosse, estar naquele ônibus, a caminho de Homs, me deixava animado e otimista.

O ônibus que nos levaria até a Síria era confortável, como os que fazem viagens interestaduais no Brasil: bancos reclináveis, forrados de couro vermelho, com ar-condicionado e música ambiente. Música árabe. Eu viajava numa das últimas poltronas, na janela e do lado direito do veículo. Éramos 27 passageiros. Todos homens. A maior parte de jovens aparentando não mais de 30 anos. Cerca de duas horas após a nossa saída de Beirute, passamos pela cidade de Trípoli, onde dois rapazes embarcaram numa das três paradas que o ônibus fez. Um deles, após pagar a passagem, falou com o cobrador, que logo se dirigiu ao motorista. Aproximadamente 30 minutos depois, nosso veículo parou. Ao lado da minha janela, percebi uma espécie de acampamento, com barracas cobertas de lona e papelões, lençóis e toalhas como paredes laterais. O jovem que falara com o cobrador desceu apressadamente e foi cercado por duas senhoras, duas jovens e um garoto.

A mulher que parecia ser a mais velha tinha rosto redondo e olhos tristes. Usava um vestido preto e véu de seda lilás que lhe cobria a cabeça, o pescoço e o colo – como manda o Islã – e tratava o rapaz como se ele fosse seu filho: muitos abraços, beijos e lágrimas. As mulheres falavam ao mesmo tempo, em árabe. Palavra alguma saía da boca do jovem. Ele tirou um punhado de libras libanesas do bolso e entregou à mulher, que se recusava a deixá-lo voltar ao ônibus. Ela lhe apertava o antebraço direito com as duas mãos, como se a própria vida dependesse da permanência do rapaz ali. Seguiram abraçados até a porta do veículo. Ele praticamente arrastando-a sobre o chão de terra batida. Consegui ouvir o jovem despedir-se dela dizendo *"Salam Aleikum"* – saudação árabe que significa "Que a paz de Deus esteja com você". A senhora, com o rosto enrugado lavado pelas lágrimas, não conseguiu responder. Apenas permaneceu de pé, perto do ônibus, a cerca de 5 metros da minha janela, até o veículo se distanciar.

Quando o rapaz retornou à poltrona – uma fileira na frente da minha e do lado oposto –, percebi que ele tinha uma grande cicatriz na face esquerda, começando um pouco abaixo do olho e indo até a mandíbula, e que lhe faltava um pedaço da orelha esquerda. A cicatriz parecia ter sido causada por uma queimadura, com a pele mais fina e enrugada do que no resto da face. Tão logo sentou, ele cobriu o rosto com as duas mãos e inclinou a cabeça até encostar a testa nos joelhos, como se quisesse chorar. Mas não emitia som. Alguns minutos depois, enxugou as lágrimas com a camisa azul que vestia. O outro jovem, que subira com ele no ônibus e aparentava ser mais velho, levantou-se e sentou-se ao seu lado, tentando confortá-lo. Quando percebi que o rapaz da cicatriz estava mais calmo, me aproximei e perguntei se eles falavam inglês.

– Eu falo um pouco. Mas ele não fala nada de inglês – respondeu, com forte sotaque árabe, o jovem que tinha consolado o amigo. Seu nome era Gamal Said. Tinha 26 anos, olhos grandes e castanhos, nariz largo, e mantinha a barba rala e bem desenhada.

– Eu vi quando ele parou para falar com algumas pessoas... – falei.

– Era a família dele. A mãe, as irmãs, a esposa e o sobrinho.

– E por que a família dele está naquele lugar? Eles são refugiados? Com um pouco de dificuldade para encontrar algumas palavras em inglês, Gamal me explicou que seu amigo, que prestava máxima atenção à nossa conversa, havia sido convocado pelo Exército Sírio para ajudar a combater os rebeldes em Homs. Aos 21 anos, Jawad Merah nunca quis se envolver nos confrontos que estavam destruindo o seu país. Desejava ter saído de Homs desde o início da guerra – em março de 2011 –, mas sua família insistia em permanecer na cidade. Seu pai era gerente de uma mercearia de bairro. Sua mulher, de 18 anos, não queria ficar longe dos pais, que também viviam em Homs. Tudo mudaria em outubro de 2011.

Na tarde da quarta-feira 19, Jawad ajudava o pai na mercearia quando três soldados do Exército Livre da Síria – forças rebeldes contrárias ao Governo Sírio e que têm em Homs um dos seus principais territórios – entraram pedindo por socorro. Eles carregavam metralhadoras e fuzis. Um dos rapazes estava ferido a bala na coxa direita. Como a maior parte dos moradores de Homs, a família de Jawad concordava com as ações do ELS em oposição ao ditador Bashar al-Assad, presidente do país. Enquanto o pai de Jawad usava água e álcool para limpar o ferimento do soldado, ele foi buscar um pacote de algodão numa prateleira embaixo do balcão onde ficava a caixa registradora. Tinha acabado de pegar o algodão, quando ouviu homens entrando aos gritos. Eram seis militares do Exército Sírio. Sem falar nada, metralharam os três soldados rebeldes e o pai de Jawad.

O rapaz assistiu a tudo imóvel, tomado de pânico, atrás do balcão de madeira. Ao sair da mercearia, um dos militares arremessou uma granada para dentro do lugar. A única reação de Jawad foi se encolher e encostar o corpo na parede. Com os olhos fechados e os dentes trincados de dor, sentiu os estilhaços produzidos pela explosão lhe cortarem o rosto. Quando a fumaça baixou, passou a mão direita na face, que parecia anestesiada. Limpou a mão encharcada de sangue na camisa e começou a chorar, ainda encolhido no chão. Só seria retirado da mercearia dez ou 15 minutos depois, pelos vizinhos. Já em casa, durante o banho, percebeu que quase metade da sua orelha esquerda fora arrancada na explosão. Outra crise de choro.

Ele já havia perdido amigos e um tio devido aos confrontos em Homs. Mas nunca assistira a um ato de tamanha violência e, pior, que tinha tirado a vida do seu pai. Rapaz magro – cerca de 1,75 metro e 65 quilos –, de lábios finos, cabelo crespo, olhar sereno e costeleta longa, Jawad não conseguia esquecer a imagem dos militares metralhando seu pai. Desde aquele dia, jamais voltou a ter uma noite de sono tranquilo. Não raro, acordava assustado, no meio da madrugada, com pesadelos nos quais via apenas vultos num ambiente escuro. Só ouvia os disparos das metralhadoras.

Queria partir para longe daquele lugar. E o mais distante que poderia ir era Trípoli, cidade libanesa a cerca de duas horas de Homs. Um mês após a morte do pai, ele já estava trabalhando em Trípoli, como ajudante de obra numa construtora. Gamal Said, seu companheiro de viagem, era um colega de trabalho. Sua família também deixara a Síria. Sem o salário do chefe da casa para ajudar financeiramente, foram viver num assentamento de refugiados, à beira da estrada e a 30 minutos da fronteira entre o Líbano e a Síria.

No dia da minha viagem de Beirute a Homs (17 de maio de 2012), fazia exatamente quatro dias que Jawad havia sido convocado pelo Governo Sírio para apresentar-se no quartel da cidade. Se ele não aparecesse em até sete dias, seria considerado desertor e teria a prisão decretada. A razão da tristeza e do desespero da mãe de Jawad era o fato de seu único filho homem estar retornando para Homs, onde todos os dias havia registros de mortos nos confrontos entre as forças de Bashar al-Assad e os rebeldes. Como tantos outros jovens sírios, Jawad, que nunca pegara numa arma, estava sendo forçado a lutar numa guerra da qual não sentia fazer parte. E, o que era pior, ao lado dos homens que mataram seu pai. Ao saber que eu era jornalista estrangeiro, ele pediu – usando Gamal como intérprete – que eu contasse sua história para que outras pessoas soubessem o que estava acontecendo na sua cidade. E falou algo mais, que Gamal logo traduziu.

– Ele disse que Homs é uma cidade linda, de pessoas boas. E que essa guerra não é do povo de Homs. Todos lá estão muito tristes com essa situação.

Ainda conversávamos quando nosso veículo parou. Estávamos numa fila de carros, caminhões e ônibus. Gamal disse que havíamos chegado à fronteira. Todos teríamos de descer para carimbar o passaporte no posto de fronteira do Líbano, registrando nossa saída do país. O local era pequeno – do tamanho de um vagão de trem –, mas muito limpo, com cinco guichês ocupados por militares uniformizados, de cabelos cuidadosamente cortados e barba feita. Para os demais passageiros – todos sírios ou libaneses –, o processo foi rápido, levando não mais de um minuto por pessoa. Quando chegou minha vez, o oficial que me atendeu pegou meu passaporte e foi até uma sala. Três minutos depois, voltou com um sorriso estranho no rosto. Num inglês arabizado, perguntou:

– Você é jornalista?

– Sim, senhor. É o que está escrito no visto que o Governo Sírio me concedeu.

– Por que você quer ir para a Síria?

– Para fazer meu trabalho.

– E por que você veio para o Líbano, em vez de ir do Brasil diretamente para a Síria?

– Eu tenho amigos em Beirute e aproveitei que estou indo para a Síria para revê-los.

– Da Síria você pretende retornar diretamente para o Brasil ou pensa em voltar para o Líbano?

– Pretendo voltar para Beirute em quatro ou cinco dias. Meu voo para o Brasil parte de Beirute na quarta-feira da próxima semana, dia 23 – eu disse, mostrando ao oficial o tíquete eletrônico da minha passagem, que confirmava o que eu acabara de falar.

Ele me olhou nos olhos, meneou a cabeça em sinal de negativo e carimbou meu passaporte, autorizando minha saída do Líbano. Quando tentei pegar o documento da sua mão, ele o segurou por alguns segundos, me olhou novamente nos olhos e, calmamente, disse:

– Tenha cuidado, meu amigo. Você é jornalista. Seu ônibus está indo para Homs. Você sabe o que está acontecendo lá. Tenha cuidado.

– *Shukran* (obrigado) – eu respondi, usando uma das poucas palavras que sei em árabe.

Saí do posto animado. Era mais um passo a caminho de Homs. Quando retornei ao ônibus, todos já estavam a bordo e me olharam de forma diferente. Gamal explicou que, enquanto eu esperava pelo carimbo no meu passaporte, o motorista havia contado aos outros passageiros que eu era um jornalista brasileiro.

– Alguns acham que você é louco, por sair do Brasil para ir a Homs no meio da guerra. E outros pensam que você é corajoso – ele disse, com um ar de riso.

– E o que você acha, Gamal?

– Que você é louco mesmo! Se eu morasse num país como o Brasil, com aquelas mulheres lindas e aquelas praias que a gente vê nas fotos, eu nunca iria sair de lá para me meter na Síria.

– É meu trabalho, meu amigo.

– Os passageiros também ficaram surpresos ao saber que você é brasileiro.

Por causa da sua aparência, todos estavam achando que você fosse libanês ou sírio – ele disse, numa referência ao meu rosto comprido, nariz afilado, cabelo escuro, pele morena e barba, que eu deixara crescer com a intenção de passar despercebido entre as pessoas da região.

O ônibus seguiu por não mais do que 500 metros e parou novamente. Tínhamos chegado ao posto de fronteira na entrada da Síria. Eu estava a apenas um carimbo de entrar em território sírio. Em frente ao posto, um mastro com uma bandeira da Síria tremulando com suas três faixas em vermelho, branco e preto, e duas estrelas verdes no centro. Um pouco mais à frente, uma espécie de portal marcava a entrada na Síria, com uma imagem de uns 4 metros quadrados do presidente Bashar al-Assad. Na foto, ele aparecia de óculos escuros, sorrindo e acenando com o braço direito.

Exatamente como acontecera no posto de saída do Líbano, todos os passageiros foram atendidos e liberados rapidamente. O único oficial que falava um pouco de inglês me fez as mesmas perguntas que eu respondera ao militar do posto libanês. Enquanto eu era interrogado, o motorista do ônibus entrou, trazendo a minha mochila. Ele e o oficial conversaram em árabe e o motorista saiu, não sem antes me devolver o dinheiro que eu pagara pela passagem e dar um tapa de consolação no meu ombro. Caminhei até a porta do posto a tempo de ver o ônibus seguindo viagem a caminho de Homs. Não estar dentro dele foi a minha primeira decepção no Oriente Médio.

– O que está havendo? Por que eu fui tirado do ônibus? – perguntei ao oficial que havia me atendido.

– Está tudo bem. Só precisamos seguir alguns procedimentos – ele respondeu, com um sorriso amigável.

– Que procedimentos? Eu preciso chegar a Homs hoje.

– Não se preocupe. Em uma hora passa outro ônibus para lá. Antes disso, você estará liberado.

Bem diferente do posto de fronteira na saída do Líbano, este era espaçoso – cerca de 60 metros quadrados –, sujo, com pontas de cigarro e latas vazias de refrigerante espalhadas pelo chão, e repleto de fotos de Bashar al-Assad coladas nas paredes. Os oficiais do local espelhavam o ambiente. Havia quatro homens, mas apenas dois atendiam a quem chegava. Os outros conversavam e tomavam chá. E todos, sem exceção, fumavam, a despeito dos três cartazes grudados nas paredes com a figura de um cigarro atravessado por uma faixa vermelha e a frase "Proibido fumar", em inglês e em árabe. Para aplacar o calor do deserto que cerca a região, eles mantinham desabotoados três botões de suas camisas brancas, deixando à mostra parte do peito. Apenas um calçava sapatos. Os outros usavam chinelos.

    O oficial que me atendeu puxou uma cadeira e disse para eu me sentar à sua direita, do outro lado do balcão de atendimento. Imaginei que aquilo significava que eu passaria mais tempo ali do que desejava. Ele me ofereceu chá num copo de vidro. Apesar de não gostar de nenhuma bebida quente, aceitei, para não parecer antipático. De tão doce, o chá arranhou a minha garganta, me fazendo tossir. Nesse momento, outro oficial saiu da sala com o meu passaporte nas mãos e subiu por uma escada de madeira. Aproveitei para conversar com o oficial que me oferecera o chá. Seu nome era Karim Marid. Tinha 39 anos, bigode farto, rosto triangular e queixo pontudo. Os olhos eram apertados e os cabelos, grisalhos. Já trabalhava naquele posto de fronteira havia 11 anos. Nascido em Alepo, a segunda maior cidade da Síria, com cerca de 2,3 milhões de habitantes, Karim tinha amigos em Homs, localizada a cerca de 170 quilômetros ao sul de Alepo, e dizia não temer pela vida dos moradores de lá.

    – Essa guerra é invenção da imprensa americana – ele me disse, com admirável convicção, e deu uma tragada no cigarro.

    – Você acha mesmo? – perguntei.

    – Eu não acho, meu amigo. Eu sei. Quando você chegar lá, vai ver que estou certo.

    – E as imagens que vemos nos jornais e nas emissoras de televisão? É tudo mentira?

    – Não. Não é tudo mentira. Mas a imprensa exagera muito – ele falou, pegando meu antebraço direito e me encarando, sem desfazer o sorriso.

    Continuamos conversando por mais dez ou 15 minutos, com grandes intervalos de silêncio, até que o outro oficial retornou com o meu passaporte. Ao ver o documento nas mãos dele, me permiti acreditar que seria liberado naquele momento. Sem falar palavra, o homem tocou no meu ombro com uma das mãos e fez sinal para que eu o acompanhasse. Olhei para Karim, que me disse: "*Follow him*". Seguimos para a escadaria de madeira e subimos dois lances, até chegarmos a uma porta entreaberta. Antes de entrarmos, o oficial me olhou, deu três suaves tapas no próprio ombro direito – gesto que, entre os militares, simboliza as divisas de uma patente – e disse, apontando para dentro da sala: "*Chief*".

O espaço era uma mistura de quarto e escritório. Em pouco mais de 12 metros quadrados, havia uma estante de ferro – com algumas pastas de documentos e um televisor de 29 polegadas –, dois sofás com o estofado rasgado encostados nas paredes laterais, uma escrivaninha de madeira e, atrás dela, uma cama de solteiro, feita de ferro modular, na qual o chefe do posto despachava. Calvo, ele tinha uma barba grossa, que lhe cobria quase todo o rosto, deixando apenas os olhos verdes e o nariz pontudo à mostra. O homem estava conversando, em árabe, ao celular. Ao me ver entrar, fez sinal para que eu me sentasse no sofá à sua esquerda. Menos de um minuto depois, esticou o braço direito em minha direção e, com o celular na mão, disse:

"For you". Não podia imaginar quem estaria ao telefone, querendo falar comigo, num posto de fronteira entre o Líbano e a Síria. Enquanto eu tentava enxergar alguma lógica naquela situação, o homem repetiu: "For you".

Peguei o celular e, sem saber o que falar, apenas disse "Hello". Do outro lado da linha, veio uma voz de mulher que, em bom inglês, perguntou, em tom acusatório:

– O que você está fazendo aí?

– Quem está falando? – perguntei.

– Aqui é Abeer, do Ministério da Informação, em Damasco. Você tinha de vir para cá assim que entrasse na Síria para colocarmos um oficial para acompanhá-lo e ajudá-lo em tudo o que precisasse, como fazemos com todos os jornalistas estrangeiros.

– Pensei em ir direto para Homs, para ganhar tempo. Se eu tiver de ir de Beirute para Damasco e só então seguir para Homs, vou perder um tempo precioso.

– Você não pode entrar na Síria pela fronteira onde você está agora. Você só será autorizado a entrar em nosso país pela fronteira que leva a Damasco.

– Mas eu já estou muito perto de Homs. Daqui para lá são apenas duas horas de ônibus.

– Não importa. Você tem de vir primeiro para Damasco.

– E o que eu faço agora?

– Volte para Beirute e depois venha para Damasco.

– Senhora, eu não tenho como voltar para Beirute. Meu ônibus partiu para Homs sem mim. E agora estou no meio do nada, sem nenhum tipo de transporte.

– Você conseguiu chegar aí sozinho. Tenho certeza de que consegue voltar para Beirute. Estarei esperando você em Damasco.

A mulher com quem acabara de conversar – como eu viria a saber uma semana depois – era Abeer al-Ahmad, diretora de mídia internacional do Ministério da Informação da Síria. A exigência à qual ela se referira, de eu me apresentar ao ministério tão logo chegasse a Damasco, constava do meu visto de jornalista, emitido pelo Consulado Sírio, em São Paulo. No Consulado, porém, a minha ida ao ministério me foi passada apenas como recomendação, e não ordem. Tanto é que essa observação especial havia sido escrita à mão – em português e em árabe –, pela secretária do Consulado, e não registrada num carimbo ou selo oficial. Além disso, eu sabia que, devido à guerra, o Governo Sírio estava usando o pretexto de escalar um oficial para auxiliar o trabalho dos jornalistas estrangeiros para, na verdade, cercear a atividade da imprensa. Sendo Homs o município da Síria mais abalado pelos conflitos – com registros de confrontos diariamente –, era muito pouco provável que o regime de Bashar al-Assad permitisse que eu entrasse na cidade para ver e, depois, mostrar o que de fato estava acontecendo. Foram esses os fatores que me levaram a tomar a decisão de seguir para Homs sem me apresentar ao ministério em Damasco.

Após a minha conversa com Abeer, devolvi o celular ao chefe do posto, que me cumprimentou com um aperto de mão e falou: "*Good luck*". Desci a escada empoeirada sozinho, com o passaporte no bolso. Assim que me viu, Karim Marid levantou da sua cadeira de couro preto e caminhou em minha direção. Colocou a mão no meu ombro e me conduziu até a saída do posto. Atravessamos a rua juntos até uma lanchonete em frente ao posto. Ele perguntou se eu queria algo para comer ou beber, mas minha preocupação diante daquela situação era tamanha que, apesar de faminto, respondi que não. Felizmente, ele não deu atenção à minha resposta e comprou um sanduíche de queijo e uma Pepsi para mim. Colocou minha refeição num saco plástico, apontou para a ponte que liga o território sírio ao libanês e disse:

– Você não pode mais ficar aqui, meu amigo.
– Como assim, Karim?
– Você não pode ficar no meu país. Você tem de voltar para o Líbano.
– Entendi. Mas eu preciso, ao menos, conseguir um ônibus ou um táxi.
– Eu sei. Mas você vai ter de conseguir seu transporte do outro lado da fronteira.
– Não posso esperar um ônibus aqui?
– Não. Você tem de ir agora – ele disse, com a voz mais firme e já me conduzindo em direção à ponte.
– Ok. Obrigado.
– Desculpe, meu amigo. Mas eu só cumpro ordens.

Caminhando sozinho, numa ponte de concreto, no meio de lugar nenhum entre a Síria e o Líbano, eu tentava entender o que acabara de me acontecer. Eu havia sido deportado da Síria de maneira oficiosa. Outra preocupação veio à minha mente. O que eu faria se o Líbano, que já tinha carimbado meu passaporte confirmando minha saída do país, não aceitasse me receber de volta naquelas circunstâncias? Afinal, se o Governo Sírio não permitiu a minha entrada, alguma coisa de errado eu deveria ter feito. Com essa confusa situação a me incomodar, tirei a máquina fotográfica da mochila e fiz um vídeo para registrar a minha caminhada entre a Síria e o Líbano. Foram os 100 metros mais estranhos e solitários que já percorri.

Do outro lado da fronteira, voltei ao posto libanês onde havia estado cerca de duas horas antes, quando carimbei no meu passaporte a saída do Líbano. Fiquei feliz ao perceber que o militar que me atendera ainda estava lá. Ao me ver, ele sorriu e meneou a cabeça negativamente, como se já esperasse pela minha volta. Expliquei-lhe o que me acontecera.

– A Síria não quer jornalistas estrangeiros circulando pelo país – ele disse.
– Eu sei – respondi.
– Principalmente em Homs. Quando fiquei sabendo que seu ônibus estava indo para lá, imaginei que eles não deixariam você entrar.
– Eles disseram que eu preciso ir antes para Damasco e que, de lá, poderei seguir para Homs.
– E você acreditou nisso? – ele me perguntou sorrindo, enquanto carimbava meu passaporte.
– Não – respondi, também sorrindo.

– Vou lhe dizer a mesma coisa que disse quando você esteve aqui há pouco: tenha cuidado, meu amigo.

– E eu vou lhe dar a mesma resposta de antes: *shukran*.

Com meu passaporte na mão, vi que o oficial libanês havia cancelado o carimbo anterior, que registrava a minha saída do país. Era como se eu não tivesse saído do Líbano. Simples e eficiente. Meu problema, então, passou a ser outro: conseguir uma maneira de retornar a Beirute. Mas estava cansado, estressado e faminto demais para pensar nisso naquele momento. Sentei num bloco de cimento em frente ao posto de fronteira libanês e abri a Pepsi que Karim comprara para mim. Ainda estava gelada. De um só gole, tomei quase metade da lata. Nunca um refrigerante foi tão delicioso.

Comecei a comer o sanduíche de queijo sem pressa. Queria descansar um pouco. Inspirei fundo, até encher meus pulmões o máximo possível, para, em seguida, soltar o ar aos poucos – sempre faço isso quando estou muito tenso ou nervoso. Olhei à minha direita e vi a bandeira da Síria tremulando no alto do mastro fincado em frente ao posto de Karim. Antes que eu terminasse o sanduíche, uma Land Rover preta parou em frente ao posto. Um homem e duas mulheres desceram para registrar sua entrada no Líbano. Nenhum deles usava vestes tradicionais do Islã. Perguntei se poderiam me dar uma carona até Beirute ou Trípoli. O motorista foi seco: "*No. Sorry*". E deu partida no carro.

Cerca de dez minutos depois – por volta das 19 horas –, o Sol começava a se esconder por trás das montanhas, tingindo o céu de vermelho, lilás e amarelo. Recusei-me a reconhecer qualquer vestígio de beleza naquele lugar. Mas fiquei feliz ao ver um ônibus parando à minha frente. Quando os passageiros desceram, aproximei-me do motorista e perguntei se o veículo iria para Beirute, ao que ele respondeu acenando positivamente com a cabeça. Embarquei e fui direto para uma das últimas poltronas, na janela. Reclinei o encosto e tentei descansar até chegar a Beirute, onde eu ainda precisaria procurar um hotel para passar aquela noite. Para isso, contaria com a ajuda dos irmãos Shadi e Chadia Kobeissi, que eu conhecera um dia antes, mas que já haviam se tornado grandes amigos.

2 Em território sírio

Brasileiros de origem libanesa, Shadi e Chadia moravam em Beirute havia cerca de dez anos. Além da nacionalidade, tínhamos em comum o fato de eles também atuarem na área de comunicação. Shadi, 24 anos, trabalhava como designer, na construção de sites e blogs, e Chadia, 28, era jornalista da revista *Business Journal*. Ela se orgulhava de ser, segundo o Consulado Brasileiro em Beirute, a primeira brasileira a se formar em jornalismo numa universidade libanesa. Desde que nos conhecemos, eles se mostraram dispostos a me ajudar em tudo o que pudessem. Nosso primeiro contato foi por meio do Facebook, quando eu ainda estava no Brasil, um mês antes da minha viagem para o Oriente Médio. A generosidade desses dois jovens muçulmanos foi tanta, que eles se deram ao trabalho de me buscar no aeroporto de Beirute, às 2h30 da madrugada, quando cheguei à cidade vindo de São Paulo. Em seguida, ainda me levaram para conhecer a orla da capital libanesa. Por volta das 4 horas da manhã, me deixaram no hotel que tinham reservado para mim.

Naquela mesma quarta-feira, 17 de maio, às 13 horas, Shadi e Chadia haviam me levado para a rodoviária, onde peguei o ônibus para Homs.

E me pediram para telefonar tão logo eu chegasse ao meu destino ou se houvesse algum problema. Voltando para Beirute, após ser impedido de entrar na Síria, telefonei para Chadia quando o ônibus passou por Trípoli. Contei-lhe o que havia me acontecido. Preocupada, ela disse que iria me buscar na rodoviária. Pouco mais de duas horas depois, eu já estava no assento traseiro do carro dos irmãos Kobeissi, percorrendo as ruas quase sempre congestionadas de Beirute. Chadia ia dirigindo e Shadi, ao seu lado. Da rodoviária, fomos a uma lanchonete às margens do Mar Mediterrâneo. Fazia uma noite agradável, com um vento refrescante vindo da praia. Enquanto comíamos um *shawarma lahme* – sanduíche de carne servido no pão sírio, com tomate, cebola e salsinha –, eles quiseram saber os detalhes do que me acontecera na fronteira com a Síria.

– E agora, o que você vai fazer? – perguntou Shadi, após ouvir o meu relato.

– Não tenho escolha. Vou para Damasco e, de lá, sigo para Homs – respondi.

– Não é melhor você desistir dessa ideia de ir para Homs? – emendou Chadia.

– Fique aqui, em Beirute, que é mais seguro – acrescentou Shadi.

– Vocês estão loucos? Eu vim de São Paulo para cá com a missão de entrar em Homs. Não vou desistir. Preciso ver o que está acontecendo naquela cidade, como as pessoas de lá estão vivendo nesses dias de guerra.

– Eu vou entrar lá. Vocês vão ver – respondi, dando uma mordida no meu segundo sanduíche.

– Se você quiser, eu faço uns contatos e consigo fotos, vídeos e histórias de Homs. Assim, você não precisa se arriscar indo para lá e poderá fazer sua reportagem daqui mesmo – insistiu Shadi, me encarando nos olhos e falando com ares de irmão mais velho, apesar de ser 18 anos mais jovem do que eu.

– Shadi, eu agradeço a sua preocupação. De verdade. Mas acho que vocês ainda não entenderam. Eu vou entrar em Homs – falei, com uma convicção que impressionou até a mim mesmo.

– Ok, meu amigo. Agora você me convenceu. Acredito que você vai conseguir chegar a Homs – disse Shadi.

– Eu também. Mas você precisa ter cuidado. A situação lá está muito complicada. Todo dia tem gente morrendo – completou Chadia.

– Eu vou ter cuidado. Prometo. Podem confiar.

Acabamos de comer e fomos caminhar um pouco pelo calçadão à beira-mar. Havia muito lixo no chão – sobretudo latas de refrigerante e garrafas de água – e jovens exibindo seus carros importados com as portas abertas e o som no volume máximo. Apesar de ser um país de predominância muçulmana (63% da população), o Líbano valoriza a tolerância e o respeito às diferenças. Em Beirute, por exemplo, a mesquita Hariri – uma das mais importantes do país – fica a menos de 200 metros de uma igreja católica. E não há atritos. O mesmo acontece em relação às vestes das mulheres. Algumas preferem o tradicional véu – para cobrir o cabelo e o colo – e as blusas de mangas longas. Outras usam os cabelos soltos e seguem a moda ocidental: calças jeans apertadas ao corpo, minissaias, blusas de alça ou decotadas.

Por volta de 1 hora da manhã, lembramos que ainda precisávamos encontrar um hotel para eu passar aquela noite. Como o hotel em que eu ficara na noite anterior não era dos melhores – não havia sequer toalha no banheiro, apesar da diária de 55 dólares –, Shadi sugeriu que eu me hospedasse no hotel Assaha. A diária me custou 90 dólares. Mas valeu a pena. O quarto era espaçoso – tinha em torno de 30 metros quadrados – e o frigobar, bem abastecido. O banheiro estava limpo e cheirava a alfazema. E havia quatro toalhas felpudas: duas de mão e duas de banho. Após o dia tumultuado que tivera, dormir naquela cama *queen size* seria ótimo para recuperar as energias. Oito horas depois, precisaria deixar Beirute e seguir para Damasco, na Síria.

O dia amanheceu quente e nublado. Prestativos como sempre, Shadi e Chadia me pegaram no hotel ao meio-dia e me levaram até a rodoviária. Além dos ônibus, há várias vans que saem do local tendo como principais destinos Trípoli, no Líbano, Homs, Alepo e Damasco, na Síria. Em árabe fluente, Shadi conversou com três motoristas de vans, sempre de forma descontraída. Mesmo sem entender uma palavra do que diziam, consegui perceber que ele tentava negociar o preço que eu pagaria pela viagem: 30 dólares. E para facilitar ainda mais a minha chegada à capital síria, meu amigo se preocupou em encontrar um motorista que pudesse me deixar o mais próximo possível de algum hotel. Conseguiu algo ainda melhor. Uma das vans tinha como condutor Isam Mukhtar, que trabalhava para um empresário de Damasco, dono de uma frota de veículos de turismo e de dois hotéis no centro da cidade. Ele me levaria diretamente a um dos estabelecimentos do seu patrão: o Hotel Al Majed.

Único estrangeiro a embarcar no veículo, fui agraciado com a mordomia de percorrer os 115 quilômetros entre Beirute e Damasco no banco dianteiro, perto da janela. A van saiu da rodoviária às 14h15, com seis passageiros. Mas o motorista fez várias paradas ainda em Beirute, até atingir lotação máxima: 14 pessoas. Sobre o teto, iam as malas dos passageiros, amarradas ao veículo por grossas tiras de borracha que Isam prendia com o máximo cuidado. Eu ouvia a música árabe que tocava no rádio da van, enquanto admirava as montanhas que emolduram a fronteira entre o Líbano e a Síria.

Imaginei quantas guerras e mortes esses montes já haviam testemunhado nessa região, que é o berço das primeiras grandes civilizações da humanidade, entre elas os fenícios, cuja cultura floresceu aqui há mais de 5 mil anos e que tem como uma de suas maiores contribuições a criação do primeiro alfabeto de que se tem notícia. Nesse naco do mundo, já guerrearam as tropas de Alexandre, o Grande, soldados do Império Romano, exércitos bizantinos, guerreiros árabes, entre outros. Quantos milhões de homens, mulheres e crianças já tiveram seu sangue derramado por essas paragens nos últimos milênios? Quantas mães choraram a morte dos filhos? Impossível saber. O fato é que estava acontecendo de novo. E eu precisava ver isso de perto.

As mesmas montanhas que tornam a paisagem dessa região única e fascinante também fazem com que uma viagem de meros 115 quilômetros leve mais de duas horas, graças ao sobe e desce das estradas. Chegamos ao posto de fronteira da cidade de Masnaa por volta das 15h30, pouco mais de uma hora após a saída da rodoviária. Só então fiquei sabendo que Isam, o motorista, falava um pouco de inglês. Muito pouco. Mas o bastante para me dizer que eu precisava levar meu passaporte até o posto para carimbar a minha saída do Líbano. Repeti o mesmo procedimento que fizera cerca de 24 horas antes.

Mais uma vez, não tive problemas para sair do Líbano. O oficial que me atendeu apenas quis saber o que havia acontecido no dia anterior, já que meu passaporte tinha um carimbo de saída do país e, sobre ele, outro carimbo com a palavra *cancelled*. Contei-lhe a verdade. Ele deixou escapar um sorriso de canto de boca e pareceu sentir certo prazer em autorizar a minha saída do território libanês. Talvez por achar interessante a ideia de estar ajudando, de alguma forma, um jornalista brasileiro. Talvez simplesmente por saber que estava criando mais um problema para o Governo Sírio.

Antes de voltar para a van, sentei na calçada e comecei a fazer um vídeo do local, querendo mostrar, principalmente, o posto de fronteira da Síria, menos de 100 metros adiante. Só consegui filmar durante 17 segundos. Mal comecei, um oficial libanês chamou minha atenção: "*Mister!*". Fingi que não era comigo e continuei filmando. Foi o bastante para mostrar a porta de entrada para a Síria. Ele repetiu, com mais veemência: "*Mister!*". Sem levantar da calçada, olhei para cima. O homem estava de pé, atrás de mim, no terceiro degrau da escada de concreto que dá acesso ao posto.

– *Mister, no photo* – ele disse.
– *Sorry?*
– *No photo. Please.*
– Ok – e desliguei a máquina.

* * *

Seguimos para o posto de fronteira sírio. Num salão de aproximadamente 80 metros quadrados, com piso de cerâmica branca, havia dez guichês. Apenas quatro deles estavam funcionando. O primeiro, à direita de quem entrava, era destinado exclusivamente a estrangeiros. Do outro lado do balcão, um homem de rosto alvo, nariz fino, olhos escuros e cabelo ralo, aparentando uns 35 anos. Vestia um uniforme de calça azul-marinho e camisa branca. Não usava barba, mas mantinha um bigode idêntico ao do seu presidente, Bashar al-Assad. Entre nós dois, além do balcão de madeira escura, havia uma janela de vidro, com uma abertura em forma de círculo no centro. Ao pegar meu passaporte, ele conferiu o visto sírio e me encarou, com olhar de desconfiança.

– O que você quer fazer em nosso país? – perguntou, com forte sotaque árabe.
– Estou aqui a trabalho – respondi.
– Seu passaporte diz que você é jornalista. Está certo?
– Sim, senhor.
– E que tipo de trabalho você quer fazer em nosso país?
– Pretendo escrever um artigo sobre a triste situação que o seu país está vivendo.
– O que você vai escrever nesse artigo?
– Ainda não sei. Depende do que eu conseguir ver.

– Você está levando máquina fotográfica ou de vídeo?

Com a minha resposta positiva, o oficial pediu meus equipamentos. Entreguei-lhe, também, um papel com a relação de tudo o que o Consulado da Síria, em São Paulo, havia me autorizado a portar no país. Além da máquina fotográfica digital e da filmadora – um pouco maior do que a minha mão –, dessa lista constava o meu celular. Ele colocou meu passaporte no bolso esquerdo da camisa, pegou meus equipamentos e, sem falar nada, saiu andando por trás dos outros guichês até entrar numa sala na extremidade esquerda do salão. Com a minha demora em sair do posto, o motorista da van foi me procurar. Contei-lhe o que estava acontecendo, e Isam falou para eu não me preocupar. "Tudo vai ficar bem", ele disse, antes de dar um tapinha nas minhas costas e voltar para o veículo.

Enquanto aguardava o oficial retornar com meus pertences, observei os cartazes colados nas paredes. Havia 11 fotos de Bashar al-Assad, em situações e estilos para todos os gostos: sorrindo, sério, de óculos escuros, de uniforme militar, acenando. Havia, também, ilustrações engrandecendo a Síria e criticando aqueles que o governo considerava seus inimigos. Numa delas, uma águia – símbolo do país – aparecia no centro, cercada por metralhadoras, cada uma com uma inscrição identificando o atirador: Estados Unidos, Israel, CNN e BBC. No desenho, as balas disparadas pelas armas atingem o peito da águia, mas ricocheteiam e voltam na direção dos atiradores. Em outra ilustração, a bandeira da Síria tremula com um punho cerrado ao centro e, à sua direita, vê-se o Tio Sam – símbolo dos Estados Unidos – de cabeça baixa, numa postura de derrota e humilhação. Cerca de dez minutos depois, o oficial voltou para o guichê. Ele devolveu meus equipamentos, meu passaporte e desejou-me boa sorte.

– *Shukran. Salam Aleikum* (Obrigado. Que a paz de Alá esteja com você.) – eu disse.

– *Aleikum as-Salam* (Que a paz também esteja com você.) – ele respondeu.

Saí do posto animado, acreditando que não haveria mais nenhum obstáculo à minha entrada na Síria. Quem dera. Cem metros adiante, sob o portal que marca o início do território sírio, nossa van foi parada para a checagem das bagagens – procedimento padrão, pelo qual todos os veículos passam antes de entrar no país. Os passageiros sentaram em bancos de concreto à margem da estrada, e Isam subiu na van para desamarrar as malas e colocá-las no chão, onde três oficiais abriram todas, uma por uma. Sentado na calçada, eu via os policiais revistarem as bagagens minuciosamente. Até sacolas plásticas e *nécessaires* eram reviradas. Minha mochila estava comigo.

Quieto e calado entre os demais passageiros, tinha esperança de passar despercebido pelos oficiais. Notei quando outro policial do posto se aproximou de Isam e perguntou-lhe alguma coisa. Nosso motorista respondeu apontando para mim. De pele morena e barba feita, o homem parecia ser o chefe do lugar. Usava o cabelo raspado, ao estilo militar, e, diferentemente dos outros, que vestiam uniformes, estava de calça jeans e camisa de malha preta, justa o bastante para ressaltar os braços musculosos e a barriga saliente. Caminhou lentamente até parar na minha frente, de pé. Eu continuava sentado na calçada, com os braços cruzados e apoiados nos joelhos, fingindo uma tranquilidade que não sentia.

Duas possibilidades me preocupavam naquele momento. A primeira era a de, mais uma vez, ser impedido de entrar na Síria. Se isso acontecesse, minha única alternativa seria tentar entrar clandestinamente – ideia que cheguei a considerar antes de receber o visto, numa conversa com o ativista de Direitos Humanos que era o meu contato em Homs. A outra era a de que o oficial que me entrevistara no posto tivesse avisado ao Ministério da Informação, em Damasco, a respeito da minha chegada à fronteira e que, com isso, o Governo Sírio destacasse algum agente para me levar à capital e permanecer ao meu lado durante o tempo em que eu ficasse na Síria. Nesse caso, certamente eu seria impedido de ir para Homs, objetivo principal da minha viagem.

O oficial tirou o cigarro da boca e perguntou se eu era o jornalista brasileiro, ao que respondi positivamente, mas sem me levantar da calçada. Ele se agachou diante de mim e apoiou a mão esquerda no meu joelho direito, provavelmente para manter o equilíbrio.

– Você poderia tirar os óculos de sol, por favor? – pediu, num ótimo inglês, com sotaque britânico.

– Claro.

– É que eu gosto de conversar com as pessoas olhando nos olhos – falou, com um sorriso amigável.

– Sem problemas – respondi.

– Foi você que foi barrado ontem, na fronteira ao norte do Líbano?

– Sim, senhor. Eu mesmo. Infelizmente.

– Todos os postos de fronteira foram avisados da sua presença. Você nem entrou no nosso país e já está famoso – ele disse, sem desfazer o sorriso.

– Não sei se isso é bom ou ruim – falei, também sorrindo.

– Posso ver o que há na sua mochila?

Levantamos e coloquei minha mochila sobre um dos bancos de concreto. Ele pediu para que eu a abrisse e retirasse tudo de dentro. Não tinha muita coisa. Como meu plano era passar apenas uma semana fora do Brasil – o Consulado Sírio havia me concedido o visto de trabalho de sete dias –, levei o necessário: duas calças (uma delas estava no meu corpo), duas bermudas, três camisetas, três cuecas, uma camisa de botão, dois pares de meia, um par de sandálias Havaianas e outro de tênis, que estava nos meus pés. Além disso, apenas dois livros (*Notas do Subsolo*, de Dostoiévski, e *História do Povo Árabe*, do historiador francês Dominique Sourdel) e itens de higiene pessoal: desodorante, escova e pasta de dentes, barbeador, dois frascos de xampu e dois de condicionador – que eu havia pegado no hotel em Beirute – e fio dental. Eu jamais poderia imaginar que, no dia seguinte, algo tão comum e inofensivo como um fio dental viria a ter importância fundamental para o meu trabalho e talvez até para a minha sobrevivência na Síria.

Depois de tudo devidamente revistado, o oficial, que se negou a me dizer o seu nome – "Basta que eu saiba o seu", falou –, pediu para ver meu celular, a máquina fotográfica digital e a filmadora. Pegou os equipamentos, colocou tudo dentro de um saco plástico que tirou do bolso da calça e me mandou esperar. Afastou-se uns 10 metros e chamou um dos seus colegas. Pela forma como manuseavam as máquinas e olhavam atentamente para os visores, concluí que estavam vendo os vídeos e as fotos que havia nelas. Cerca de cinco minutos depois, o oficial voltou.

– Quem são esses? – ele perguntou, mostrando uma foto que eu fizera na noite anterior, na qual apareciam Shadi e Chadia diante da mesquita Hariri, em Beirute.

– São amigos meus. Eles são brasileiros, mas moram em Beirute há muito tempo. Essa mesquita...

– E quem é esse?

– É um rapaz que conheci ontem, no ônibus de Beirute para Homs. Ele é sírio e estava voltando para casa – respondi, ao ver a foto de Jawad Merah, o jovem cujo pai fora assassinado pelo Exército Sírio.

– E esses vídeos? – o oficial quis saber, mostrando quatro vídeos que eu havia feito. Três deles eram do dia anterior, dois no ônibus para Homs e o que eu fiz na ponte, após ser impedido de entrar na Síria. O quarto vídeo era o que eu acabara de fazer, minutos antes, em frente ao posto de fronteira libanês, mostrando justamente o local em que estávamos agora.

– Nada de mais. São apenas vídeos de turismo e paisagens. Eu sempre faço vídeos assim quando estou viajando.

– Você precisa ter muito cuidado com o que vai fotografar e filmar no nosso país.

– Sim, senhor.

– Você é jornalista. Sabe a situação pela qual estamos passando. Tem certeza de que quer mesmo ir para Damasco?

– Claro. Eu vim do Brasil para isso.

– Ok. Posso lhe dar um conselho? – ele perguntou, sem tirar o cigarro da boca e colocando a mão direita no meu ombro esquerdo.

– Claro. Por favor.

– Não vá para Homs. Tire essa ideia da cabeça. Tenho amigos na polícia de lá, e a situação é muito mais séria do que a imprensa internacional consegue mostrar.

– Muito obrigado. Vou pensar a respeito.

– Vá em paz. *Salam Aleikum* – ele disse, dando dois fortes tapas no meu ombro e com um sorriso amigável, quase paterno.

– *Aleikum as-Salam*. E muito obrigado por tudo.

Enquanto recolocava meus pertences na mochila, sentia-me feliz e aliviado. Era como se aquele oficial sírio tivesse tirado um grande peso das minhas costas. Finalmente, eu entraria na Síria. Sabia que, para chegar a Homs, ainda teria de enfrentar outros obstáculos. Mas entrar em território sírio, depois de tudo o que havia me acontecido até aquele momento, já me parecia uma grande conquista.

3   Tensão em Damasco

O percurso da fronteira até Damasco foi tranquilo e durou cerca de uma hora. À medida que nos aproximávamos da capital, alguns passageiros desciam da van. Já em Damasco, mas ainda na periferia, nosso motorista parou num bairro pobre, com casas de madeira, ruas de terra e esgoto a céu aberto. Ali, desceram os últimos quatro passageiros: um casal com os dois filhos, sendo um bebê e uma menina de uns 5 anos. Quando ficamos apenas eu e o motorista, Isam Mukhtar, ele usou o seu parco inglês para falar das dificuldades que a guerra em seu país estava gerando em vários setores. O próprio Isam era vítima dos efeitos colaterais provocados pelos confrontos iniciados em março de 2011.

Antes dos conflitos, ele costumava fazer, diariamente, três viagens de ida e volta entre Beirute e Damasco, somando um total de mais de 12 horas de trabalho. Com a guerra, sua rotina fora alterada. Inicialmente, passou a fazer duas viagens de ida e volta por dia. A partir de fevereiro de 2012, havia passageiros suficientes apenas para uma ida e volta entre as capitais do Líbano e da Síria. Com isso, seu faturamento com a van havia sido reduzido a um terço do que era antes do início dos confrontos.

Para compensar, Isam passara a fazer algo que detestava: levar hóspedes dos hotéis do seu patrão para passear por Damasco. "Tem muita gente mal-educada. Os americanos, por exemplo, bebem cerveja o tempo todo", ele disse. Mas a alternativa que encontrara para incrementar seus ganhos também passava por problemas. Devido aos conflitos, a ocupação nos hotéis da capital síria sofrera uma redução de quase 50%. E os preços da diária caíram junto. No hotel Al Majed, por exemplo, onde eu ficaria hospedado, a diária estava custando 30 dólares, metade do valor cobrado em tempos de paz. Pouco antes de chegarmos, Isam me ensinou uma frase em árabe que, apesar de simples, é sempre bom saber: *Sho ismak*? (Qual o seu nome?).

Enquanto eu fazia o check-in no hotel, ele me esperava sentado num sofá, na recepção. Ajeitei a mochila nas costas e, antes de subir para o quarto, contei a Isam a respeito do meu plano de ir para Homs na manhã seguinte. Como outras pessoas já haviam feito, ele tentou me demover da ideia. Quando percebeu que não teria êxito, demonstrou grande disposição em me ajudar. Colocou a mão direita no meu ombro esquerdo e me conduziu para fora do hotel, acendendo um cigarro.

– Eu não posso levar você a Homs amanhã porque saio daqui às 8 horas, a caminho de Damasco – ele disse, como que adivinhando minha intenção de contratá-lo para a missão.

– Ok, Isam. Sem problemas.

– Mas eu tenho um amigo taxista que pode levá-lo até lá.

– Ótimo. Quanto ele cobra?

– Em dias normais, 40 dólares. Mas, com a guerra, não sei. Vou ligar para ele – Isam falou, tirando o celular do bolso da calça.

Numa breve conversa em árabe – de dois ou três minutos –, ele explicou ao amigo que o passageiro era um jornalista brasileiro que precisava ser deixado no centro de Homs. A princípio, o taxista demonstrara receio em entrar na cidade onde a guerra era mais brutal, mas se mostrou disposto a encarar os riscos, desde que eu pagasse a quantia que ele julgava justa, levando em consideração as circunstâncias: 100 dólares, ou seja, 150% mais caro do que o preço cobrado pelo mesmo trajeto antes de os conflitos começaram. Mesmo sem nenhuma outra opção em vista, não estava disposto a pagar tanto. Falei para Isam que poderia gastar, no máximo, 70 dólares na viagem de Damasco a Homs, ao que ele me garantiu que o amigo aceitaria. Nossa despedida foi com um forte abraço e um *"Salam Aleikum"* de ambas as partes. Agachado, à espera do elevador, vi quando

Isam parou na entrada do hotel e olhou para mim. Em voz alta, ele disse: "Boa sorte, meu amigo. Que Alá esteja com você". Respondi acenando com a cabeça em agradecimento. "Amém", pensei.

Quando entrei no quarto, passava das 19 horas. O dia começava a escurecer. Ouvi a oração do Islã sendo entoada de uma mesquita a cerca de 500 metros do hotel. Tomei um banho rápido e telefonei para Bruno Carrilho, encarregado de negócios da Embaixada do Brasil em Damasco. Eu nunca havia visto Bruno pessoalmente. Nossas conversas eram sempre por e-mail ou telefone. Eu em São Paulo, ele em Damasco. Mas sua ajuda tinha sido fundamental para que eu estivesse na Síria. E seria ainda mais imprescindível para que eu conseguisse sair do país. Os contatos de Bruno haviam sido passados a mim por um dos meus melhores amigos, o jornalista e oficial de Chancelaria, Alberto Lima. Por três anos, Alberto e Bruno trabalharam juntos na Embaixada do Brasil em Paris, na França.

Em janeiro de 2012, quando decidi ir para a Síria, Alberto foi uma das primeiras pessoas com quem conversei a respeito. Como bom amigo, ele me alertou para os riscos da viagem. Mas, como excelente jornalista e conhecedor do meu sonho de cobrir uma guerra, se dispôs a ajudar no que estivesse ao seu alcance. E me passar o e-mail de Bruno Carrilho, por mais simples que parecesse, faria uma diferença gigantesca. No dia 29 de janeiro, enviei a primeira mensagem eletrônica para Bruno. No texto, eu me apresentava como jornalista, amigo de Alberto Lima, e falava do meu interesse em ir à Síria para produzir uma reportagem especial sobre os confrontos em Homs. E perguntei se a Embaixada do Brasil em Damasco poderia me ajudar de alguma forma a conseguir o visto sírio. No dia seguinte, ele me respondeu amigavelmente, dizendo estar disposto a colaborar e que iria contatar o Ministério das Relações Exteriores da Síria para solicitar, oficialmente, a liberação do meu visto de entrada no país.

Mesmo com a preciosa ajuda de Bruno e a intervenção do Governo Brasileiro, eu sabia que não seria fácil conseguir o visto sírio. As notícias atestavam que a guerra no país continuava intensa. Naquela mesma semana, confrontos em Homs tinham deixado mais de 50 mortos. Nessas circunstâncias, era muito pouco provável que o governo de Bashar al-Assad liberasse o visto para um jornalista estrangeiro. Houve um momento, porém, em que cheguei perto de acreditar que poderia ser diferente. Em 15 de fevereiro de 2012 – 17 dias após o meu primeiro e-mail –, recebi uma mensagem de Bruno dizendo que o Governo Sírio queria saber onde, no Brasil, eu iria retirar o visto: Brasília ou São Paulo. Fiquei um pouco otimista. Se o Ministério Sírio estava querendo saber em que cidade brasileira eu iria retirar o visto, concluí que o governo já havia decidido me autorizar a entrar no país. Seria só uma questão de tempo. Mas o processo demorou muito mais do que eu imaginava. Continuei me comunicando com Bruno, sem receber nenhuma notícia animadora. Já havia passado mais de um mês desde a mensagem na qual ele perguntava onde eu iria retirar o visto, quando, no dia 25 de março, me escreveu:

> Caro Klester,
> Temos cobrado semanalmente uma resposta do Ministério do Exterior Sírio. Amanhã, ligaremos novamente para eles. O Ministério do Exterior basicamente é o intermediário na história. As decisões sobre o assunto cabem a outros órgãos (Ministérios da Informação e do Interior, além das áreas de inteligência militar). Apenas quando todos tiverem transmitido uma posição a respeito ao Ministério do Exterior é que este estará em condições de nos responder oficialmente. De nosso lado, só nos resta fazer essas cobranças semanais. Abraço.

Quando terminei de ler a mensagem, fiquei com a sólida impressão de que minha viagem à Síria não iria acontecer. Especialmente por ver Bruno falar que as áreas de inteligência militar da Síria também estavam envolvidas na liberação do meu visto. Que chances existiam de um país em guerra havia um ano, governado por um ditador e avesso a questões relacionadas aos Direitos Humanos, conceder o visto a um jornalista estrangeiro? Mesmo sendo cidadão do Brasil – país que ainda mantinha uma relação amigável com a Síria –, passei a acreditar que meus planos de cobrir uma guerra no Oriente Médio seriam frustrados.

Diante disso, comecei a considerar fortemente a ideia de entrar em território sírio clandestinamente. Essa possibilidade já havia sido cogitada por mim e por meu contato em Homs, o ativista de Direitos Humanos com quem eu vinha conversando graças à colaboração da jornalista francesa Soazig Dollet, chefe do escritório da ONG Repórteres sem Fronteiras no Oriente Médio. Nascido em Palmira, na Síria, meu contato já morava em Homs havia oito anos. Segundo ele, eram duas as rotas pelas quais eu poderia entrar no país sem visto: uma pela Turquia e outra pelo Líbano.

Nos dois casos, eu teria de ir para uma vila na fronteira, onde colegas do meu contato estariam à minha espera. De lá, entraríamos na Síria entre 2 e 4 horas da madrugada, horários durante os quais o policiamento nas áreas fronteiriças é menos intenso. Meu contato fizera apenas duas observações: eu precisaria de algum preparo físico, pois o percurso – cerca de 10 quilômetros – seria em região montanhosa e teria de ser concluído em, no máximo, uma hora e meia; e eu deveria estar consciente dos riscos de ser capturado pelo Exército Sírio durante o trajeto – o que, muito provavelmente, significaria a minha morte – e da possibilidade de pisar em alguma mina das muitas que o Governo Sírio afirmava ter espalhado em suas fronteiras.

– Nesse caso, se você não morrer, vai perder no mínimo uma perna – disse o meu contato numa das muitas conversas que tivemos pelo Skype.

– Você conhece alguém que já passou por isso? – eu quis saber.

– Infelizmente, sim. Dois colegas nossos foram apanhados pelo Exército sírio na fronteira. Ambos estavam tentando entrar pela Turquia. Nunca mais eles foram vistos.

– Lamento muito. E sobre as minas?

– Já ouvi alguns relatos. Mas não conheço e nem vi ninguém que passou por isso desde o início da guerra. O que não quer dizer que não possa acontecer com você.

Sempre, nas nossas conversas, ficava muito claro que a grande preocupação do meu contato era me alertar sobre os riscos que eu correria para chegar a Homs. Quer eu entrasse na Síria com o visto ou sem ele. "Não há um dia sequer em que eu não veja ao menos uma pessoa morta nas ruas da cidade", ele me disse, também pelo Skype, às 3h15 da madrugada do dia 2 de abril – 9h15 da manhã na Síria. Lembro-me de ter achado que poderia ser exagero da parte dele. O quadro que a imprensa internacional apresentava ao mundo era grave, mas não a ponto de haver mortes todos os dias em Homs.

Naquela mesma madrugada, antes de dormir, escrevi um e-mail para Bruno Carrilho falando da minha intenção de entrar em território sírio ilegalmente. A resposta, que recebi um dia depois, foi dura. No texto, ele me advertia severamente e dizia que, se eu entrasse na Síria sem o visto, o Itamaraty não poderia fazer nada para me ajudar, caso eu tivesse algum problema no país. Agradeci pela preocupação, mas continuei considerando a ideia. No dia 8 de abril, enviei outra mensagem para Bruno, perguntando se tínhamos alguma novidade sobre o assunto. Esperei dois longos dias pela resposta. Mas valeu a pena. No dia 10, ele me escreveu:

> Caro Klester,
> Depois de dois meses, finalmente recebemos uma indicação positiva do Ministério do Exterior da Síria. Eles disseram para você se dirigir a uma das duas repartições consulares da Síria no Brasil (Consulado-Geral, em São Paulo, ou Embaixada, em Brasília) para solicitar seu visto. Não deixe de levar a documentação necessária. Muito provavelmente, darão visto para dez dias.
> Abraço e boa sorte!

Lembro-me de ter lido essa mensagem tantas vezes achei necessário para acreditar que, finalmente – como o próprio Bruno escrevera –, meu visto havia sido autorizado pelo governo da Síria. Um dos documentos que eu deveria levar ao Consulado sírio, em São Paulo, para dar entrada na solicitação do visto de jornalista, era uma carta da revista *IstoÉ*, para a qual eu iria fazer uma reportagem especial sobre a guerra no país. No Consulado, também me orientaram a entregar uma lista com todos os equipamentos de imagem e de comunicação que eu pretendia levar, como celular, computador e máquinas de fotografar e de filmar. De acordo com a secretária do Consulado, essa lista seria fundamental para que eu não tivesse problemas nos postos de fiscalização na Síria.

Conforme Bruno dissera, o Governo Sírio me concedeu o visto. Mas, em vez de dez dias, fui autorizado a permanecer no país por apenas sete dias. E agora, após todo esse processo e tantas dificuldades, eu estava, enfim, em Damasco. Nada mais justo do que entrar em contato com Bruno o mais rápido possível. Ainda no hotel, telefonei para ele e tivemos uma conversa amigável, de dez ou 15 minutos. Atencioso, mostrou-se preocupado quando falei que iria para Homs no dia seguinte – sábado 19 de maio.

– Eu sei que você tem conhecimento de que a situação por lá está gravíssima. Mas tome muito cuidado – ele me alertou.

– Obrigado, Bruno. Vou fazer tudo direito.

– E por favor, tente me manter informado sempre que você puder.

– Claro. Amanhã, assim que chegar a Homs, eu ligo para você.

– Ótimo. Se você conseguir entrar na cidade, será o primeiro jornalista brasileiro a chegar a Homs desde que a guerra começou.

– Obrigado. Quando eu voltar, sairemos para jantar, para nos conhecermos pessoalmente.

– Combinado. Boa sorte.

Ouvi a última frase enquanto calçava o tênis, sentado na cama. Estava pronto para uma caminhada pelo centro de Damasco. Saí do hotel por volta das 20 horas. A cidade parecia estar vivendo sem transtornos: bares e restaurantes abertos, muitos carros nas ruas, casais passeando de mãos dadas. Um turista desavisado jamais imaginaria que aquele país estava em guerra havia mais de um ano. Percorrendo as ruas de Damasco, pensava nas incontáveis vezes em que, muito antes do início dos conflitos, sonhei em conhecer esta que é a cidade do mundo há mais tempo continuamente habitada. Há mais de 5 mil anos, comunidades inteiras já viviam aqui, em estrutura de município. Nenhuma outra cidade do planeta é capital do seu país há mais tempo do que Damasco, que hoje tem cerca de 2 milhões de habitantes.

Cercada pela cordilheira do Antilíbano e banhada pelo rio Barada, a cidade já teve o seu domínio disputado por vários povos e etnias. Caminhando sozinho pelas ruas aparentemente serenas, imaginava quantas histórias e personagens fabulosos haviam passado por essas terras. Em 1259 a.C., por exemplo, após uma guerra que durou mais de um ano, o comando de Damasco foi para as mãos do faraó Ramsés II, um dos mais célebres governantes do Egito Antigo. Por alguns minutos, quase esqueci a razão de estar ali. Até que uma cena chamou a minha atenção e me trouxe de volta à realidade. A cerca de 1 quilômetro do meu hotel, um quarteirão destoava das outras áreas da cidade que eu vira até aquele instante. Era como uma ilha de escuridão no meio da aparente tranquilidade.

Enquanto em outras ruas havia iluminação e pessoas caminhando normalmente, ali estava tudo escuro, com barricadas e carros atravessados de um lado a outro das calçadas. Pelos letreiros luminosos, porém, era possível perceber que havia alguns pequenos hotéis – de dois ou três andares – de portas abertas. Concluí que se tratava de um bairro residencial, devido aos muitos carros estacionados embaixo dos edifícios, todos com quatro andares, que ocupavam todo o quarteirão. Eram três as ruas escuras, paralelas umas às outras. Em suas esquinas, cavaletes de madeira e carros impediam a passagem de outros veículos. Resolvi entrar na rua do meio.

Jovens de não mais de 25 anos, com uniformes militares sem identificação, mantinham metralhadoras e fuzis pendurados nos ombros. Eu caminhava tranquilamente, como se fosse um morador do bairro. Os militares não pareciam dar importância à minha presença. Provavelmente, minha fisionomia e a barba ajudavam. Na metade do caminho, entre uma esquina e outra, vi um prédio de três andares e fachada com ares de repartição pública, com a bandeira síria tremulando no topo e a imagem de Bashar al-Assad grudada no pórtico. Em frente a esse edifício, a concentração de soldados era intensa. Havia onze deles: cinco de pé e seis sentados em blocos de cimento. Todos de armas em punho. Uma placa em árabe, fincada acima da porta principal, parecia informar que instituição funcionava ali. Aproximei-me dos militares e tentei perguntar se aquele era, de fato, um prédio público, mas nenhum deles falava inglês.

Continuei andando, até tirar a máquina fotográfica do bolso da calça. Queria registrar a imagem dos soldados e suas armas na rua escura, mesmo sabendo que eram grandes as probabilidades de ficarem nervosos com a minha atitude. Foi exatamente o que aconteceu. Antes mesmo que eu fizesse a primeira fotografia, vários deles gritaram: "*No photo! No photo!*". Dois militares tiraram seus fuzis do ombro e os apontaram na minha direção, gritando em árabe. Levantei os dois braços e respondi com um sonoro "Ok", mas permaneci com a máquina na mão direita. Perguntei se algum deles falava inglês, e um homem de pele clara e rosto redondo e sem pelos, a uns 5 metros de mim, respondeu "Eu falo". Ele vestia um colete militar e mantinha duas pistolas presas à cintura. Antes de abordá-lo, liguei a máquina no modo vídeo. Outros dois soldados se aproximaram, também armados com pistolas.

– Desculpe, senhor. Eu sou brasileiro. Por que não posso fotografar aqui?

– Aqui não pode. Se você sair desta rua, pode fazer a foto que quiser – ele respondeu, enquanto um dos seus colegas segurava o cabo da pistola, mas sem tirá-la da cintura.

– Ali adiante eu posso fazer fotos. Mas aqui é proibido? É isso? – perguntei, movimentando a câmera na tentativa de mostrar o rosto dos homens.

– Sim. Está certo. Aqui não.
– Mas por quê? Qual o problema?
– Aqui não – ele disse, em tom firme, acenando na direção da esquina, como que me conduzindo para fora daquela área.
– Ok. *Shukran*.

Mantive a câmera ligada, mesmo depois de deixar a rua escura. Cinco metros após a esquina, a cidade já respirava outros ares, com as luzes acesas, carros buzinando e pessoas caminhando pelas calçadas. Entrei num dos hotéis da área e perguntei qual a razão de aquele quarteirão estar todo apagado, com barricadas e repleto de soldados. O senhor que estava na recepção explicou que era tudo uma questão de precaução do governo. O edifício que eu vira era, de fato, um prédio público: o Ministério do Interior da Síria. No mesmo quarteirão, ficava o Ministério da Agricultura. Isso explicava a quantidade de militares naquela parte da cidade. Como os edifícios nos quais funcionam repartições públicas são os principais alvos dos ataques das forças de oposição a Bashar al-Assad, o presidente resolveu proteger todas as áreas da capital em que há prédios do governo.

Era a primeira vez, em território sírio, que eu tinha armas apontadas na minha direção. Mas tinha valido a pena, pelo simples fato de poder ter visto e sentido os efeitos da guerra no centro de Damasco, numa área localizada a menos de 2 quilômetros dos dois pontos turísticos mais célebres da cidade: a Grande Mesquita e o Mercado Público. Eu estava na Síria justamente para isto: ver, com meus olhos, o que ninguém mostrava. Até então, nunca tinha visto nem uma foto sequer das ruas sitiadas de Damasco à noite. Ainda sob o efeito da adrenalina da situação pela qual acabara de passar, tomei o caminho de volta ao hotel. Na avenida principal, a Sa'adalah El-Jabri, tudo voltava a parecer tranquilo. Cerca de 300 metros adiante, parei numa lanchonete e pedi um *kebab* de carne e um suco de laranja. Naquela noite, dormi com a esperança de que tudo desse certo no dia seguinte e de que eu conseguisse entrar em Homs, objetivo principal da minha viagem à Síria.

4 A caminho de Homs

Acordei com o despertador do celular, às 9h30, trinta minutos antes do horário que o motorista Isam havia acertado para o taxista amigo dele me buscar no hotel. Fiquei pronto com dez minutos de atraso. E nada do taxista. Liguei para a recepção para saber se algum motorista estava à minha espera. Nada. Às 10h35, o interfone do meu quarto tocou.

– Mister Klester? – disse a voz do outro lado da linha.
– Sim. Sou eu.
– Sou o motorista, amigo de Isam.
– Ok. Estou descendo.
– Não, senhor. Eu só vim dizer que não vou poder levá-lo a Homs.
– Você está falando sério?
– Sim, senhor.

De tão chateado e desapontado, larguei o telefone em cima da cama. Ainda sentado, apoiei a testa na palma da mão direita, com o cotovelo sobre a mão esquerda, e fechei os olhos. Meneando a cabeça negativamente, queria não acreditar no que tinha acabado de ouvir. Fiquei assim por uns dez segundos. Soprei um ar de decepção e peguei o telefone de volta. O taxista ainda estava lá.

– Senhor! Senhor!

– Estou aqui. Não acredito no que você acabou de me dizer.

– Desculpe – ele disse, com um fortíssimo sotaque árabe.

– Ontem à noite, você garantiu a Isam que me levaria. Se for pelo dinheiro, eu concordo em pagar os 100 dólares.

– Não, senhor. Não é pelo dinheiro.

– O que houve para você mudar de ideia?

– Hoje cedo, antes de sair de casa, telefonei para um amigo que vive em Homs. Ele me disse que a situação por lá está muito perigosa. Todos os dias há conflitos, bombas, tiros.

– Eu pensei que você já soubesse disso.

– Eu sabia. Mas meu amigo disse que está tudo muito pior. Ele me falou para não ir para lá por nada. Eu tenho mulher e três filhos, senhor.

– Ok. Se você já está decidido, não posso fazer nada.

– Eu falei sobre o senhor ao meu amigo. Ele disse para eu tentar convencer o senhor a não ir para Homs. A cidade está muito perigosa, principalmente no centro, que é para onde Isam falou que o senhor quer ir.

– Obrigado, meu amigo. Não se preocupe. Vou procurar outro taxista. *Salam Aleikum* – eu disse, antes de desligar o telefone.

Saí do hotel às 11h10, o que já representava um atraso de uma hora e dez minutos na programação que eu planejara para o dia, e da qual não constava uma visita ao Ministério da Informação, conforme o Consulado da Síria em São Paulo e a diretora de Mídia Internacional do Ministério, Abeer al-Ahmad, haviam me orientado a fazer. Eu tinha certeza absoluta de que, se fosse ao ministério, o governo escalaria um oficial para me acompanhar, sob o pretexto de me dar segurança, mas com a intenção real de me impedir de ir a Homs. Efetuando ataques diários à cidade, o regime de Bashar al-Assad não aprovava a presença de jornalistas estrangeiros no lugar. E naquele momento eu tinha uma preocupação muito maior do que me apresentar ao Ministério da Informação: precisava encontrar um meio de ir de Damasco a Homs.

A 200 metros da entrada do Al Majed, havia um ponto de táxi. Dos cinco motoristas que estavam no local, dois falavam um pouco de inglês. Perguntei se algum deles poderia me levar a Homs. Nenhum demonstrou interesse. Falei que poderia pagar até 80 dólares. Os taxistas se entreolharam, me encararam de volta e, como se tivessem ensaiado, balançaram a cabeça em sinal negativo. Ofereci 100 dólares pela viagem. Um deles deixou escapar um largo sorriso e falou algo em árabe, fazendo os outros rirem também. Ao seu lado, um senhor de cabelo, barba e bigode grisalhos, num tom prateado, traduziu: "Ele disse que nunca viu ninguém tão disposto a pagar tanto para morrer". Apesar da oferta tentadora, nenhum dos taxistas se prontificou. Achavam perigoso demais. Mas o senhor de cabeça prateada apontou aquela que parecia ser a única alternativa: fazer a viagem de ônibus. Ele próprio me levou até a rodoviária de Damasco, a 20 minutos do centro da capital.

O lugar era uma confusão só. Do outro lado do portão de ferro, com a pintura azul descascando, gente por todo lado, algazarra e todas as placas em árabe. No meio da baderna, ouvi um rapaz gritar: "Alepo! Alepo!". Abrindo espaço entre pessoas, malas, cachorros e galinhas, consegui chegar até ele. "Homs", eu disse. O jovem respondeu apenas apontando para um ônibus azul, com detalhes em branco e amarelo, estacionado quatro plataformas adiante. Após comprar a passagem por 200 pounds sírios – cerca de 3 dólares –, fui encaminhado pelo rapaz da empresa a uma porta branca, na extremidade oposta da rodoviária. Na entrada, uma placa em árabe e em inglês dizia "Passageiros estrangeiros".

Na minha frente, dois homens em fila única. O primeiro deles já estava sendo atendido por um oficial com uniforme de calça azul-marinho e camisa branca, com a bandeira da Síria pintada no bolso direito. O segundo homem vestia uma galabia branca – espécie de vestido de manga longa, usado pelos muçulmanos mais tradicionais – e tinha na mão esquerda o passaporte. Fingi que ia amarrar o cadarço do tênis para ver seu país de origem: Jordânia. Antes que me levantasse, o primeiro homem saiu da sala. Em árabe, o oficial passou a fazer algumas perguntas ao jordaniano. Em questão de segundos, minha mente reviu tudo o que eu passara no dia anterior no posto da fronteira entre o Líbano e a Síria. Não podia aceitar a possibilidade de, mais uma vez, ser impedido de ir a Homs. Não de novo. Ao me atender, o oficial conferiu meu visto, olhou bem para a minha foto do passaporte, para o meu rosto e falou:

– *Brazili?*

– *Yes* – respondi, em tom amigável, tentando ser simpático.

– Ronaldo, Romário, Pelé... – ele disse, sorrindo e pronunciando o nome do maior jogador de futebol de todos os tempos como "Bilí".

– *Yes, my friend. Football.* Pelé.

– *Goodbye* – falou, sem desfazer o sorriso e devolvendo meu passaporte.

Aliviado, embarquei no ônibus. Sentei-me numa das últimas poltronas, na janela, no lado oposto ao do motorista. Partimos da rodoviária de Damasco quinze minutos depois, pontualmente às 13 horas. Definitivamente, eu estava a caminho de Homs. E isso me deixava feliz. Até lá, seriam 180 quilômetros numa estrada esticada sobre o deserto sírio e cercada por montanhas. Fazia um dia quente – mais de 30 graus –, seco e de céu azul, sem nuvens. Apesar de estar indo para a cidade na qual os confrontos na Síria eram mais frequentes e violentos, eu sentia uma paz enorme. Muito provavelmente, pelo sentimento de realização por ter chegado até ali, depois de tudo o que me acontecera. Mas ainda precisava torcer para o ônibus não ser parado em nenhum posto militar durante a viagem. Meu receio era o de ser retirado do veículo pelo simples fato de ser jornalista estrangeiro.

Cerca de uma hora após termos saído de Damasco, exatamente quando eu tinha acabado de fazer um vídeo mostrando a paisagem em torno da estrada, o cobrador do ônibus passou de fileira em fileira oferecendo água aos passageiros. Ele falou algo comigo em árabe, ao que respondi, em inglês, dizendo que não falava sua língua. O homem abriu um largo sorriso e sentou-se ao meu lado.

– De onde você é? – ele perguntou, enchendo um copo de água para mim.

– Brasil.

– *Brazili*? Já estive lá. Tenho um tio que morou oito anos em São Paulo – ele disse, com empolgação.

– Eu moro em São Paulo.

– Pensei que você morasse aqui. Você parece árabe.

– Eu sei. Já me falaram isso – respondi, sorrindo.

– E o que você está indo fazer em Homs, meu amigo?

Ao saber que eu era jornalista e estava viajando a trabalho, ele perdeu o sorriso. Colocou a garrafa de água no colo, segurou meu antebraço esquerdo com firmeza, olhou fixamente nos meus olhos e passou a me contar um pouco da sua vida. Ibrahim Mansour tinha 33 anos, mas suas rugas profundas, os cabelos grisalhos e os olhos cansados conferiam-lhe aparência de um homem de 40 anos ou mais. Havia nascido em Raqqah, cidade no centro-norte da Síria, a cerca de 200 quilômetros de Homs e às margens do rio Eufrates, em cujas águas gostava de brincar na infância. Seu pai era engenheiro químico e trabalhara em refinarias de petróleo do governo.

Forçado pelo pai a aprender inglês, Ibrahim sempre quis trabalhar com turismo. Desde a adolescência, era fascinado pela história e pela cultura do povo árabe. Nos dias de paz da Síria, orgulhava-se de levar grupos de turistas de todas as partes do mundo para conhecer algumas das maravilhas do seu país. Sua cidade preferida era Palmira, fincada a 150 quilômetros ao leste de Homs, tombada como Patrimônio Mundial pela Unesco e cujo grande destaque é o templo romano de Bel. Casou-se aos 23 anos, com uma prima que o pai escolheu para ele, e foi viver em Homs, maior cidade da região, para realizar o sonho de ter a própria agência de turismo.

Não tinha conseguido enriquecer, mas vivia bem, com a mulher e as duas filhas, num apartamento de quatro quartos, num condomínio com piscina e campo de futebol. A guerra em Homs tinha desmantelado sua vida. Sua empresa estava fechada havia quase um ano, e a mulher tinha voltado para a casa dos pais, em Raqqah, levando consigo as filhas do casal. Mas ele precisava trabalhar. Por ser amigo do gerente da maior empresa de transporte de passageiros de Homs, havia conseguido o emprego de cobrador.

– Com a minha agência, eu ganhava até 2 mil dólares por mês. Hoje, não ganho nem 200 – ele disse.

– E como você está conseguindo se manter?

– Está difícil. Mas como minha mulher e as meninas estão com os pais dela, eu só gasto com a minha comida. O pior de tudo é a saudade que sinto das minhas filhas – falou, com os olhos marejados.

– Por que você não vai ficar com elas?

– Se eu voltar para Raqqah, meu pai vai dizer que sempre falou que esse negócio de trabalhar com turismo era loucura da minha cabeça. Ele sempre disse que não iria dar certo. Não posso voltar desse jeito – Ibrahim falava olhando para o assoalho do ônibus e apertando as mãos.

Mas, a pedido da mulher – preocupada com a violência na cidade –, ele também tinha deixado Homs. Desde junho de 2011, morava de favor na casa de um amigo, em Damasco, onde os efeitos da guerra eram quase imperceptíveis. Sua esperança era de que os conflitos terminassem logo, para que pudesse ter sua vida de volta. Nada indicava, porém, que o cenário iria melhorar em pouco tempo. Pelo contrário. A cada semana, os confrontos se tornavam mais frequentes e truculentos nas cidades de maior oposição ao regime de Bashar al-Assad, como Homs e Hama. E a crise econômica gerada pela guerra também se agravava. Ibrahim via isso de perto, no próprio ônibus.

Em épocas normais, numa tarde de sábado como aquela, os 42 lugares do veículo estariam todos ocupados. A maior parte deles por pessoas que vivem em Homs e estariam voltando ao trabalho, depois de passar o fim de semana em Damasco – na Síria, a sexta-feira é o dia santo, o equivalente ao domingo no Brasil. Naquele sábado – 19 de maio –, éramos apenas 18 passageiros: eu e mais 17 pessoas, das quais apenas uma era mulher, levando um bebê no colo. Antes de se levantar da poltrona ao meu lado, Ibrahim voltou a segurar meu antebraço esquerdo, com ainda mais força do que fizera antes. Com um olhar fraterno, disse que eu não deveria descer do ônibus em Homs. Bastava eu ficar no meu lugar e ele me deixaria voltar a Damasco, sem pagar pela passagem de volta.

– Não posso. Eu saí do Brasil com a missão de entrar em Homs. Não vou desistir logo agora, que estou tão perto – eu disse.

– Meu amigo, hoje eu moro em Damasco. Mas a minha casa é em Homs. Sei como está a situação por lá. Tenho amigos na polícia e no Exército. Eles odeiam jornalistas estrangeiros. Você vai correr muito perigo.

– Obrigado pela preocupação. Mas não posso fazer o que você está me pedindo.

– Você ao menos conhece alguém em Homs?

– Sim. Tenho um ótimo contato lá e ele já está me esperando.

– Ok. Mas tenha cuidado. Já perdi alguns amigos nessa guerra absurda. Não quero perder um amigo que acabei de fazer.

– *Shukran*. Mas como seus amigos morreram?

– Não quero falar sobre isso. Só de lembrar, fico muito triste. Mas posso lhe dizer que o nosso povo não quer essa guerra. Nós não entendemos essa guerra. Nosso povo é de paz – ele disse, levantando-se para oferecer água aos demais passageiros.

Antes de sair do meu lado, Ibrahim fez algo que seria visto com estranheza no Brasil, porém muito comum entre os homens muçulmanos: deu-me um beijo no rosto. Naquele momento, no entanto, chamava mais minha atenção o que ele acabara de falar: "Nós não entendemos essa guerra". Apesar de complexa, a situação conflituosa da Síria não me parecia tão difícil de ser entendida. Tudo o que eu tinha lido e pesquisado antes de embarcar para o país havia me ajudado a compreender o que estava acontecendo naquela região do Oriente Médio. São vários e diversos os fatores de cuja soma resultou a dura realidade pela qual a Síria passava naquele momento. Um deles é o fato de que o país – assim como muitas outras nações desta parte do planeta – tem a guerra em seu DNA.

Há registros de conflitos em terras sírias desde 3000 a.C. Durante os últimos cinco milênios, o comando do país já esteve nas mãos dos sumérios, dos faraós egípcios, de bizantinos, romanos, otomanos, de Alexandre, o Grande, dos árabes, dos franceses, entre outros povos. E cada nova conquista era precedida de batalhas. Além da disputa territorial, sempre houve conflitos étnicos e religiosos. Foi à custa de muito sangue que a Síria se tornou um país de língua árabe e de maioria muçulmana – cerca de 90% dos seus 22 milhões de habitantes. Nesse contexto, o império ou a etnia que chegava ao poder beneficiava, política e economicamente, o seu povo.

A guerra que agora assombrava o país só havia explodido em março de 2011. Mas seu pavio fora aceso 40 anos antes, em fevereiro de 1971, quando o então chefe das Forças Aéreas da Síria, o militar Hafez al-Assad, tornou-se presidente após comandar um golpe de Estado. Pertencente à etnia alauíta, que representa menos de 10% da população – cerca de 2 milhões de pessoas –, al-Assad, tão logo assumiu o controle da Síria, entregou ministérios e altos cargos militares a membros do seu povo. Empresários e políticos alauítas também tiveram rápida ascensão. Com isso, a maioria sunita – quase 18 milhões de pessoas – articulou uma rígida oposição ao regime de Hafez al-Assad, com tentativas de tirá-lo do poder, pedindo por democracia e liberdade de imprensa.

Para enfraquecer a resistência, o presidente tornou ilegal a criação de partidos de oposição e proibiu a participação de candidatos contrários ao governo nas eleições. E passou a usar a força militar. O auge desse embate ocorreu no dia 2 de fevereiro de 1982, no episódio que ficou conhecido como o Massacre de Hama. Naquele dia, o Exército Sírio bombardeou a cidade de Hama, que apresentava a maior resistência a al-Assad. Até hoje, não se sabe quantos homens, mulheres e crianças morreram nos ataques. A Anistia Internacional, no entanto, estimou o número de vítimas fatais em torno de 20 mil pessoas. A relação entre o presidente e seus opositores permaneceu tensa até sua morte, no dia 10 de junho de 2000, vítima de um ataque cardíaco. Houve festas e manifestos de júbilo em diversas cidades do país. Uma parcela da população acreditou que a morte de Hafez al-Assad poderia representar o início de mudanças no regime ditatorial.

Um mês após o funeral do presidente, Bashar al-Assad, seu filho e herdeiro político, assumiu o comando do país. À época – julho de 2000 –, Bashar tinha 35 anos e nenhuma experiência política ou militar. Nomeado candidato pelo Partido Árabe Socialista Baaz – o único partido do regime –, foi eleito por meio de referendo e tornou-se general do Estado-Maior e chefe supremo das Forças Armadas da Síria. No começo do seu mandato, fez pronunciamentos que apontavam para dias de democracia, liberdade de imprensa e respeito aos Direitos Humanos. Politicamente, era uma forma de agradar aos Estados Unidos e à maioria dos países da Europa, contrários ao regime imposto por seu pai. Mas eram só palavras. A repressão à oposição continuava a mesma e os alauítas prosseguiam ascendendo social e economicamente, enquanto a maioria sunita era deixada de lado.

Os protestos continuavam acontecendo em todo o país, mas em episódios pontuais e sem muita repercussão. Esse cenário começaria a mudar em maio de 2007, quando, após um referendo, Bashar al-Assad foi reeleito com 97% de aprovação. Mas o fato de ele ter concorrido sozinho gerou mais manifestos da oposição. Para buscar apoio internacional, al-Assad iniciou uma série de viagens em 2010, visitando, entre outras nações, Argentina, Cuba, Venezuela e Brasil. A situação em seu país, no entanto, continuava tensa e sairia totalmente do seu controle no início de 2011, quando, influenciados pela queda de dois ditadores – o tunisiano Zine El Abidine Ben Ali, em janeiro, e o egípcio Hosni Mubarak, em fevereiro –, no episódio conhecido como Primavera Árabe, seus opositores decidiram sair às ruas.

Em março de 2011, protestos e passeatas eclodiram em toda a Síria, exigindo a renúncia de Bashar al-Assad. O presidente reagiu exatamente como o pai fizera em fevereiro de 1982, quando do Massacre de Hama: enviou tropas do Exército às cidades nas quais a oposição era mais fervorosa. Em apenas dois dias – 18 e 19 de março –, estima-se que mais de 500 pessoas, quase todas civis, tenham sido mortas pelas forças do regime. À época, o secretário-geral das Nações Unidas, Ban Ki-moon, classificou o uso da força letal de "inaceitável", e a representante da União Europeia para Assuntos Estrangeiros e Políticas de Segurança, Catherine Ashton, declarou que a situação na Síria era "intolerável" e que o país precisava passar por reformas.

A violência, no entanto, prosseguia. Em algumas das cidades sitiadas, o Governo Sírio chegou a suspender o fornecimento de água e de energia elétrica para determinados bairros. Foi o que aconteceu em Daraa, Hama, Latakia e Homs, a maior cidade síria contrária a al-Assad. Nessas localidades, começaram a surgir relatos de truculência extrema por parte do Exército e suas milícias: assassinatos de famílias inteiras diante dos vizinhos, estupros, homicídios de crianças, decapitações em praça pública. A situação chegou a tal ponto que, no final de 2011, cerca de 3 mil soldados e oficiais desertaram do Exército Sírio por discordar das ações do governo. Unidos a civis, eles formaram o chamado Exército Livre da Síria, a maior força armada contrária ao regime. Foi criado, também, o Conselho Nacional Sírio, constituído pela oposição para ser uma espécie de governo paralelo. Nesse cenário, os combates se intensificaram ainda mais.

No início de 2012, a morte de três jornalistas estrangeiros em território sírio chamou a atenção da comunidade internacional. Em 11 de janeiro, a vítima foi o francês Gilles Jacquier, assassinado a tiros no centro de Homs. Pouco mais de um mês depois – no dia 22 de fevereiro –, foram mortos, também em Homs, o fotógrafo francês Rémi Ochlik e a jornalista americana Marie Colvin, em consequência de bombardeios efetuados pelo Exército Sírio sobre o prédio que servia de base para a imprensa internacional na cidade. Outros quatro jornalistas estrangeiros e mais de 20 civis foram feridos nesse mesmo ataque. A comunidade internacional condenou o ocorrido. O primeiro-ministro britânico, David Cameron, declarou que esses episódios eram um "triste aviso sobre os riscos que os jornalistas correm para informar o mundo sobre os acontecimentos horríveis na Síria". O Governo Sírio, por sua vez, afirmou que os jornalistas em questão não tinham visto de entrada e, portanto, estavam no país ilegalmente.

A cada semana que passava, a situação parecia ficar mais complicada e delicada. Nem os esforços da ONU, que enviou observadores à Síria na tentativa de articular um plano de paz, surtiram efeito. Emissário das Nações Unidas e da Liga Árabe, Kofi Annan costurou um cessar-fogo entre o governo de Bashar al-Assad e as forças de oposição. Assim, no dia 12 de abril, ambos os lados assinaram um plano para pôr fim aos confrontos.

Três dias depois, no entanto, o Exército Sírio voltaria a realizar ataques na cidade de Homs e em outras localidades de maioria rebelde.

Por sua vez, a oposição também reagia de forma agressiva. No dia 9 de maio, uma explosão na cidade de Daraa atingiu um grupo de observadores da ONU que visitava o lugar sob a proteção de militares sírios. Uma semana mais tarde, no dia 16, outro comboio de observadores das Nações Unidas foi atingido por uma bomba, na cidade de Khan Sheikhoun, no norte do país. O atentado matou mais de 20 pessoas, entre elas, cinco soldados do Exército Sírio que atuavam na segurança da equipe da ONU. Eu havia conseguido entrar em território sírio exatamente dois dias após esse ataque, que certamente teria troco por parte do governo. E agora, no dia 19 de maio, estava num ônibus a caminho de Homs, a cidade mais afetada por uma guerra que já tinha matado, segundo a ONU, cerca de 20 mil pessoas e aprisionado mais de 100 mil (em março de 2014, o número de mortos já era de quase 200 mil pessoas e o de refugiados ultrapassava os 2 milhões).

Meus pensamentos divagavam enquanto meus olhos miravam a paisagem à margem da estrada: o deserto coberto por uma areia muito alva, salpicado de poucas palmeiras e emparedado por montanhas rochosas em tons de ocre. O céu limpo e azul quebrava a monocromia. O Sol resplandecia com tamanho vigor que levou muitos passageiros do ônibus a fechar as cortinas de tecido vermelho penduradas nas janelas. Uma placa sinalizando que estávamos a 27 quilômetros de Homs surgiu na beira do asfalto. Menos de cinco minutos depois, o veículo parou num posto de fiscalização do Exército Sírio. Era nossa primeira parada desde a saída de Damasco.

Descansei a cabeça no encosto da poltrona e fingi estar dormindo. Ouvi o barulho da porta do ônibus se abrindo. Com os olhos levemente abertos, consegui perceber um homem de uniforme verde entrar e parar ao lado de Ibrahim Mansour, o cobrador. Naquele exato instante, veio à minha mente o que me ocorrera 48 horas antes, quando, na fronteira entre o Líbano e a Síria, fui impedido de embarcar no ônibus que me levaria a Homs. Recusei-me a considerar a possibilidade de passar por aquilo novamente. Não agora. Não aqui. Não tão perto.

5 Na cidade da guerra

Sentado numa das últimas poltronas e ainda com os olhos entreabertos, pude observar que o militar que entrara no ônibus trocou algumas frases com Ibrahim. O soldado caminhou até a metade do veículo, espiando por cima dos encostos. Notei quando seu olhar passou por mim, sem dar muita importância. Não falou com nenhum passageiro e voltou para perto do motorista. Deu-lhe um tapinha no ombro direito e, antes de descer do ônibus, disse algo que não consegui ouvir. Assim que demos partida, Ibrahim caminhou de forma apressada até parar ao meu lado. Apoiou as duas mãos no braço da poltrona à minha esquerda e debruçou-se até ficar com o rosto a meio metro do meu. Com um sorriso de orgulho, ele me disse:

– O soldado me perguntou se estava tudo certo, se tínhamos algum estrangeiro no ônibus. Eles sempre perguntam isso neste posto.

– E o que você disse?

– Que estava tudo normal e que os únicos estrangeiros eram um passageiro da Jordânia e outro do Líbano – ele falou, sussurrando e olhando para os lados, como se estivesse me confidenciando um segredo.

– Por que você não falou de mim?

— Porque, se eu dissesse que havia um brasileiro a bordo, com certeza ele ia querer analisar seu passaporte. E quando ele visse que você é jornalista, iria mandá-lo de volta para Damasco.

— E por que você me ajudou? Antes, você tinha tentado me convencer a não ir para Homs...

— Pois é. Mas vi que você quer muito fazer esse trabalho. Se veio do Brasil para cá com esse objetivo, vou fazer o possível para ajudá-lo.

— Ótimo, meu amigo. Muito obrigado.

— Que Alá esteja com você — ele disse, apertando a minha mão e retornando para perto do motorista.

Voltei a prestar atenção à paisagem na beira da estrada e vi, ao longe, algumas torres de uma refinaria de petróleo. Cem ou 200 metros adiante, uma placa indicava: "Homs, 3 km". Quanto mais próximo chegávamos do nosso destino, mais impaciente eu ficava. Meu grande receio era o de ser impedido de entrar na cidade. Logo passei a ver prédios de dez andares ou mais espichados no meio do deserto. Outra placa indicava que Homs estava à direita. Assim que o motorista fez a curva, levantei o braço direito, chamando Ibrahim. Tive de repetir o sinal três ou quatro vezes até ele perceber. O cobrador veio até mim e perguntou se estava tudo bem. Pedi-lhe um copo de água. Minha garganta estava seca. Mais pela ansiedade do que pelo calor.

Quando ele trouxe a água, perguntei se havia algum posto policial na rodoviária de Homs, como aquele pelo qual eu havia passado em Damasco. Para minha preocupação, ele disse que sim. E que, certamente, eu seria revistado tão logo desembarcasse. Ainda conversávamos quando vi um muro de 3 metros de altura que cercava uma área maior do que um campo de futebol. Era a rodoviária. Tirei a máquina da mochila e fiz minha primeira foto em Homs, mostrando todas as 14 plataformas de embarque e desembarque vazias e o chão muito limpo, como se ninguém nunca tivesse passado por ali. Nosso ônibus estacionou e as pessoas começaram a descer.

Fiz questão de ser o último a desembarcar para poder conversar com Ibrahim com calma. Enquanto ele retirava as malas dos demais passageiros, afastei-me um pouco do veículo para fazer algumas fotos. Nesse momento, às 15h05, outros dois ônibus estacionaram quase simultaneamente. Do primeiro, desceram 22 pessoas. Do segundo, 19. Ambos tinham capacidade para até 42 passageiros cada um. Antes da guerra, numa tarde de sábado como aquela, a rodoviária estaria um pandemônio, com todas as plataformas ocupadas, ônibus lotados e centenas de pessoas se espremendo para circular pelo lugar – o mesmo cenário que eu havia visto em Damasco, menos de duas horas e meia antes. Homens carregando caixas de isopor estariam vendendo lanches, refrigerantes e água. Devido aos confrontos que afligiam a cidade desde março de 2011, a rodoviária estava silenciosa e quieta como nunca.

Fotografava o pífio movimento no lugar, quando percebi Ibrahim caminhando em minha direção. Ele havia finalizado seu trabalho e se dispôs a me levar até o posto policial, que se resumia a uma cabine de uns 6 metros quadrados. Havia um sofá amarelo, bastante encardido, e duas cadeiras de plástico, dessas que os bares colocam nas praias brasileiras. Dois sujeitos uniformizados com calça cinza e camisa preta me mandaram, apenas com gestos, abrir todos os compartimentos da mochila – eles não falavam inglês. Estava tudo bem, até que viram a máquina fotográfica e a filmadora. Um deles fez questão de demonstrar irritação. Ficou de pé, franziu as sobrancelhas, colocou os braços para trás e me perguntou algo em árabe. Olhei dentro dos olhos dele e, com toda a calma que fui capaz de expressar naquelas circunstâncias, falei: "*No arabic*". Repeti a mesma frase três vezes.

Fiz sinal para Ibrahim, que me esperava do lado de fora do posto, chamando-o para ajudar na tradução da conversa. Os oficiais, no entanto, se negavam a permitir a colaboração do meu amigo cobrador. Só nesse momento foi que o homem com postura agressiva folheou meu passaporte. Ao ver a página na qual o Consulado da Síria em São Paulo havia colocado meu visto, ele ficou um pouco mais tranquilo. Olhou para um colega e falou uma frase curta. Num esforço que me parecia vão para entender algo, consegui distinguir duas palavras: *hua* (pronuncia-se rua) e *sahafi* (sarrafi). A primeira, eu já havia aprendido, significa "ele", em árabe. Obviamente, estavam falando de mim. A outra palavra eu nunca tinha ouvido, mas, a partir daquele momento, iria me acompanhar por todos os meus dias em Homs.

Após aceitar minha sugestão de usar Ibrahim como intérprete, o oficial carrancudo pediu autorização para averiguar o conteúdo da minha máquina fotográfica e da filmadora. Consenti, entregando a ele, também, a lista que levava comigo, com a relação dos equipamentos que o Governo Sírio me autorizara a portar no país e a permissão escrita em inglês e em árabe. Depois de ler o documento, ele balançou a cabeça em sinal de positivo e prosseguiu vendo as fotos e os vídeos que eu havia feito. Em seguida, me fez uma pergunta que me levou a pensar em algo fundamental para o meu trabalho em Homs: "Você tem outro cartão de memória, além do que está na máquina fotográfica?". Respondi que não. Era mentira.

No cartão que estava na máquina, havia apenas fotos e vídeos de paisagens, da estrada de Damasco a Homs, de algumas mesquitas e dos meus amigos de Beirute: os irmãos Chadia e Shadi Kobeissi. O conteúdo que poderia me comprometer estava em outro cartão, dentro da minha carteira. Ele continha fotos de personagens que eu entrevistara e do posto da fronteira entre a Síria e o Líbano. Além disso, estavam nesse cartão de memória dois vídeos que muito provavelmente iriam me criar problemas: o que mostrava os militares me expulsando da rua do Ministério do Interior, em Damasco, uma noite antes; e o vídeo que eu fizera atravessando a ponte, quando fui impedido de entrar na Síria na minha primeira tentativa. Felizmente, o oficial não revistou a minha carteira. Naquele momento, concluí que precisaria encontrar um local mais seguro para esse cartão. E decidi que todas as imagens que eu registrasse em Homs ficariam no cartão que já estava na máquina. Após me liberar, o oficial apertou minha mão com firmeza e disse: "*Welcome to Homs*".

Saí do posto policial acreditando que aquela era a única frase que ele sabia falar em inglês.

Antes de passar pelo portão da rodoviária, usei meu celular para telefonar para o meu contato em Homs – o ativista de Direitos Humanos. Ao ouvir sua voz, fiquei feliz e aliviado. Havia mais de dois meses, eu e ele vínhamos conversando, sempre pelo Skype. Agora, finalmente eu estava em Homs e o meu contato já providenciara tudo o que tínhamos combinado. Da rodoviária, eu deveria encontrá-lo no Canadian Hospital, no bairro Ghouta, no centro da cidade. Dominada pelos opositores ao regime, essa era, justamente por isso, a área mais atacada pelas forças do governo. Para a minha missão na Síria, porém, tratava-se do melhor e mais adequado lugar para estar.

Graças ao eficiente trabalho que o meu contato fizera antes da minha chegada, eu já tinha entrevistas marcadas para o dia seguinte – domingo,

20 de maio – com dois oficiais do Exército Livre da Síria. Também já estava tudo articulado para que eu passasse dois dias acompanhando os soldados do grupo, com autorização do comando rebelde para fotografar e filmar o que acontecesse, principalmente em combates. Enquanto eu conversava sobre tudo isso com o meu contato ao celular, Ibrahim esperava de pé, ao meu lado. Desliguei o telefone e disse-lhe que precisava ir para o Canadian Hospital, no centro da cidade.

– Você sabe que a área do hospital está muito perigosa? – ele perguntou, com expressão grave no rosto.

– Sim, eu sei. Mas é para lá que eu tenho de ir.

– Meu amigo, não faça isso. Você não tem ideia de como está aquela região.

– Por isso mesmo, Ibrahim. Eu preciso ver como está a cidade. Preciso ver tudo de perto.

– Você está preparado para ver destruição por todo lado? Para ver cadáveres espalhados pelas ruas? Carros queimados? Jovens matando uns aos outros? – ele indagou, com os olhos marejados e apertando meu braço direito com as duas mãos.

– Estou. Sei que vai ser muito triste ver tudo isso. Mas estou preparado.

Sem soltar o meu braço, Ibrahim ficou alguns segundos em silêncio absoluto. Apenas me encarava com um olhar que era um misto de dor, desespero, tristeza e impotência. Percebi que ele queria falar, mas as palavras não saíam da sua boca. Coloquei minha mão esquerda em seu ombro e perguntei o que havia de errado.

– Você está preparado... está preparado... – ele não conseguia concluir a frase.

– Calma, Ibrahim.

– Você está preparado para morrer? – perguntou, olhando para o chão.

– Estou, meu amigo. Passei os últimos dois meses me preparando para esta viagem. Estou completamente consciente dos riscos que vou correr aqui.

– Você pode morrer por uma guerra que nem é sua! Outros jornalistas já morreram neste inferno! – Ibrahim falava aos gritos, nervosamente.

– Eu sei disso. E sei que posso morrer. Claro que eu não quero que isso aconteça. Mas preparei minha mente e meu espírito para isso. Estou tranquilo. E quero que você fique tranquilo também. Vai dar tudo certo.

– Você é louco. Brasileiro louco – ele disse, meneando a cabeça de forma repreensiva e ainda olhando para o chão.

– Não, meu amigo. Só quero fazer meu trabalho.

– Você acredita em Deus? – ele perguntou, voltando a me olhar nos olhos.

– Sim. Acredito.

– Então, que Ele o proteja. Só Deus vai poder guardá-lo no meio dessa guerra absurda.

– Ele vai me guardar. Fique tranquilo.

O nervosismo de Ibrahim contrastava com a minha calma. Em momentos de estresse extremo, costumo reagir com serenidade. Ele me deu um forte abraço, beijou meu rosto e falou algo em árabe. Perguntei o que significava, mas fiquei sem resposta. Assim que saímos da rodoviária, fomos cercados por taxistas, todos falando ao mesmo tempo. Em árabe, meu amigo cobrador perguntou se algum deles falava inglês. Um senhor calvo, de rosto redondo, papada saliente e barriga que não cabia nas calças se apresentou. Mas quando soube que eu iria para o centro da cidade, desistiu de me levar. "*Is too dangerous*", ele disse.

Ofereci 700 pounds sírios – cerca de 10 dólares –, o dobro do preço normalmente cobrado pela corrida da rodoviária ao centro. Nada feito. Outro motorista se escalou para fazer a viagem, mas não falava inglês. Diante das circunstâncias, achei que seria fundamental poder me comunicar com quem estivesse me conduzindo – as probabilidades de termos problemas no percurso eram enormes. Aumentei a oferta para 1.000 pounds sírios, algo em torno de 15 dólares. "*Ok. Let's go*", falou, com firmeza, o taxista que havia recusado minha primeira oferta, e pegou as duas notas de 500 pounds da minha mão.

Antes que eu entrasse no carro, Ibrahim colocou a mão no bolso direito dianteiro da calça e tirou algo sem permitir que eu visse. Com a mão cerrada, ele me disse: "Isto é para você nunca esquecer que Alá está ao seu lado. Se você passar por problemas, se sentir sozinho, triste, pegue isso e lembre-se de que o Todo-Poderoso está com você". Ibrahim abriu a mão e me ofereceu a sua *masbaha*, uma espécie de terço islâmico. Com 99 contas – uma para cada atributo que o Islã usa para designar Deus –, o propósito da *masbaha* é manter o fiel sempre conectado a Alá. Com o terço na mão, o muçulmano usa os dedos para passar, uma a uma, todas as contas da peça. O objetivo desse exercício é manter a mente consciente da presença divina.

A *masbaha* com a qual Ibrahim estava me presenteando era feita de madeira e tinha as peças pretas, sendo seis delas vermelhas. Na extremidade, havia um detalhe dourado, como se fosse um pingente de um colar. O que ele acabara de fazer era o equivalente a um católico fervoroso tirar o crucifixo do pescoço e entregar a uma pessoa que tinha conhecido havia poucas horas. Era um ato não apenas de carinho e generosidade, mas também de muita fé. Ibrahim acreditava, de fato, que o seu presente poderia me proteger em Homs. Abracei-o como se fôssemos amigos de infância e retribuí o beijo.

– *Salam Aleikum, sadik* – ele disse, usando outra palavra que eu já havia aprendido em árabe: amigo.

– *Aleikum as-Salam*, meu amigo. E muito obrigado por tudo – respondi, entrando no táxi.

Sentei-me no banco traseiro, atrás do assento do passageiro, e coloquei a mochila à minha esquerda. Com a intenção de registrar tudo o que visse de interessante, curioso ou trágico que surgisse no caminho, coloquei a máquina fotográfica no colo. Perguntei ao motorista como estava a situação em Homs, mas ele não respondeu. Achei que não quisesse conversar ou que preferisse não falar sobre os dias de dor e morte pelos quais sua cidade passava. Em dez minutos percorrendo uma estrada com duas faixas em cada sentido, cruzamos apenas com um carro. Não havia ninguém nas ruas. Até aquele momento, o único sinal perceptível de que estávamos num país em guerra eram a quietude e o abandono extremos do lugar. Nesse instante, enviei uma mensagem de texto pelo celular, apenas dizendo que conseguira entrar em Homs, para quatro pessoas: meu irmão, Kaíke; meu filho do coração, Diego; minha chefe, Gisele Vitória; e o diretor editorial adjunto da editora Três, que publica a revista *IstoÉ*, Luiz Fernando Sá.

Logo após ver uma placa indicando que estávamos na rodovia M-5, percebi, ao longe, um complexo de prédios. Pareceu-me muito similar a um *campus* universitário. Perguntei ao taxista que lugar era aquele. Mais uma vez, ele permaneceu calado, com a barriga saltando para fora da calça desabotoada. Imaginei que o meu condutor poderia ter algum problema de audição. Inclinei-me para a frente, quase encostando a cabeça em seu ombro direito, e repeti a pergunta. Nada. Nesse exato momento, surgiu,

300 metros à nossa frente, o primeiro posto militar de fiscalização pelo qual eu iria passar após sair da rodoviária.

Havia blocos de cimento no meio da estrada, forçando os veículos a transitar lentamente e em zigue-zague. Soldados com uniformes verdes e boinas carregavam fuzis e metralhadoras. Eram todos jovens, aparentando não mais de 25 anos. Pareciam exaustos, com o olhar abatido. Um deles ordenou ao taxista que parasse no acostamento. Um militar mais velho, que parecia ter uns 35 anos, de barba e bigode fartos, estava sentado num banco de madeira, sob uma tenda militar feita de lona preta. Levantou-se e caminhou até parar ao meu lado. Perguntou-me algo em árabe, ao que o motorista interveio, certamente dizendo que eu não falava seu idioma.

Eles trocaram meia dúzia de frases, até que o militar olhou para mim e disse: "*Visa, please*". Ao ver meu visto de jornalista, ele se voltou para os colegas e disse a palavra que eu ouvira poucos minutos antes, no posto policial da rodoviária: "*Sahafi*". E repetiu: "*Sahafi brazili*". Comecei a acreditar que *sahafi* era sinônimo de problemas. No mesmo instante, outros quatro militares – nenhum com identificação no uniforme – se aproximaram. O mais velho deles apontou para a minha mochila. Sem falar nada, entreguei-a a ele, que, apenas com gestos, perguntou se podia abri-la. Consenti, balançando a cabeça em sinal de positivo.

Em dois ou três minutos, o homem tirou tudo o que havia dentro da mochila, examinando cada compartimento minuciosamente. Abriu a caixa do creme dental, vasculhou os bolsos da calça e da bermuda, rasgou o saco plástico no qual eu colocara o par de Havaianas, analisou as imagens registradas na máquina fotográfica e na filmadora. Nem a caixa do fio dental passou incólume. Ele abriu a tampa e perguntou, sacudindo os braços e com expressão de curiosidade, o que era aquilo. Arranquei um pedaço do fio e passei entre os dentes. Como se fosse um índio vendo um espelho pela primeira vez na vida, ele abriu um sorriso ingênuo, quase infantil. Lembro-me de ter achado muito estranho um militar sírio não saber o que era fio dental.

Graças a esse episódio, encontrei o lugar perfeito para esconder o cartão de memória que havia guardado na carteira – o outro estava na máquina fotográfica. Quando tirei o pedaço do fio dental para mostrar ao oficial, o carretel se soltou, deixando a caixa vazia. Percebi, então, que naquele compartimento era possível colocar o cartão e repor o carretel, fixando-o na caixa. Pareceu-me o melhor e mais seguro local para manter o cartão protegido. Se o militar que estava me revistando tinha demonstrado não saber o que era um fio dental, imaginei que seria pouco provável que algum deles pensasse em tirar o carretel da caixa. Tudo isso passou pela minha cabeça enquanto assistia a um dos soldados recolocar meus pertences na mochila. Fomos liberados sem maiores problemas. Tão logo o carro entrou em movimento, peguei o cartão que estava na carteira e guardei-o na caixa do fio dental. Estava decidido a só tirá-lo dali quando voltasse para Damasco.

Dez minutos depois, cruzamos um bairro que parecia alheio aos conflitos. Havia carros e pessoas nas ruas, lojas abertas, barracas de ambulantes vendendo badulaques. E buzinas. Muitas buzinas. O dia continuava lindo, com céu azul, sem nuvens, e temperatura por volta dos 30 graus. Saquei a máquina e fiz algumas fotos. Uma delas mostrava um tanque de guerra estacionado no meio da rua, entre um caminhão e um carro de passeio. Ao ver que estava sendo fotografado, o militar dentro do tanque movimentou o canhão em nossa direção. Perguntei ao taxista que bairro era aquele, mas ele, novamente, não respondeu. Cheguei à conclusão de que o motorista simplesmente não queria falar comigo por estar irritado ou nervoso, fazendo algo contra sua vontade, apenas pelo dinheiro.

Tão logo saímos dessa área da cidade, avistei outro posto militar na beira da estrada. Como já havia feito algumas fotos de Homs, julguei mais seguro tirar o cartão de memória da máquina e colocar no bolso da calça. Só por precaução. Fomos obrigados a parar e passamos pelo mesmo processo que enfrentamos no posto anterior, incluindo o estresse que surgiu no momento em que o soldado que revistou minha mochila e meus documentos viu que eu era jornalista estrangeiro. Ele chamou outro militar do grupo, que parecia mais velho, e mostrou-lhe meu visto sírio. Trocaram algumas frases e o segundo homem acenou positivamente com a cabeça, como que dizendo que estava tudo certo com a minha documentação. Mais uma vez, fui liberado.

Não percorremos nem 4 quilômetros, e outro posto militar surgiu na rodovia. Seria nossa terceira parada para fiscalização. Idêntico aos dois primeiros postos, o local tinha uma cabana militar sob a qual ficavam alguns soldados. Outros seis vigiavam a estrada, de metralhadoras e fuzis à mão. Passei pelo mesmo processo de revista das vezes anteriores. Fomos liberados após uns cinco minutos. Comecei a acreditar que chegar ao centro de Homs não seria tão complicado quanto imaginara.

De volta à estrada, vi uma área que ocupava dois quarteirões inteiros repleta de prédios e conjuntos residenciais inacabados. Não havia operários trabalhando nem máquinas em funcionamento. Nenhum vestígio de atividade. A essa altura, já tinha desistido de me comunicar com o motorista. Concluí que as obras estavam paradas em consequência da guerra. Numa cidade afligida por um conflito da dimensão daquele que aterrorizava Homs, a construção civil certamente era um dos muitos setores econômicos prejudicados.

Quanto mais perto chegávamos do centro, mais deserta ficava a estrada. Já havia uns dez minutos, não víamos nenhum carro ou pessoa. Era apenas nosso táxi no meio de uma rodovia ladeada por descampados e pontuada por construções com aparência de prédios públicos: fachadas portentosas – com letreiros em árabe –, portões de ferro com 10 metros de largura, bandeiras da Síria tremulando nos mastros e fotos de Bashar al-Assad coladas nos muros e nos portais de entrada. Em muitas delas, a figura do ditador sírio tinha sofrido alterações. Contei três cartazes nos quais ele aparecia com a boca pintada de vermelho – como se estivesse de batom – e outros dois que o mostravam com chifres desenhados na testa. Era apenas mais uma evidência de que Homs estava do lado da oposição ao regime.

Já era possível ver alguns prédios do centro da cidade, quando ouvi uma explosão. Nunca escutara nada parecido. Era um barulho pesado, estranho, abafado. E foi crescendo aos poucos, ecoando por alguns segundos. Olhei para todos os lados, à procura do local do estrondo. Não vi nada. O motorista continuava dirigindo, como se tudo estivesse na mais perfeita ordem. Perguntei se ele tinha ouvido a explosão, certo de que, mais uma vez, ficaria sem resposta.

– *Bomb* – ele disse, com calma intrigante.

– *Bomb? Explosion?*

– *Yes. Is ok. No problem.*

Aproveitei que o taxista resolvera falar e emendei uma série de perguntas. Quis saber se ele já tinha perdido amigos ou parentes na guerra, se todos os dias bombas explodiam pela cidade, se já havia pensado em sair de Homs para viver em outro lugar. Não obtive resposta alguma. A única frase que o motorista dizia, sem perder a calma, era: "No problem". Sua serenidade acabou quando eu, após notar uma coluna de fumaça preta a uns 500 metros à nossa direita, falei para irmos naquela direção. Balançando a cabeça nervosamente em sinal de negativo e sacudindo o braço direito, começou a reclamar em árabe. Não precisava de tradutor para entender que ele não queria atender ao meu pedido. Aproximei-me do banco dianteiro do passageiro e estiquei o braço esquerdo, até alcançar os 1.000 pounds sírios que eu pagara pela corrida e que o motorista havia colocado no console do carro, debaixo do maço de cigarros. Acredito que, nesse momento, o taxista voltou a me xingar. Apontei na direção da coluna de fumaça e disse que só pagaria se ele me levasse até lá. Tudo o que eu queria naquele momento era ver, de perto, o local da explosão.

Falando sozinho e com evidente irritação, o motorista entrou na primeira rua à direita. Aos gritos, pessoas corriam no sentido oposto ao nosso. Havia homens, mulheres, jovens e crianças. Algumas adolescentes carregavam bebês nos braços e corriam aos prantos. Uma poeira escura parecia seguir as pessoas, que, em alguns trechos, obrigavam o taxista a parar o carro, para não atropelar ninguém. No segundo cruzamento, vi, à nossa esquerda, um prédio de quatro andares, incluindo o térreo, com um fogaréu no topo. Dele, saía uma coluna de fumaça negra, que já começava a tomar o céu de Homs. Parecia tratar-se de uma área residencial, com prédios de três e de quatro andares e algumas casas. Mas não havia ninguém na rua. Nem uma alma sequer. Percebi cinco bicicletas jogadas no chão – duas infantis – e dois carros parados em frente ao prédio em chamas e com as portas abertas. Concluí que seus donos haviam fugido na hora da explosão e que os moradores tinham se trancado em casa ou deviam ter ido para um local que julgavam ser mais seguro – ou menos perigoso.

Ao passarmos diante do edifício atingido pela bomba, mandei o motorista parar, ao que ele atendeu, mas não sem antes olhar para trás e falar algo, de forma agressiva, em árabe. Peguei a máquina fotográfica e abri a porta do carro, com a intenção de registrar a imagem do prédio sendo devorado pelo fogo. No exato momento em que coloquei o pé direito no asfalto, com o corpo ainda dentro do carro, o taxista deu partida. Gritei para ele esperar, que eu só iria fazer uma foto. Ele apenas falava: "*No! No! I go! I go!*". Por meio de gestos, pedi para ele aguardar e tentei sair do veículo novamente. Mais uma vez, ele colocou o carro em movimento, ameaçando ir embora se eu saísse do táxi. Não podia correr o risco de ficar no meio daquele inferno sozinho, sem ter como me locomover e sem falar o idioma local. Sentei-me no banco traseiro e fiz quatro fotos do topo do edifício em chamas.

Após esse episódio, tive certeza de que o motorista não falava inglês. Certamente, ele tinha decorado apenas algumas frases e palavras, como *"I speak english"*, *"No problem"* e *"I go"*. Essa era a única explicação plausível para o fato de ele – que continuava falando em árabe consigo mesmo – passar por uma situação tão estressante sem trocar uma palavra comigo. Assim que voltamos à avenida principal, um avião militar passou sobre nossas cabeças. Deduzi que se tratava da aeronave do Exército Sírio que jogara a bomba no prédio. Com a máquina fotográfica ainda na mão, tentei capturar uma imagem do avião. Não deu tempo. De olho no céu azulado de Homs, senti o táxi reduzir a velocidade. Olhei para a frente e vi, a cerca de 100 metros, outro posto militar, com mais soldados do que os outros três pelos quais já havíamos passado.

Mesmo a distância, consegui notar duas armas que não tinha visto nos postos anteriores: um lança-míssil e uma metralhadora giratória, colocada sobre um tripé e apontada em nossa direção. De tão impressionado com o armamento pesado, esqueci de tirar o cartão de memória da máquina, no qual estavam todas as fotos que eu fizera em Homs. O taxista desviou dos blocos de concreto e dos cavaletes colocados no meio da rodovia e, sob ordem de dois jovens com uniforme militar, parou no acostamento. Só tive tempo de colocar a máquina fotográfica embaixo da mochila. Antes mesmo que o soldado falasse uma palavra, entreguei-lhe meu passaporte, aberto na página na qual estava o meu visto sírio. "*Arabic*?", perguntou-me. "*No. Just english*". Ele meneou a cabeça negativamente.

Minha intenção era aproveitar o tempo durante o qual o soldado iria analisar meu documento para tirar o cartão de memória da máquina e escondê-lo em algum lugar. Mas outro militar ficou de pé, ao lado da janela do motorista, olhando para mim. Novamente, ouvi a palavra que se tornara sinônimo de problemas. "*Sahafi*!", gritou o rapaz que segurava o meu passaporte, na direção da tenda militar montada na beira da estrada, 5 metros atrás do táxi. Um homem aparentando ter 45 anos, de mais ou menos 1,65 metro, forte, barba feita e duas pistolas na cintura – uma de cada lado –, saiu da cabana. O uniforme dele era diferente do dos demais.

Em vez de verde, era marrom, com estampa camuflada. Usava um boné também marrom, cuja aba lhe escondia a testa.

Antes mesmo que ele chegasse ao nosso carro, outros cinco militares, todos jovens, já estavam ao lado do rapaz que permanecia com o meu passaporte. Tentei me comunicar, mas nenhum deles falava inglês. Nem o homem de uniforme marrom, que agia como se fosse o comandante da tropa. As únicas duas palavras que ele demonstrou conhecer em inglês foram *photo* e *video*, que usou para perguntar se eu tinha máquina fotográfica e filmadora. Respondi positivamente, tirando a filmadora da mochila e entregando-lhe pela janela do carro. Usei a mão direita para entregar, também, a lista de equipamentos que o Governo Sírio me autorizara a portar no país – com a permissão escrita em inglês e em árabe – e a esquerda para tentar retirar o cartão de memória da máquina sem que eles percebessem.

Quando abri o compartimento do cartão, um dos jovens soldados notou que eu estava manuseando algo por baixo da mochila e, aos gritos, apontou seu fuzil para minha cabeça. Outros dois rapazes fizeram o mesmo. O taxista começou a gritar desesperadamente, sacudindo os braços para o alto. Dentro de um carro, no meio da cidade mais afetada pela guerra na Síria, cercado por soldados descontrolados e com três fuzis apontados para a minha cara, só me restava manter a calma. Levantei os braços e falei, repetidas vezes, uma palavra cujo significado é conhecido por pessoas do mundo inteiro: "Ok".

O militar mais velho repreendeu os outros, com a voz branda. Logo, todos baixaram suas armas. O líder do grupo apontou para a minha máquina fotográfica e fez sinal, pedindo que a entregasse. Virei as costas para a porta do carro, com a intenção de encobrir a máquina, e abri o compartimento do cartão de memória. Tentei retirar o cartão, mas, na tensão do momento, pressionei o local errado da máquina. Minha demora irritou os militares, que começaram a gritar novamente. Senti a mão de um deles puxando meu ombro direito, como se quisesse me virar de frente para a janela. Resisti. Ele continuava forçando meu ombro para trás. Vi o cano de um fuzil encostar no meu rosto. Mais gritos. E o taxista não parava de falar. "Ok. Ok", eu disse, virando de frente para a janela e entregando a máquina ao homem que parecia comandar a tropa. Ele era o único que permanecia sereno.

O oficial, então, pediu minha mochila, fazendo sinal para que eu não saísse do carro. Os militares se afastaram para averiguar o conteúdo das máquinas e revistar a mochila. Nesse momento, peguei o cartão de memória. No meio da agonia, eu só tivera tempo de tirá-lo da máquina e escondê-lo embaixo da minha coxa esquerda. Coloquei-o no bolso esquerdo dianteiro da calça e peguei o celular, que estava no mesmo bolso. Telefonei para Bruno Carrilho, o funcionário da Embaixada do Brasil em Damasco que me ajudara a conseguir o visto sírio. Ele atendeu ao terceiro toque.

– Bruno, é o Klester.
– Oi. Tudo bem? Conseguiu chegar a Homs?
– Consegui. Já estou aqui.
– Como? Não estou te ouvindo direito...
– Consegui. Já estou em Homs – eu disse, falando um pouco mais alto.
– Que bom. Como estão as coisas por aí?
– Já passei por quatro postos de fiscalização: um na rodoviária e três militares, na estrada.
– Então, está tudo certo?
– Acho que não. Neste momento, estou parado em outra barreira militar. E acho que a coisa aqui pode se complicar.
– Não estou te ouvindo, Klester. O que houve?
– Fui parado numa barreira militar. E a coisa está ficando feia – falei, com o celular colado à boca.

Eu ainda conversava com Bruno, quando o comandante parou de pé, ao meu lado, fora do carro. Falei pausadamente, apontando para o celular: "*My friend in Damascus. Brazilian embassy*". O militar acenou a cabeça em sinal de positivo e estendeu o braço direito, com a palma da mão aberta, como se quisesse falar com Bruno, o que poderia amenizar a situação.

– Bruno, o comandante da tropa vai falar com você. Encontre alguém aí na Embaixada que fale árabe para explicar tudo para ele – eu disse, entregando o celular ao militar.

Minha preocupação aumentou no momento em que o homem, tão logo pegou o celular, desligou o aparelho e colocou-o no bolso dianteiro da calça. Tentei explicar que seria bom ele conversar com alguém da Embaixada do Brasil em Damasco. Não adiantou. Abri a porta do carro, com a intenção de sair para conversar com o comandante, que se mantinha tranquilo. Mas um dos soldados não permitiu e empurrou a porta do veículo com o joelho, apontando o fuzil na minha direção, com o dedo no gatilho e o olhar vazio de emoção. Eu jamais tivera tantas armas apontadas para mim num intervalo tão curto de tempo. Fazia cerca de 30 minutos que havíamos saído da rodoviária, e o risco de morte iminente já começava a parecer algo trivial, corriqueiro. Se eu, que acabara de chegar a Homs, estava me sentindo assim, que pensamentos e sentimentos poderiam passar pela cabeça e pelo coração desses jovens cuja vida é cercada de morte, dia após dia? Para aqueles rapazes contaminados pela guerra, dar um tiro na minha cabeça não deveria ser algo tão complicado e difícil.

 O militar no comando da tropa abriu a porta do carro e me mandou descer. Ordenou que um dos jovens que apontara o fuzil para mim sentasse no banco traseiro e fez sinal para que eu ficasse ao lado do motorista. Ele devolveu minha mochila, mas os equipamentos – celular, máquina fotográfica e filmadora – foram colocados num saco plástico e entregues ao soldado dentro do táxi. Antes que o carro desse partida, o oficial aproximou-se de mim, ajeitou o boné na cabeça e apoiou a mão esquerda no meu ombro direito.

  – *No problem* – ele disse.
  – *Shukran. Salam Aleikum* – respondi.
  – *Aleikum as-Salam*.

 Saí do posto militar acreditando que o pior havia passado, apesar do incômodo de ter o cano do fuzil do soldado atrás de mim arranhando minha nuca. Imaginei que ele iria me acompanhar até o centro da cidade, onde eu seria deixado. Cinco minutos depois, o rapaz falou com o motorista, que parou na esquina de uma das ruas de um conjunto residencial formado por prédios de quatro andares que ocupava quatro quarteirões. O soldado saiu do carro, abriu a minha porta e fez sinal para que eu descesse. Tentei explicar que precisava permanecer no táxi até chegar ao Canadian Hospital. Não adiantou. Ele apontou o fuzil em minha direção, falou algo em árabe e balançou a arma para a sua esquerda, me mandando sair do veículo, que já estava cercado por outros quatro militares.

 No instante em que obedeci, o motorista começou a falar nervosamente. O soldado me segurou pelo braço e disse, apontando para o taxista: "*Money*". Lembrei-me de que não havia devolvido os 1.000 pounds sírios que pagara pela corrida e que havia tirado do console do carro para obrigar o motorista a entrar na rua do prédio atingido pela bomba. Eram duas notas de 500 pounds – uma cédula esverdeada, com uma ilustração das ruínas de Palmira na frente e figuras de frutas e legumes no verso. Devolvi apenas uma nota, como punição pelo taxista ter mentido ao dizer que falava inglês. Diante daquelas circunstâncias, ele pegou o dinheiro e foi embora, sem reclamar.

De fuzil na mão, o rapaz que tinha me acompanhado sinalizou para que eu o seguisse até a esquina e me mandou esperar. Saiu caminhando na direção da portaria de um dos prédios da rua e, 50 metros adiante, entrou numa guarita. Coloquei a mochila no chão e sentei na calçada, com as costas apoiadas no muro, os braços cruzados e as pernas esticadas. Os outros quatro militares – todos aparentando ter entre 20 e 25 anos – tentavam se comunicar comigo, mas sem deixar de apontar suas armas para mim. Dois deles demonstravam orgulho em poder fazer algumas perguntas básicas em inglês. Assim, em três minutos, eles já sabiam o meu nome, a minha nacionalidade e a minha profissão.

Graças a essa rápida conversa, aprendi, finalmente, o que significava a palavra árabe que parecia me perseguir e amaldiçoar. Quando falei que era jornalista, um dos rapazes olhou para os outros com expressão de espanto e exclamou: "*Sahafi!*". Para não restar dúvidas, perguntei-lhe se *sahafi* era jornalista em árabe. "*Yes, my friend*", ele respondeu. Estava explicado por que os militares usavam esse vocábulo como se estivessem me xingando. No cenário de guerra, morte e desrespeito aos Direitos Humanos pelo qual a Síria passava naquele momento, ter um jornalista estrangeiro no coração da cidade mais afligida pelos ataques do governo não agradava às forças fiéis a Bashar al-Assad.

O soldado que fora comigo no táxi voltou trazendo consigo outro militar, certamente mais velho do que todos daquele grupo e que vestia calça jeans e um casaco verde, com estampa camuflada. Dono de um nariz grande e afilado, ele era moreno e usava o cabelo muito curto, aparado à máquina. Não tinha barba nem bigode, media cerca de 1,75 metro e era forte, uns 85 quilos. Como todos os outros militares que haviam me abordado até aquele momento, também não trazia identificação no fardamento. Pelas rugas que lhe marcavam os olhos, parecia ter entre 35 e 40 anos. Em sua mão esquerda, carregava o saco com meus equipamentos. Eu continuava sentado no chão. Ele caminhou até parar de pé, na minha frente, e me fez uma pergunta em árabe. Respondi apenas "*No arabic, sir*", sem compreender por que o oficial falaria comigo em seu idioma, quando supostamente já deveria saber que eu não o entenderia.

O homem insistiu, e me fez mais três ou quatro perguntas, também em árabe. Nada falei. Limitei-me a menear a cabeça negativamente e a abrir os braços, com as palmas das mãos abertas para os lados, tentando fazê-lo entender que não adiantaria se comunicar comigo em sua língua nativa. Ele sacou o radiocomunicador da cintura e conversou com alguém por um tempo não superior a 30 segundos. Falou algo para o rapaz à minha direita e afastou-se, caminhando apressadamente, até entrar na guarita a 50 metros de onde estávamos. Das poucas palavras que saíram da sua boca durante o diálogo ao rádio, uma já não me era estranha: *Sahafi*.

6 Entre tiros e explosões

Eu era uma espécie de entretenimento para os soldados que me vigiavam. Isolados no meio da guerra e sem contato com o mundo exterior, demonstravam estar animados em ter um forasteiro entre eles. E o assunto que os jovens militares logo trataram de colocar em discussão – considerando que eu era brasileiro – não poderia ser outro: futebol. Sem vocabulário para construir frases em inglês, eles sintetizavam as perguntas em questões de dupla escolha.

– Barcelona ou Real Madrid? – perguntou um deles.

– Barcelona – respondi, levando todos a sorrir efusivamente.

– Mizi ou Cristiano Ronaldo? – emendou outro, referindo-se ao argentino Messi.

– Messi.

– Bilí ou Maradona?

– Pelé, *of course* – falei, também sorrindo.

Eles riam com enorme empolgação, como se achassem extraordinário manter algum tipo de comunicação com um jornalista estrangeiro. Falavam todos ao mesmo tempo. Pareciam felizes, descontraídos, se divertindo com o nosso arremedo de diálogo. Três deles estavam fumando e me ofereceram um cigarro. À minha recusa, insistiram uma, duas, três vezes. "*No. Shukran*", eu disse. A essa altura, quatro dos cinco soldados encarregados de me vigiar já haviam colocado suas armas no ombro ou no chão e estavam sentados na calçada, formando uma meia-lua na minha frente. Apenas um deles – justamente o que me acompanhara no táxi – mantinha o fuzil em punho, de uma forma que me causava pesado incômodo. Agachado, o rapaz havia apoiado a coronha da arma no asfalto, a 2 metros de mim. Estava abraçado a ela, com o cano encostado em sua face esquerda e o dedo indicador direito no gatilho. Sentia-se tão à vontade com o fuzil quanto um garoto com o seu brinquedo.

Enquanto os soldados continuavam conversando sobre futebol – eu conseguia entender o nome dos jogadores –, meus olhos registravam o cenário ao redor. Estava numa das esquinas de um dos quatro quarteirões ocupados por um conjunto residencial formado por prédios de quatro andares, pintados de branco e com detalhes alaranjados. Eram seis edifícios por bloco e três blocos por quarteirão. Pela disposição das varandas, concluí que havia quatro apartamentos por andar. Sendo assim, eram 288 apartamentos em cada quarteirão. O lugar parecia uma cidade-fantasma. Do início ao fim da rua, não havia um carro sequer. Nenhum sinal dos moradores, choro de criança, latido ou música. Nada. Só um silêncio deprimente, quebrado apenas por nossas vozes.

Percebi alguém dobrando a esquina do outro lado da rua. Pensei que poderia ser um morador voltando para casa, talvez para pegar alguns pertences. Uma sequência de tiros de metralhadora ecoou entre as ruas desertas. Os disparos quebraram a quietude e fizeram a pessoa que eu vira ao longe dar um trote de uns 50 metros. Os rapazes perto de mim sorriram da cena, sem dar a menor importância aos tiros. Se eles permaneciam tranquilos, acreditei que também não precisava me preocupar. Quando o vulto se aproximou, vi que se tratava de mais um militar. De uniforme e boné verdes, ele caminhou até parar diante de mim. Tinha o rosto triangular, cabelos pretos penteados de lado, olhos apertados e boca que parecia pequena demais para sua cabeça. A pele era morena e o nariz apontava para baixo. Usava uma barba repleta de falhas na região das bochechas. Tinha em torno de 1,70 metro de altura e não devia pesar mais de 65 quilos.

– Você é o jornalista brasileiro? – ele me perguntou, em bom inglês.

– Sim, sou eu – respondi, sentindo um grande alívio por ter alguém com quem eu poderia conversar sobre tudo o que estava me acontecendo.

– Fui chamado aqui para você me contar o que veio fazer em Homs.
– Ótimo.

Eu tinha certeza de que, se eu falasse que estava lá para fazer reportagens sobre a guerra, o Exército Sírio iria me mandar de volta para Damasco. Resolvi, então, usar uma verdade para tentar esconder o real motivo de estar em Homs. Quando ainda estava em São Paulo, à procura de pessoas que tivessem amigos e/ou parentes na Síria, fiz contato, por meio do Facebook, com Mona Arida, uma senhora brasileira de origem síria que tinha familiares em Homs. Ela havia me contado que já fazia mais de seis meses que não conseguia contatar seus parentes na cidade. Os telefones não davam sinal e as mensagens por e-mail não eram respondidas. No dia 10 de maio – nove dias antes da minha chegada a Homs –, Mona Arida me escreveu um e-mail com os nomes, endereços e telefones das pessoas que ela gostaria que eu procurasse. Levei comigo uma cópia impressa dessa mensagem, para o caso de não conseguir acessar meus e-mails na Síria.

Quando o militar me perguntou o que eu tinha ido fazer em Homs, a primeira ideia que me ocorreu foi usar essa mensagem a meu favor. Disse-lhe que era jornalista, mas que não estava na Síria a trabalho, e sim para fazer um favor a uma grande amiga do Brasil. Falei que tinha ido ao Líbano de férias – e as fotos e os vídeos das máquinas podiam comprovar – e que uma senhora brasileira estava muito preocupada com seus parentes em Homs, com os quais não conseguia falar havia muito tempo. E como ela sabia que eu estaria em Beirute, tinha me pedido para tentar localizar seus familiares. Depois de dizer tudo isso, abri minha mochila e tirei o papel no qual a mensagem de Mona Arida estava impressa.

– Aqui estão os nomes, endereços e telefones das pessoas que preciso encontrar – falei, mostrando a mensagem ao militar, que, enquanto lia o e-mail, traduzia tudo o que eu falara aos outros soldados. Todos ouviam atentamente.

– E por que você está indo para o Canadian Hospital? – ele perguntou, demonstrando que já sabia algo mais sobre mim, além da minha profissão.

– Porque minha amiga do Brasil tem uma prima que trabalhou nesse hospital. Além disso, foi informada de que o bairro no qual os parentes dela moravam, o Hamadie, foi praticamente todo destruído pela guerra.

– É verdade. O Hamadie está muito destruído.

– E o bairro Ghouta, onde fica o Canadian Hospital, como está?

— Meu amigo, você já está no Ghouta. E a situação aqui está tão feia quanto em Hamadie. Você já está no centro de Homs.
— O hospital fica longe daqui?
— Não. É muito perto. O hospital está a 1.500 metros daqui. É só você ir direto nessa rua — ele falou, apontando para a direita.
— Que bom. Quando vocês me liberarem, eu vou para lá caminhando.
— Você vai chegar lá em 15 ou 20 minutos — ele disse, com um sorriso amigável.
— Ótimo.
— Mas esteja preparado para ver coisas muito tristes. Na região do hospital e em todo o entorno, a situação é muito grave. Está tudo destruído.

* * *

Ter alguém com quem conversar um pouco era agradável. O soldado escalado para me entrevistar também parecia gostar de estar em contato com um estrangeiro. Ele prosseguiu me fazendo perguntas sobre o meu trabalho e minha vida pessoal. Quis saber, por exemplo, se minha família não estava preocupada com o fato de eu estar no meio da guerra que chamava a atenção do mundo. Perguntou-me, também, se eu tinha filhos e se temia pela minha vida. Para mim, era muito óbvio que o militar estava falando dele mesmo. E isso ficou ainda mais evidente quando me fez uma pergunta simples: "Há alguém esperando por você no Brasil?". Suas questões espelhavam seus medos e preocupações.

Yasin Hassan tinha 32 anos, era natural de Alepo e trabalhava em sua cidade como professor de inglês. Aos 18 anos, havia se alistado no Exército Sírio, mas não tinha prestado serviço militar. Nunca gostou de violência. Na escola, ganhou fama de frangote, por sempre fugir das brigas. Estava em Homs havia cinco meses — desde 15 de dezembro —, contra sua vontade. Com a intensificação e o prolongamento dos confrontos, cerca de 10 mil militares da reserva haviam sido convocados para lutar pelo país contra as forças de oposição. Os que não atendiam ao chamado tinham a prisão decretada — mesma situação do rapaz que eu conhecera dois dias antes, no ônibus de Beirute para Homs.

A maior preocupação de Yasin era a sua família. Casado havia seis anos com uma moça que conhecera na faculdade de geografia, ele contava os dias para realizar o sonho de ser pai. Sua mulher estava grávida de cinco meses, e Yasin não tinha a menor ideia de quando estaria com ela novamente. Conversavam duas ou três vezes por semana, ao telefone. Com um diploma de curso superior e fluente em inglês e francês, era respeitado e admirado pelo comando do Exército em Homs. Sua esperança era conseguir ser liberado para ir a Alepo – uma viagem de pouco mais de duas horas de carro – na véspera do nascimento do seu filho, para assistir ao parto. O bebê já tinha nome: Nadir. "Significa querido", disse-me.

Em menos de 15 minutos de conversa, ouvimos, no mínimo, cinco disparos de metralhadoras. Os dois últimos tinham sido mais altos, sinal de que os atiradores estavam se aproximando. Apesar disso, os jovens militares, que continuavam prestando atenção ao meu diálogo com Yasin, não se alvoroçavam. Eles só reagiram quando uma bomba explodiu na frente de um dos prédios do quarteirão do outro lado da praça circular que separava os blocos do conjunto residencial. Três dos soldados que tinham sido encarregados de ficar de olho em mim saíram correndo na direção do local da explosão, atirando em coisa alguma com seus fuzis. Estávamos a cerca de 200 metros da explosão. Todos ficamos muito assustados. Exceto Yasin, que continuava agachado na minha frente, com os cotovelos apoiados nos joelhos.

– Essas bombas explodem várias vezes durante o dia – ele disse, com a voz serena que eu já percebera ser uma das suas características.

– E quem faz isso? – perguntei, apesar de saber a resposta, para ver o que Yasin responderia.

– Os soldados do Exército Livre (os rebeldes) ou os próprios moradores da cidade, que não aguentam mais essa guerra.

– Os moradores de Homs são contra o presidente Bashar, certo?

– A maioria deles. Quase todos, na verdade. E como nós representamos a força armada do presidente, as pessoas acabam nos vendo como inimigos.

– Muito triste.

– É. Mas o mais triste é saber que estamos lutando contra nossos amigos.

– Como assim?

– Quase todos os soldados e oficiais do Exército Livre faziam parte do Exército Sírio e desertaram para criar uma força militar de resistência.

– Eu sei. E você tem amigos no Exército Livre?

– Não tenho, porque não servi ao Exército. Mas muitos colegas que fiz aqui, desde que fui convocado, já tiveram de combater contra conhecidos. Alguns deles até já mataram, sem saber, amigos queridos no meio da batalha. Só quando iam averiguar se o inimigo realmente estava morto, descobriam que eram amigos seus.

– E como eles ficam depois de algo assim?

– Ficam mal, choram, entram em depressão. Essa é uma parte da guerra que ninguém sabe que existe. Ninguém pensa nisso. Nosso povo está se matando aos poucos – Yasin falava olhando para o chão e com a testa apoiada nas mãos.

O fato de ser um homem estudado e esclarecido dava a ele uma visão analítica da guerra. Com a voz embargada, Yasin dizia acreditar que os conflitos ainda iriam continuar por algum tempo. "Não vejo chances de a paz voltar à Síria tão cedo", me disse, com a cabeça baixa. Para ele, o povo das cidades opositoras ao regime – entre as quais Homs era a maior e mais forte – não iria baixar as armas enquanto Bashar al-Assad estivesse no poder. Por seu turno, o ditador não entregaria o comando do país enquanto pudesse usar a força do Exército para combater os inimigos. Yasin acreditava que Bashar só deixaria a presidência se houvesse uma pressão política internacional muito incisiva. "Mas enquanto a Rússia e a China apoiarem o nosso presidente, a ONU tem de respeitar as atitudes dele."

Ele falava em tom de desabafo, como se tivesse passado os últimos cinco meses sem poder compartilhar seus pensamentos com ninguém. O fato de nenhum dos soldados ao nosso redor falar inglês foi fundamental para Yasin se sentir à vontade para me dizer tudo aquilo. Diante disso, acreditei que poderia questioná-lo sobre um dos assuntos mais graves e truculentos da guerra.

– Há notícias de que soldados do Exército Sírio assassinam moradores das cidades dominadas pela oposição, estupram mulheres, matam crianças...

– Eu nunca vi nada disso – ele respondeu, desviando o olhar para a esquina.

– Mas você já ouviu falar de algo assim?

Yasin ficou em silêncio por uns dez segundos, olhando para o nada, até dizer que já tinha ouvido rapazes da tropa se gabando por atos que ele considerava inaceitáveis, mesmo num país em guerra. À noite, nos alojamentos, alguns de seus colegas de farda discorriam, orgulhosos, sobre os ataques realizados no dia. Entre sorrisos e gestos que usavam para ilustrar as cenas, contavam como haviam forçado famílias inteiras a sair de suas casas para serem executadas na rua, diante dos vizinhos; como violentavam meninas e mulheres na frente dos seus pais e maridos, que eram forçados a assistir a tudo sob a mira de outros soldados; falavam do prazer que sentiam em destruir e queimar as casas de supostos familiares de militares desertores do Exército Sírio. Alguns soldados faziam questão de exibir os despojos desses massacres: relógios, anéis, colares, dinheiro. Na cama de baixo do beliche em que tentava dormir, Yasin passava as noites ouvindo os relatos dos seus companheiros de alojamento, sem falar palavra. Apenas pedia a Alá para que sua família nunca passasse por tamanho sofrimento. Tudo o que queria era poder voltar para sua mulher e seu filho. "Eu não devia estar aqui. Não tenho nada a ver com esta guerra. Só estou em Homs porque não tenho escolha. Mas você tem, meu amigo. Vá embora daqui", ele falava com a voz serena, pegando na minha mão e me olhando nos olhos. "Se o nosso comandante liberar você, desista de ficar em Homs. Volte para Damasco. Lá, você poderá passear, se divertir, ir a restaurantes." Preocupou-me ele usar a palavra "se" no início da frase.

Havia, então, a possibilidade de o comandante não me liberar?

A sinceridade de Yasin e o cuidado que demonstrara para comigo eram tamanhos, que, por um momento, pensei em contar-lhe a verdade e dizer que estava em Homs a trabalho, para produzir uma reportagem. Mas não podia correr o risco de essa informação chegar ao comando. Se isso acontecesse, era muito provável que eu fosse enviado de volta a Damasco. Por outro lado, achava difícil que os militares acreditassem na história de que eu tinha ido para o epicentro da guerra apenas para procurar os familiares de uma amiga do Brasil. Mas o fato é que, quer eles acreditassem ou não, seria essa a versão que eu apresentaria para justificar a minha viagem a Homs.

Outra bomba estourou no bairro Ghouta. Dessa vez, não conseguimos ver o local da explosão. Mais uma vez, o estrondo não pareceu incomodar a nenhum dos soldados. Todos continuavam sentados, com suas armas no ombro ou no colo. O único desarmado era Yasin. Ele não tinha motivos para carregar pistolas, fuzis ou metralhadoras. Primeiro, por não gostar de armas. Segundo, porque seu trabalho era puramente burocrático: organizar documentos de presos de guerra, produzir relatórios sobre os confrontos – para o governo e para a imprensa – e solicitar o envio de mercadorias –

sobretudo alimentos, medicamentos e combustível. Mesmo sem trabalhar com armas, Yasin já estava acostumado aos tiroteios e explosões de Homs. Durante os quase trinta minutos que haviam se passado desde que eu tinha sido tirado do táxi, já ouvira vários disparos e duas bombas.

– Aqui é sempre assim? Tantos tiros e explosões em tão pouco tempo? – perguntei.

– Não. Infelizmente, não – Yasin respondeu, colocando um pouco de ironia em seu lamento.

– Como assim?

– Se fosse sempre assim, estaríamos muito bem. A situação fica complicada de verdade quando escurece. Das 21 horas às 2 da madrugada, os combates ficam muito mais intensos. O centro de Homs vira um inferno, meu amigo.

– A maioria desses ataques noturnos é efetuada pelas forças do governo, certo? – perguntei, levando Yasin a soltar um leve sorriso de canto de boca.

– Não faça esse tipo de pergunta a ninguém. Se você espera que alguém acredite que você está aqui para procurar familiares da sua amiga, nunca faça perguntas sobre a guerra.

– Eu poderia estar perguntando apenas por interesse em entender o que está acontecendo na cidade.

– Poderia. Mas eu e você sabemos que não é esse o caso.

Respondi em silêncio. Sem que eu percebesse, havíamos criado uma relação de confiança mútua. Yasin me falara de seus medos e desconfortos por estar em Homs, e eu praticamente confessara que estava ali para produzir uma reportagem sobre a guerra.

– Eu gostaria muito de receber você em Alepo, depois que a paz voltar ao meu país – ele disse.

– Será um prazer. Sempre quis conhecer a Síria. Agora, estou aqui, mas não posso ver nada do que eu gostaria.

– Um dia você vai poder voltar sem ter de passar por isso. Eu, minha mulher e meu filho vamos recebê-lo em nossa casa – Yasin falava com a mão esquerda apoiada no meu ombro direito.

– Muito obrigado, meu amigo. Se você e sua família forem ao Brasil, serão bem-vindos à minha casa.

– Ok. Samba, praias, futebol... – ele disse, sorrindo e apontando para o meu bloco de anotações.

Quando lhe entreguei o caderno, ele abriu numa das últimas páginas e escreveu seu e-mail.

– Não deixe de me escrever. Vamos manter contato – falou.

– Claro. Fique com meu e-mail também – disse, anotando meu endereço eletrônico num pedaço de papel que arrancara do bloco. Antes que eu acabasse de escrever, Yasin me interrompeu, segurando minha mão.

– Não posso ter um papel com o seu e-mail, meu amigo. Se me pegarem com isso, posso ter problemas. Você me escreve, e eu respondo quando puder.

Mal Yasin acabou de falar, olhou para a esquerda e me fez um sinal com o nariz, apontando para aquela direção. O oficial no comando se aproximava caminhando lentamente e – o que me deixou preocupado – sem o saco plástico com meus equipamentos. Yasin ficou de pé. Eu continuei sentado na calçada. Eles conversaram durante uns três minutos, e o comandante fez sinal para que eu me levantasse. Obedeci, colocando minha mochila no ombro direito. Yasin me explicou que havia contado ao oficial tudo o que eu lhe dissera, destacando o fato de eu estar em Homs para procurar familiares de uma amiga do Brasil. "Também falei para ele que você tem um papel com o e-mail da sua amiga e o nome das pessoas da família dela que vivem aqui", ele disse.

O comandante nos chamou com um gesto da mão direita e saiu andando na direção da guarita. O lugar era um cubículo de cerca de 4 metros quadrados e tinha sido improvisado para funcionar como escritório do Exército Sírio. Havia uma cama de solteiro encostada à parede lateral e uma escrivaninha de madeira escura, com uma cadeira, na qual o oficial se sentou assim que entramos. Sobre a escrivaninha, ao lado de uma garrafa térmica, o saco plástico com o meu celular, a máquina fotográfica e a filmadora. Ele fez sinal para que eu me sentasse na cama e, usando Yasin como intérprete, me mandou esvaziar a mochila. Outros dois soldados revistaram tudo. Minha única preocupação era em relação ao fio dental, em cuja caixa eu havia escondido um cartão de memória. Felizmente, eles não vistoriaram os bolsos da calça que eu vestia naquele momento. Se o tivessem feito, encontrariam o outro cartão, no qual estavam as fotos de Homs, incluindo as imagens do topo do prédio em chamas.

Finalizada a revista, o comandante me ofereceu chá. Agradeci, mas recusei, por não gostar de chá e por temer que a bebida estivesse envenenada

– esse seria o primeiro dos muitos pensamentos paranoicos que eu viria a ter na Síria. Ele perguntou, então, qual era a razão de eu estar em Homs. Mantive a versão de que estava na cidade apenas para tentar localizar familiares de uma amiga do Brasil.

– E por quanto tempo você pretende ficar em Homs? – ele quis saber.

– Minha ideia é voltar para Damasco hoje mesmo. Quero ir ao Canadian Hospital à procura dos parentes da minha amiga. Se eu os encontrar, vou tirar algumas fotos deles, perguntar como estão e voltar para a capital.

– E se você não achar ninguém?

– Volto para Damasco assim mesmo.

Eu menti. E acredito que os militares sabiam disso. Mas não encontrei melhor desculpa para justificar minha presença em Homs. Enquanto eu recolocava meus pertences na mochila, o oficial usou o radiocomunicador para falar com alguém. E mais uma vez ouvi a palavra *sahafi*. Nos cinco minutos seguintes, o assunto em discussão voltou a ser futebol. Com Yasin para ajudar na tradução, os jovens soldados ficavam mais à vontade para me fazer perguntas. Eles conheciam três times brasileiros: Flamengo, São Paulo e Santos. Achavam Neymar um ótimo jogador. Mas não melhor do que Messi e Cristiano Ronaldo. Ouvimos outra bomba explodir no bairro. Os soldados continuavam conversando sobre futebol como se estivessem numa mesa de bar. E eu fingia estar me divertindo tanto quanto eles.

Um carro civil – uma BMW Série 5, branca – parou em frente à guarita, fazendo os rapazes cortarem o riso. Quatro homens desceram do carro. Nenhum usava uniforme militar. O que agia como líder do grupo tinha a pele clara, rosto quadrado e sem pelos. O cabelo era liso, curto e penteado com gel. Aparentava, no máximo, 25 anos e vestia uma calça jeans que lhe apertava as pernas e um agasalho Adidas branco com tiras vermelhas que iam do ombro ao punho. Tinha cerca de 1,75 metro de altura e era forte – uns 80 quilos. Carregava duas pistolas na cintura e um fuzil pendurado no ombro direito. Usou Yasin como intérprete para me fazer todas as perguntas às quais eu já havia respondido incontáveis vezes. Ordenou a um dos seus comandados que revistasse minha mochila.

Logo, todos os meus pertences estavam jogados em cima da cama da guarita. O oficial militar assistia a tudo sentado em sua cadeira, atrás da escrivaninha, com um cigarro na boca e sem disfarçar a insatisfação. Num certo momento, chegou a fazer uma reclamação ao rapaz do agasalho

Adidas. Por seus gestos e postura, entendi que ele argumentava já ter vistoriado minha mochila. O jovem civil nem se deu ao trabalho de responder. Aproximou-se da cama e passou, ele próprio, a revistar meus pertences. Meteu a mão nos bolsos da bermuda e da calça que eu levava na mochila, sacudiu os livros para ver se havia algo dentro, abriu a tampa das embalagens de xampu e condicionador que eu trouxera do hotel Assaha, em Beirute, e derramou um pouco do conteúdo nas mãos. Eu estava sentado no canto da cama, com os braços cruzados. E permaneci assim, tentando demonstrar calma, mesmo quando ele pegou a caixa do fio dental e abriu a tampa. Apenas com gestos, perguntou-me o que era aquilo. Arranquei um pedaço do fio – segurando o carretel com firmeza para não correr o risco de se soltar – e passei-o entre os dentes. Ele falou algo em árabe e sorriu. Sorri também. Senti que meus problemas iriam começar de verdade quando o jovem do agasalho Adidas me mandou entrar no carro. Fiquei mais tenso ainda quando, antes que eu saísse da guarita, o oficial militar me segurou pelo antebraço direito e disse: *"I am sorry, my friend. I am very very sorry"*. Ele queria deixar claro que discordava da decisão que acabara de ser tomada.

    Perguntei a Yasin para onde estavam me levando, mas ele disse que também não sabia. Já na porta do carro toquei no ombro do rapaz que parecia comandar a operação e apontei para Yasin, como que sugerindo para que ele nos acompanhasse. Meu pedido foi ignorado e outro homem empurrou minha cabeça para baixo, forçando-me a entrar na BMW. Fui colocado no banco traseiro, entre dois sujeitos armados com metralhadoras. Nos bancos dianteiros, iam o motorista e o líder do grupo, com o fuzil e minha mochila no colo. O homem à minha direita mantinha a coronha da metralhadora entre as pernas, com o cano apontado para a minha cabeça. Seu dedo no gatilho me causava enorme incômodo, quase tão grande quanto a agonia de estar dentro de um carro com quatro estranhos, numa cidade em guerra, sem saber para onde estava sendo levado e, o mais importante, o que iriam fazer comigo.

    Senti uma frustração profunda quando, dois minutos depois de sairmos da guarita do conjunto residencial, passamos em frente ao Canadian Hospital. Era ali que meu contato em Homs – o ativista de Direitos Humanos – estava me esperando. O rapaz que levava minha mochila no colo olhou para trás, apontou para o prédio e, com um sorriso sarcástico, falou: "Hospital". O muro de concreto, pintado de cinza, estava repleto de buracos feitos a bala. Em alguns pontos, nem havia muro. Por um desses espaços, vi pessoas caminhando de muletas, feridos sendo levados em macas, jovens vestindo roupas brancas encardidas – algumas com manchas avermelhadas – correndo de um lado para o outro.

    O carro trafegava pelo centro de Homs. O cenário era de total desolação. Prédios com paredes destruídas, casas destelhadas pelas bombas, carros carbonizados. Todos os estabelecimentos comerciais – lojas, restaurantes, bancos – estavam fechados. E havia poucas pessoas nas ruas. Num trecho de quase 1 quilômetro, cruzamos exatamente com 11 pessoas. Três delas eram adolescentes que passaram correndo, gritando *Allah Akbar* (Deus é grande) e sorrindo, com metralhadoras nas mãos e atirando para o céu. Os dois maiores vestiam camisas do Barcelona, com o número dez e o nome de Messi nas costas. Sem dúvida, eram integrantes do ELS. Os homens que estavam no carro comigo olharam para eles sem dar muita importância, como se estivessem vendo algo comum e inofensivo.

    Imaginei que estaria feliz correndo com os jovens rebeldes pelas ruas de Homs. E não enjaulado dentro de uma BMW, sob a mira de uma metralhadora e sendo levado não sabia para onde nem para quê. Entre os rebeldes, por mais que estivesse correndo riscos, eu estaria onde queria estar, fazendo o que queria fazer. E certamente estaria me sentindo bem mais seguro do que dentro do carro. Tinha plena consciência de que poderia morrer num confronto entre os soldados do Exército Sírio e as forças da oposição. Mas uma coisa é morrer no meio de um tiroteio, de repente, sem sequer saber de onde veio o disparo, e outra muito diferente é se sentir sendo preparado para a morte, como se fosse um animal sendo cuidado para o abate. Era assim que eu me sentia, apertado entre os dois homens no banco traseiro da BMW branca.

    Estar vendo a destruição que as forças de Bashar al-Assad haviam produzido em Homs, enquanto percorria as ruas da cidade, me levou a acreditar que o pior estava para acontecer. A única explicação para eu ter sido capturado pelo Exército da Síria e agora estar nas mãos de civis que agiam como milícias era o fato de o governo não querer que um jornalista estrangeiro mostrasse a devastação causada na cidade. Se não queriam que eu relatasse o estado de destruição e violência de Homs, por que passariam comigo por aquelas ruas desfiguradas pela guerra? Se não queriam que eu visse aquele cenário aterrador, ao menos colocassem um saco escuro na minha cabeça ou vendassem meus olhos. Mas não fizeram nada disso. Sentia como se meus algozes fizessem questão de me mostrar tudo o que eu queria ver para, em seguida, acabar com a minha vida.

O silêncio dentro do carro era perturbador, tornando cada minuto ainda mais pesado. Saímos do centro de Homs e entramos numa estrada, que não me parecia ser a M-5 que o taxista pegara para ir da rodoviária à cidade. Via terrenos descampados, prédios em construção com as obras interrompidas e a cidade ficando para trás. Mas, àquela altura, eu já não conseguia raciocinar muito bem. Pensava nas pessoas que amo e naquelas que iriam sofrer com a minha morte. O pior era não poder falar pela última vez com ninguém. Mas ainda mantinha viva a esperança de estar sendo levado de volta a Damasco ou para a rodoviária. Depois de atravessar meio mundo e de enfrentar tudo o que enfrentei para chegar a Homs, ser expulso da cidade, naquele momento, me parecia uma bênção.

Fui tomado por um alívio que jamais sentira, ao avistar, uns 200 metros adiante, o muro da rodoviária. Soltei um sopro de satisfação, de alegria, de paz. Cheguei a fechar os olhos e agradecer a Deus. Mas minha agonia voltou, ainda mais pesada, quando o carro passou pela rodoviária em alta velocidade. Olhei para o único ônibus que estava parado e pensei em como gostaria de estar dentro dele. Eu estava em Homs com a missão de mostrar a vida na cidade, entrevistar moradores, comerciantes, estudantes. E acompanhar – filmando e fotografando – combates entre os soldados de Bashar al-Assad e os integrantes do ELS. Se não pudesse fazer nada disso, seria muito melhor retornar para Damasco.

No horizonte desenhado pelo deserto, via o Sol começando a declinar entre as poucas nuvens, colorindo o céu de vermelho, laranja e lilás. Eram quase 19 horas. Quanto mais o carro se afastava da cidade, mais se intensificava em mim a sensação de que iria morrer. Lembrei-me de um trecho da Bíblia que minha avó paterna adorava, no capítulo 23 do livro dos Salmos. Ainda menino, eu a ouvi recitar incontáveis vezes, com a sua voz doce e aveludada: "Ainda que eu ande pelo vale da sombra da morte, não temerei mal nenhum, porque tu estás comigo". Esse texto ficou se repetindo em minha mente, num misto de desespero e fé. Não queria aceitar o que me parecia óbvio: aqueles eram meus últimos minutos de vida.

O carro continuava percorrendo as estradas vazias de Homs, enquanto me lembrava da minha conversa com Ibrahim Mansour, o cobrador do ônibus. Mais especificamente, de quando ele perguntou se eu estava preparado para morrer. Havia pouco mais de quatro horas, eu dissera a Ibrahim que estava, sim, preparado para a morte. E, de fato, estava. Só esperava não sofrer muito.

Ninguém falava dentro da BMW. O cano da metralhadora do homem à minha direita continuava apontado para o meu rosto. Numa curva mais fechada, à esquerda, senti a arma tocar a minha face, ao que reagi naturalmente, afastando-a com a mão. O indivíduo que segurava a metralhadora me encarou irritado e voltou a encostar o cano no meu rosto. Outra curva – agora, à direita –, e o carro reduziu a velocidade, até parar em frente a um edifício que certamente pertencia ao governo. Na calçada, havia um mastro de uns 4 metros de altura com uma bandeira da Síria. Uma foto de Bashar al-Assad, de 1 metro quadrado, ficava acima de um letreiro em árabe, na fachada. Na imagem, o ditador aparecia sorrindo e de óculos escuros, com uma expressão que me parecia cada vez mais sarcástica e sádica.

Descemos do veículo apenas eu e o rapaz de gel no cabelo, que colocara minha mochila nas costas e carregava o saco com meus equipamentos. Por meio de gestos, ele mandou que eu entrasse no prédio e seguiu logo atrás de mim, à distância de um passo. Seu fuzil estava pendurado no ombro direito. A iluminação do lugar era parca. Havia apenas um lustre com quatro lâmpadas acesas no hall principal. Subimos uma escadaria de mármore branco, num corredor de uns 2 metros de largura. No primeiro andar, entramos numa sala timidamente iluminada por um abajur de canto. Mal conseguia enxergar o rosto enrugado do homem de uniforme militar que nos aguardava sentado atrás da escrivaninha de madeira. Ele e o jovem de agasalho Adidas conversaram durante uns cinco minutos, em árabe. Ouvi a palavra *sahafi* duas vezes. O militar perguntou se eu falava francês, segunda língua do país até 1946, quando a Síria declarou sua independência da França. Com a minha resposta negativa, ele disse algo ao rapaz e se despediu com um "*Salam Aleikum*".

Saí da sala sem imaginar que naquele instante começavam meus piores e mais tenebrosos dias. Enquanto descíamos os degraus de mármore, o jovem que parecia fazer parte das milícias de Bashar al-Assad tirou o fuzil do ombro e o apontou para as minhas costas. Ao chegarmos ao térreo, no salão do lustre, ele usou o cano da arma para me mostrar uma passagem estreita, no canto esquerdo, e me empurrou naquela direção. Ali, havia outra escadaria, num corredor sem iluminação e tão apertado que só permitia passar uma pessoa por vez.

Nesse momento, meu algoz passou a apontar o fuzil para a minha nuca. Eu descia os degraus sentindo o cano me arranhar a cabeça. A escuridão era completa. Acreditei ter visto uma parede no fim da escadaria. O mais tênue fio de esperança que eu ainda tinha de sair daquele lugar com vida esvaiu-se. Tive certeza de que seria assassinado ali. Fechei os olhos, entreguei a alma a Deus e continuei descendo, com a cabeça abaixada e tateando o chão com os pés. Senti medo. Muito medo. Mas era um medo tranquilo, resignado. Não havia nada que eu pudesse fazer. Aceitei a morte. Apenas pedi a Deus para guardar e consolar as pessoas que me amam. E aguardei pelo tiro que me arrancaria a vida. "Espero que seja rápido e indolor", pensei.

Ouvi um estrondo, como se de um tiro se tratasse. Mas não sentira nada. Imaginei que já estivesse morto. A bala, disparada à queima-roupa, poderia ter atravessado meu crânio com tamanha velocidade que eu não havia sentido dor alguma. Melhor assim. Quando abri os olhos, me dei conta de que o estrondo tinha sido causado pelo choque da minha cabeça com uma porta de ferro no final da escadaria. Senti insólito desapontamento. Por um instante, desejei que o jovem de gel no cabelo tivesse puxado o gatilho. Ao menos, seria o fim daquela agonia miserável. Em vez disso, ele apoiou o fuzil no meu ombro direito e, usando a coronha da arma, deu três fortes pancadas na porta. Ouvi o ranger do ferrolho sendo levantado. Um homem abriu a porta, revelando uma sala de uns 25 metros quadrados. O rapaz que me conduzia entregou minha mochila e o saco com os equipamentos a dois sujeitos. Falou alguma coisa a meu respeito – "*Sahafi*" – e foi embora. Antes, porém, deu um tapinha no meu ombro e disse: "*No problem*".

7 Ameaças, algemas e torturas

Dentro da sala, havia três homens. Dois eram altos – um com cerca de 1,80 metro e outro com 1,90 – e atléticos. O terceiro não tinha mais de 1,60 metro e era uma figura raquítica – devia pesar uns 50 quilos. O rosto seco deixava as bochechas murchas e os ossos da face salientes. Sobre o nariz fino e alongado, ficavam apoiados óculos cujas lentes eram tão grossas que faziam seus olhos castanhos parecerem esbugalhados. O cabelo era ralo e cobria-lhe as orelhas. Era o único que usava um tipo de uniforme: calça cinza e camisa azul com divisas nos ombros, mas sem identificação. Todos fumavam.

O homem pequeno estava sentado numa cama de solteiro, encostada à parede frontal e atrás de uma escrivaninha de madeira. Diante dele, três cadeiras de plástico e um banco de madeira de uns 2 metros de comprimento, desses que há nas igrejas. Obedecendo aos gestos do sujeito mais alto, sentei-me no banco e apoiei o cotovelo direito na escrivaninha. O policial dos óculos fundo de garrafa começou a me interrogar. Em árabe. Eu apenas olhava para o seu rosto, imaginando de onde ele havia tirado que eu falava seu idioma. Encarei-o e, com toda a calma que fui capaz de fingir naquele momento, falei: "*No arabic, sir. Just english*".

Os três policiais se olharam e trocaram algumas palavras, como que se questionando a respeito do que fazer comigo. Olhei para o que agia como chefe dos outros e disse quatro palavras, na esperança de fazê-lo entender o que eu tinha em mente: "Yasin Houssein. *Arm. English*". Se eles chamassem Yasin, o militar poderia ajudar como intérprete. Deu certo. O homem pequeno usou o telefone preto em cima da escrivaninha e fez uma ligação que durou menos de um minuto. Tão logo desligou, acendeu outro cigarro e me ofereceu um copo de chá. Agradeci, mas recusei. Continuava imaginando que poderiam me envenenar a qualquer momento.

Fiquei sentado, calado e ouvindo os três indivíduos conversarem em tom formal durante 15 ou 20 minutos. Três pancadas na porta de ferro anunciaram a chegada de Yasin. Ao vê-lo entrar, senti enorme alegria. Era como reencontrar um grande amigo que há muito não via. Precisei me conter para não levantar e abraçá-lo. Um gesto de amizade entre mim e o soldado poderia criar problemas para ele.

– *Salam Aleikum* – disse Yasin.

– *Aleikum as-Salam* – respondemos, em coro.

– Como você está, meu amigo? – ele me perguntou.

– Mal. Fui trazido para cá e até agora ninguém disse o que eu fiz de errado para estar aqui – respondi.

– Fique calmo. Tudo vai ficar bem.

– Aliás, você sabe por que eu estou aqui?

– Não. Ninguém me disse nada.

– Você sabe se este homem é da polícia? – perguntei, apontando com o nariz para o pequenino.

– Sim. É um policial.

Yasin passou a falar com o homem dos óculos fundo de garrafa, que mantinha a expressão sisuda. Ele queria me interrogar e Yasin serviria de intérprete. Passei cerca de 15 minutos respondendo às mesmas perguntas que já me haviam feito diversas vezes, entre elas: O que você veio fazer em Homs? Por que trouxe máquina fotográfica e filmadora? Quanto tempo pretende ficar na cidade? Conhece alguém aqui? Já esteve em Israel? Mantive a versão de que estava em Homs para procurar os familiares de uma amiga brasileira. Percebi que Yasin tentou ajudar, mostrando a cópia do e-mail com os nomes e telefones das pessoas que eu iria tentar localizar na cidade.

Enquanto o soldado fazia a tradução do que eu falava, o chefe escrevia tudo numa espécie de formulário. Quando já havia escrito o bastante para ocupar três páginas, ele disse algo a Yasin e entregou-lhe uma caneta.

– Você precisa assinar este documento – falou Yasin, apontando a caneta em minha direção e mostrando os papéis em cima da escrivaninha.

– Não posso assinar. Está escrito em árabe – respondi.

– Mas ele escreveu apenas o que você falou. Pode confiar em mim.

– Eu confio em você. Mas não posso assinar um documento escrito num idioma que eu não entendo e, principalmente, numa situação como essa.

– Se você não assinar, a situação pode ficar ainda pior.

– Que seja. Mas esse papel eu não assino.

Antes mesmo que eu acabasse de falar, o homem franzino já tinha colocado de pé seu corpo esquelético. Em tom ameaçador, perguntou algo a Yasin. Ele queria saber por que eu ainda não assinara o documento. Com sua voz compassada e serena, o intérprete me disse que era melhor eu assinar logo. Caso contrário, o chefe iria me torturar até eu obedecer. Tomado por indignação, mantive minha decisão. Quando Yasin traduziu o que eu havia acabado de falar, o homem minúsculo se agigantou. Soltou gritos que preencheram os quatro cantos da prisão subterrânea. Chutou a cadeira ao meu lado, fazendo-a cair e escorregar uns 5 metros na direção da porta, e botou o dedo na minha cara. Vociferava, com os olhos quase atravessando as lentes grossas dos óculos e as veias do pescoço fino saltando. "Se estivéssemos só nós dois nesta sala, ele não gritaria assim comigo", pensei.

Os dois homens de roupas civis me arrancaram do banco e me forçaram a sentar numa das cadeiras. Tentei levantar, mas eles me empurraram de volta. O maior deles ajoelhou-se no chão, atrás do encosto da cadeira, e me abraçou na altura dos cotovelos, mantendo meus braços presos à cintura. O outro segurou meu rosto com as duas mãos. Ainda gritando, o chefe deu uma longa tragada no cigarro e segurou-o entre o polegar e o indicador da mão direita. Ele berrava me encarando nos olhos. Seu nariz pontudo quase tocou o meu. Chegou tão perto que senti gotas da sua saliva molhar meu rosto. Yasin traduziu os gritos: "Se você não assinar o documento, ele vai queimar seu olho com o cigarro". Achei que fosse um blefe. Por mais cruel e insano que fosse, o policial sírio não teria coragem de queimar o olho de um jornalista brasileiro que estava em seu país com o visto de trabalho devidamente autorizado pelo governo. Permaneci calado, encarando meu algoz. Com o cigarro entre os dedos, aproximou a ponta acesa do meu olho esquerdo. Eu o olhava nos olhos, como que não acreditando que ele seria capaz de cumprir a ameaça. Senti o calor da brasa, a 2 ou 3 centímetros da minha retina. Só então percebi que o policial estava realmente disposto a queimar meu olho. Mas eu não iria voltar atrás na minha decisão. Quando estava na iminência de tocar o meu olho, o homem pequeno desviou o cigarro e pressionou a ponta acesa na minha face esquerda. Senti o calor queimando minha pele. A dor me fez trincar os dentes, apertar os olhos com toda a força que tinha e respirar de forma ofegante, apenas pelo nariz. Lembro-me de ter ficado aliviado por não ter sido no meu olho.

Meu agressor virou as costas para mim, tirou outro cigarro do maço e acendeu-o, sentando em cima da escrivaninha. Era tão miúdo que seus pés não tocavam o chão. Parecia uma criança numa cadeira de adulto. Com a voz mais calma, falou algo para Yasin. Acreditei que ele desistira da ideia de usar a violência para me forçar a assinar o documento em árabe. Muito pelo contrário. "Ele disse que queimou seu rosto apenas como uma amostra. Se você não assinar agora, ele vai apagar o cigarro no seu olho", traduziu Yasin, com a voz preocupada. "Meu amigo, assine logo esse papel. Você pode ficar cego", ele me disse. Ainda sentindo meu rosto arder e com os homens me mantendo preso à cadeira, falei que não iria assinar. "Se você escrever meu depoimento em inglês, eu assino. Caso contrário, nada feito", falei para Yasin.

O soldado traduziu o que eu falara, fazendo o policial dar um salto da escrivaninha e parar de pé na minha frente, com os joelhos tocando os meus. Com o cigarro entre os dedos, ele repetiu todo o procedimento, passo a passo, de forma metódica, como se já tivesse feito aquilo diversas vezes. Quanto mais perto a ponta acesa chegava da minha retina, mais certo eu ficava de que o policial, de fato, iria queimar meu olho esquerdo. Yasin não parava de falar, nervosamente: "Diga que você vai assinar o documento! Diga que você vai assinar!". Eu não podia aceitar aquele tipo de intimidação. "Sou um cidadão brasileiro. Tenho meus direitos. Não fiz nada de errado para estar aqui", eu gritava para Yasin. Toda a minha firmeza evaporou quando senti o calor do cigarro a milímetros do meu olho. "Ok. Ok. Eu assino."

O policial não precisou de tradução para entender que sua tortura havia funcionado. Deu um discreto sorriso, revelando dentes amarelados, e recolocou o cigarro na boca. Fez um sinal para que os dois homens me soltassem e entregou-me uma caneta, apontando com o indicador ossudo onde eu deveria assinar. Obedeci. De certa forma. Na verdade, não assinei o documento. Não queria minha assinatura num depoimento escrito em árabe e cujo conteúdo nunca me foi revelado. Apenas escrevi meu primeiro nome, em letra de forma. Felizmente, o policial não pensou em conferir minha assinatura no passaporte – que estava nas mãos dele – com o nome que eu acabara de escrever no documento. Se o fizesse, talvez a situação voltasse a se complicar para o meu lado.

Quando conseguiu o que queria, ele dispensou Yasin. Antes de ir embora, o militar me falou que aquele lugar era uma espécie de delegacia que o governo improvisara no porão de um prédio público para interrogar presos de guerra. O que ele não disse – mas eu já aprendera da pior maneira – era que o espaço também era utilizado para sessões de tortura. Se eles trataram um jornalista brasileiro daquela maneira, deveriam praticar todo tipo de atrocidades com os presos comuns. Perguntei-lhe se sabia o nome do homem que queimara meu rosto. Ele disse que não.

Antes de sair, Yasin abriu uma porta de madeira que arranhava o piso de cimento ao ser empurrada, produzindo um ranger irritante. Era um banheiro escuro e fétido. Só então percebi que havia mais duas salas no porão, ambas do lado direito de quem entrava e cujas portas estavam fechadas. O lugar era desprovido de janelas e entradas de ar. O clima lá embaixo era mais úmido e frio do que no salão principal do edifício, onde ficava o lustre. Yasin despediu-se de mim apenas com um olhar e um aceno de cabeça. "*Salam Aleikum*", ele disse. Nada falei. Apenas pensei que gostaria muito que meu amigo militar tivesse ficado.

Assim que a porta de ferro foi fechada atrás de Yasin, olhei para o relógio: 19h55. Eu tinha sido jogado naquele arremedo de masmorra havia menos de uma hora e já não suportava estar ali. Pedi para ir ao banheiro, apenas apontando para a porta. Precisei puxá-la com força, fazendo-a arrastar na ranhura que seu vaivém já abrira no chão. O fedor ácido de urina era tão forte que me fez fechar os olhos ao entrar. Não havia privada. Apenas um buraco aberto no chão. Já fazia mais de seis horas que eu não bebia nada. Lavei as mãos e tomei um pouco da água que saiu da torneira enferrujada da pia. O gosto era péssimo, mas ajudou a matar a sede. Aproveitei para lavar o rosto. Curvei-me sobre a pia, até colocar a face esquerda sob a torneira. A água escorreu sobre o local da queimadura, causando um ardor lancinante e me fazendo soltar um gemido de dor. Passei as mãos molhadas no cabelo e retornei à sala principal.

O chefe da delegacia e os outros dois homens fumavam, calados. O mais alto deles me ofereceu um copo de chá. Recusei. Continuava desconfiando de que poderiam querer me envenenar. Nunca fui paranoico. Naquelas circunstâncias, porém, tudo me parecia perfeitamente possível. Eu estava trancafiado num porão, numa cidade do interior da Síria, no meio da guerra e acabara de ter meu rosto queimado por um policial para me obrigar a assinar um documento em árabe. Nada mais soava absurdo para mim.

Minha mochila estava aberta, vazia, sobre a escrivaninha, com todos os meus pertences espalhados no banco de madeira. Um dos homens analisava as imagens e os vídeos da máquina fotográfica e da filmadora. Ele abriu o compartimento do cartão de memória da máquina e apontou, perguntando pelo cartão. Respondi meneando a cabeça negativamente. Olhei para minhas coisas jogadas no banco, à procura da caixa do fio dental, onde escondera um dos cartões. Ela estava em cima de uma camiseta preta, entre o frasco de xampu e o meu bloco de anotações. Lembrei que o outro cartão de memória estava no bolso esquerdo dianteiro da minha calça. Temi que os policiais me revistassem e apressei-me em sentar na mesma cadeira em que tinha sido torturado.

Mesmo sabendo qual seria a resposta, apontei para o telefone sobre a escrivaninha, perguntando ao homem pequeno se podia usá-lo. Ele limpava seus óculos fundo de garrafa com um pano mais sujo do que as lentes. Olhou para mim com expressão de desdém e falou algo em árabe, com um sarcástico sorriso no canto da boca. Não precisava de Yasin para entender que não teria direito a fazer uma ligação telefônica. Minha intenção era ligar para Bruno Carrilho, meu contato na Embaixada do Brasil em Damasco. Já havia memorizado o número do celular dele para poder contatá-lo na primeira oportunidade que surgisse.

O tempo passava, e nada acontecia. Ninguém falava comigo. Não tinha a menor ideia do que aqueles homens fariam comigo. Por quantas horas eu ainda ficaria ali? Queria registrar, de alguma forma, a minha presença naquele lugar. Sem poder fotografar ou filmar, passei a procurar por algo que pudesse levar do local. Sobre a escrivaninha, à esquerda do bule com o chá, havia um carimbo e um bloco de anotações. No alto de cada página, um brasão vermelho, com o desenho de uma águia no centro. Dos lados e abaixo do brasão, palavras em árabe. Imaginei que se tratava do nome do órgão público que funcionava ali e decidi levar uma daquelas páginas comigo.

Sabia que o chefe da delegacia não permitiria que eu tivesse alguma prova da minha permanência naquele lugar. Apoiei os braços sobre a mesa e repousei minha cabeça, como se quisesse descansar. Os homens continuavam tomando chá e fumando, sem dar muita importância à minha presença. Fiquei na mesma posição por uns cinco minutos, e usei a mão esquerda para, por baixo do meu braço direito, tirar a primeira folha do bloco da delegacia. No momento em que arranquei a folha do grampo de alumínio, forcei uma tosse para encobrir o ruído.

Ainda fingindo descansar sobre a mesa, dobrei o papel ao meio, com a parte do brasão voltada para dentro. Ergui a cabeça e estiquei os braços para o alto. Com naturalidade, peguei uma caneta sobre a mesa e comecei a fazer um desenho qualquer no pedaço de papel. O policial dos óculos esticou o pescoço para ver o que eu estava fazendo. Mostrei os rabiscos, como se não tivesse nada a esconder. Ele não deu importância e voltou a me ignorar. Na primeira oportunidade que tive, coloquei a folha no bolso da camisa. Por mais simples e trivial que fosse, aquele naco de papel era um registro físico de que eu fora mantido preso numa delegacia em Homs.

Pontualmente às 22 horas, a porta de ferro levou outras três pancadas do lado de fora. O homem pequeno levantou da cama de solteiro atrás da escrivaninha, pegou uma bolsa de camurça, marrom, colocou-a no ombro direito e despediu-se dos outros dois com um *"Salam Aleikum"*. Caminhou até a porta. Era tão magricelo que precisou usar as duas mãos para puxar o ferrolho. Quando finalmente conseguiu abrir a porta, o homem que esperava do lado de fora apertou-lhe a mão e entrou na delegacia. Deduzi que se tratava de uma troca de turno. Antes de ir embora, o pequenino falou algo para o que acabara de chegar, apontando para mim, e entregou-lhe meu passaporte. A última palavra a sair da sua boca foi *sahafi*.

O homem que entrou usava uniforme idêntico ao do indivíduo dos óculos fundo de garrafa: calça cinza e camisa azul, sem nenhum tipo de identificação. Tinha cerca de 1,80 metro de altura, uns 75 quilos e corpo atlético. O rosto era quadrado, marcado por olhos grandes e castanhos. O nariz pequeno, mas largo, destacava o cavanhaque bem desenhado. Os parcos cabelos brancos e as poucas rugas e marcas de expressão conferiam-lhe aparência de não mais de 35 anos. Muito sério, cumprimentou seus colegas com formalidade e acenou com a cabeça para mim. Respondi da mesma forma. Sentou-se na cama de solteiro e passou 15 ou 20 minutos lendo relatórios e preenchendo formulários. Só levantou quando ouvimos gritos e batidas desesperadas na porta de ferro.

Com um cigarro na boca, o mais alto e forte dos homens levantou da cadeira num pulo e deu um trote desengonçado até a entrada da sala. Num só movimento, puxou o ferrolho e abriu a porta de ferro como se fosse de papel. Três indivíduos entraram. Um deles tinha o braço direito lavado de sangue e era carregado pelos outros dois. Estavam muito nervosos, falando sem parar. O ferido gritava e chorava de dor. Rasgaram sua camisa e levaram-no ao banheiro. Apenas um dos policiais permaneceu na sala, de olho em mim. Urros de agonia saíam do banheiro e preenchiam todo o espaço subterrâneo.

Um dos sujeitos que haviam chegado com o ferido saiu correndo, entrou numa das salas laterais e voltou com uma faca na mão. Ele apontou para o bule de chá fervendo e pediu para que eu lhe entregasse. Usou parte do líquido para esterilizar a lâmina da faca, devolveu-me o bule e retornou ao banheiro. Os gritos de dor se tornaram ainda mais desesperadores. Passados dois ou três minutos, fez-se silêncio na delegacia. Consegui ouvir apenas uma respiração pesada vindo do banheiro. Com o rosto banhado de suor, o novo chefe do posto voltou a sentar-se na cama. Ele me parecia bem mais sóbrio e sereno do que seu antecessor. E também mais jovem, o que abria uma possibilidade de que falasse inglês, ainda que sem fluência.

– Você fala inglês? – perguntei-lhe.
– Consigo entender muita coisa. Mas falo pouco – ele respondeu.
– O que aconteceu com o seu amigo?
– Não entendo.
– O que aconteceu? – eu repeti, apontando para a sala para a qual o homem ferido tinha sido levado.
– Tiro – ele falou, usando a mão direita para fazer o formato de um revólver, com o dedo indicador em riste e o polegar para cima.
– Guerra?
– Sim. Guerra.

Logo percebi que o "pouco" que o policial se dizia capaz de falar em inglês se resumia a algumas palavras. Numa conversa construída com frases curtas e perguntas de apenas um vocábulo – como "hospital" –, ele disse que o policial ferido havia sido baleado durante uma troca de tiros com homens do ELS, a menos de mil metros da delegacia, e que tinha sido levado para lá por ser o local mais próximo e seguro da área do confronto. Se quisessem chegar a algum posto de socorro militar, teriam de passar por zonas da cidade nas quais a guerra era ainda mais intensa. Um dos homens que chegaram com ele era enfermeiro e havia usado a faca para extrair a bala do seu braço. Eles iriam esperar amanhecer para encaminhar o infeliz ao hospital militar, no centro de Homs.

Já passava das 23 horas quando um dos policiais me conduziu à sala na qual o homem ferido agonizava, deitado num colchão sobre o chão de cimento. Ele pegou um formulário com um brasão oficial no alto e dez quadrados desenhados na parte inferior. Agarrou minhas mãos e pressionou meus dedos, um a um, numa caixa espumada, com tinta preta. Em seguida, colocou minhas impressões digitais em cada um dos quadrados. E fez o mesmo com a palma das minhas mãos. Ao final desse processo, me colocou de pé, com as costas apoiadas numa parede amarelada, e me entregou um pedaço de papelão do tamanho de uma revista, com algo escrito no centro. Não era uma palavra. Meu pífio conhecimento de árabe foi suficiente para eu saber que estava segurando uma sequência de números. Com uma máquina digital, ele fez duas fotos minhas: uma olhando para a frente e a outra de perfil. Eu acabara de ser oficialmente fichado pela polícia da Síria.

O mesmo homem que havia registrado minhas impressões digitais no formulário me conduziu até o banheiro, abriu a torneira e derramou detergente nas minhas mãos. Passei uns cinco minutos esfregando uma na outra, até livrar-me da tinta. Olhava para a água negra descendo pelo ralo e pensava no absurdo de toda aquela situação. Estava preso numa delegacia com ares de masmorra, acabara de ser fichado pela polícia e até então ninguém havia me falado o que eu tinha feito de errado para estar ali. Não pude sequer fazer uma ligação telefônica para avisar à Embaixada do Brasil que um cidadão do país estava detido em Homs.

Pela primeira vez em mais de 12 horas, a vontade de urinar foi maior do que o estresse emocional. Enquanto tentava acertar o buraco no chão, com uma das mãos apoiada na parede coberta pelo mofo e prendendo a respiração para não inalar aquele fedor insuportável, senti vontade de chorar. Fui tomado por um desespero pesado e estranho. Minha vida não valia nada. Apertei os olhos com toda a força e decidi que, por maiores que fossem o meu sofrimento e a minha dor, não iria derramar lágrima alguma naquele lugar. Lembro-me de ter pensado em pedir a um dos policiais para dar um tiro na minha cabeça e acabar com aquele inferno de uma vez por todas. Não era a primeira vez que esse pensamento passava pela minha mente desde que eu chegara a Homs. E não seria a última.

Ao sair do banheiro, fui levado pelo policial do cavanhaque à outra sala da delegacia, ao lado do espaço no qual o homem ferido continuava gemendo de dor. Numa área de uns 20 metros quadrados, havia duas poltronas à direita de quem entrava e um sofá de dois lugares na parede frontal. Uma escrivaninha de madeira espremia uma cadeira de alumínio no canto esquerdo. À direita da escrivaninha, uma cama de solteiro, de ferro tubular. Havia, ainda, um relógio de parede, um televisor preso a um suporte, dois fichários e, acima da porta, uma foto emoldurada do presidente Bashar al-Assad. Na imagem, o ditador aparecia sério, com os braços cruzados e de uniforme militar.

Fui colocado sentado na cama de ferro tubular e algemado à cabeceira. "*Sorry*", disse o policial antes de prender a algema no meu punho direito. Nunca tinha sido algemado antes. A sensação de impotência e humilhação somou-se ao desespero por estar ali, produzindo em mim um sentimento desconhecido, uma fraqueza interior que jamais sentira. Fiquei sentado, com os pés apoiados no chão e mirando a parede pintada de verde, à minha frente. Não podia sequer movimentar o braço direito por causa da algema. Por meio de gestos, o policial disse que eu poderia tirar os sapatos e deitar na cama. Mas eu me negava a sentir qualquer tipo de conforto naquele lugar. Permaneci sentado. Até que ele se aproximou e arrancou meus sapatos. Empurrou meus pés para cima da cama e saiu da sala.

Voltou cinco minutos depois com a minha mochila nas costas e o saco plástico com meus equipamentos – celular, máquina fotográfica e filmadora – na mão direita. Na esquerda, trazia um pão sírio e um ovo cozido. Colocou a comida na minha mão, a mochila e o saco sobre a escrivaninha e, saindo novamente da sala, fez sinal para que eu esperasse. Retornou em seguida, com um pires com umas duas colheres de coalhada e o bule de chá. Eu estava esfomeado. Não comia nada já fazia 13 horas – era quase meia-noite. Ainda com o receio de ser envenenado, esperei o policial comer o primeiro pedaço do pão com ovo. Pela primeira vez, tomei um pouco do chá da delegacia. Achei exageradamente doce e quente.

Enquanto comíamos, o policial ligou a tevê. Estava começando um filme intitulado *The Long Kiss Goodnight* – no Brasil, ganhou o título de *Despertar de um Pesadelo*. Com Samuel L. Jackson e Geena Davis no elenco, o longa é repleto de sequências de lutas, tiros e mortes. Nunca aquele tipo de cena havia me incomodado tanto. Perturbava-me, em especial, ver os personagens sorrindo e fazendo piadas logo depois de matar alguém ou de levar um tiro. Numa guerra de verdade, a situação é bem diferente.

O filme nem havia chegado à metade, quando o policial deitou no sofá, cobrindo-se com uma colcha de lã. Perguntou-me se eu queria me cobrir, ao que respondi negativamente. Aproveitei que ele parecia relaxado para tentar conversar um pouco e, principalmente, descobrir o que a polícia planejava fazer comigo. Seu nome era Kamal. O sobrenome não quis dizer. Casado, tinha 36 anos e dois filhos, um de 12 e outro de 8 anos. Vivia e trabalhava na cidade de An Nabk, a cerca de 80 quilômetros ao sul de Homs. Havia sido enviado para a cidade mais afetada pela guerra em caráter emergencial. Ficava 24 horas na delegacia subterrânea e 48 em casa. Ele, o homem dos óculos fundo de garrafa e outro policial se revezavam no comando do lugar.

Kamal não gostava de estar ali. Dizia que as noites eram infernais. Eram raras as madrugadas em que não havia ao menos um ferido de guerra sangrando e gemendo na delegacia. Pela manhã, no entanto, sempre chegava uma ambulância para levar o infeliz ao hospital. Em cinco meses atuando em Homs, já havia presenciado a morte de três homens no seu posto de trabalho. Mas a culpa era dos terroristas – como chamava as forças de oposição ao governo. Segundo ele, eu havia sido levado para aquele lugar porque ninguém sabia o que fazer comigo. E nada mais me disse. Ao menos, nada do meu interesse. Antes de adormecer, Kamal quis saber como era a vida no Brasil, as praias, as mulheres, o futebol. Falou que conhecia Zico, Romário, Rivaldo e Ronaldo. E que tinha até uma camisa da Seleção Brasileira, que comprara durante a Copa do Mundo de 2006.

– Desculpe-me pela algema – ele disse, enquanto se mexia no sofá até encontrar a melhor posição para dormir.

– Tudo bem. Posso continuar assistindo ao filme?

– Claro. O som do televisor não me incomoda.

– *Shukran*. Boa noite.
– Boa noite.

Minha intenção em manter a tevê ligada era para que o barulho encobrisse qualquer ruído que eu viesse a fazer ao tentar pegar o meu celular dentro do saco plástico. Esperei 20 minutos e chamei por Kamal. Se ele respondesse, eu pediria desculpas e diria que precisava muito ir ao banheiro. Sem resposta, concluí que o policial estava realmente dormindo. Estiquei o braço direito – que estava algemado – o máximo que pude. Fiz o mesmo com o esquerdo. Minha mão esquerda ficou a menos de 30 centímetros da borda da escrivaninha. Se pudesse alcançá-la, talvez conseguisse inclina-la, fazendo o saco deslizar até minha mão.

Tudo o que eu queria era telefonar para Bruno Carrilho. Com certeza, ele saberia o que fazer para me libertar. Forcei a mão o máximo que pude, até sentir as lâminas de aço cromado cortando meu punho direito – as cicatrizes demorariam três semanas para sumir. Meus movimentos faziam a algema arranhar a estrutura de ferro da cama, produzindo um som agudo, estridente. O mais sutil movimento de Kamal me fazia deitar e fingir que estava vendo o filme. Levei uns 15 minutos até perceber que todo o meu esforço era vão. Algemado à cabeceira de ferro, eu jamais alcançaria a escrivaninha com as mãos. Só então percebi minha estupidez. Estava tão obcecado em pegar o saco com a mão esquerda, que não me dei conta de que poderia alcançá-lo com os pés. Só precisaria ter muito cuidado para não derrubar tudo o que havia sobre a escrivaninha no chão – principalmente o bule de chá.

O processo foi consideravelmente fácil. Deitado na cama, com o braço direito esticado ao máximo, meus pés logo alcançaram o saco. Apertei-o entre os pés e encolhi as pernas, trazendo o saco para perto da minha barriga. Já com o celular na mão, liguei o aparelho. Coloquei-o embaixo da coxa direita, para Kamal não ouvir o toque disparado quando o telefone é ligado. Na tevê, os tiros e gritos não pareciam incomodar o policial, que continuava dormindo serenamente. Era quase 1 hora da manhã. Imaginei que Bruno ficaria assustado ao receber um telefonema meu no meio da madrugada. Mas ele iria entender a gravidade da situação.

Peguei o celular feliz e aliviado, certo de que conseguiria falar com o funcionário da Embaixada do Brasil em Damasco. Senti profunda frustração ao ver que não havia rede de telefonia celular na delegacia.

Naquele buraco, 3 metros abaixo da superfície, estranho seria se houvesse. Ainda assim, digitei o número de Bruno numa tentativa desesperada. Nada. Como que não querendo aceitar que todo o meu esforço tinha sido em vão, tentei ligar para ele outras cinco vezes antes de desistir. Totalmente desolado, ainda pensei em pegar a máquina e tirar uma foto daquela sala e de Kamal dormindo. Mas considerei a possibilidade de a polícia averiguar o conteúdo da máquina novamente e abortei essa ideia.

Precisava, agora, colocar o saco de volta sobre a escrivaninha. Quando eu estava prestes a finalizar a operação, o policial tossiu, desviando a minha atenção e me levando a esbarrar com o calcanhar direito numa caixa de grampos na borda da mesa, fazendo-a cair no chão. Num só movimento, larguei o saco em cima da escrivaninha e encolhi as pernas. Fechei os olhos e fingi estar dormindo. Mas Kamal não tinha acordado. A caixa de grampos caíra entre a minha cama e o sofá. Pensei em empurrá-la para debaixo da escrivaninha. Enquanto usava os pés para arrastá-la para perto de mim, imaginei que os grampos me poderiam ser úteis.

O outro cartão de memória da máquina fotográfica ainda estava no bolso da minha calça. Precisava encontrar um local mais seguro para escondê-lo. A bainha da calça me parecia uma ótima opção. Usei alguns grampos para descosturar uns 5 centímetros da bainha, criando um espaço suficiente para servir de entrada para o cartão. Com isso, a bainha da calça virou uma espécie de envelope. Meti o cartão ali e empurrei-o até o lado oposto, para não haver o risco de ele cair quando eu andasse. Chutei a caixa de grampos para debaixo da escrivaninha e, aliviado, continuei assistindo ao filme – falado em inglês e com legendas em árabe.

Estava exausto física e mentalmente, mas não consegui dormir. Só percebi que havia amanhecido quando Kamal despertou. Ele deu uma espreguiçada no sofá, sentou-se, alongou as pernas e foi direto tomar um copo de chá. Eu estava deitado e continuei assim.

– Dormiu bem? – perguntou-me.

– Na verdade, não consegui dormir.

– Entendo. Não se preocupe. Tudo vai ficar bem.

– *Inshallah* (se Deus quiser) – eu disse, usando mais uma das poucas palavras que sei em árabe.

– *Inshallah* – repetiu Kamal, sorrindo, por achar curioso o fato de eu conhecer alguma coisa do seu idioma.

Ao destravar a algema, ele percebeu os ferimentos no meu punho direito. Por meio de gestos, perguntou o que havia acontecido para que a algema me machucasse – o aparato só causa ferimentos se o preso tenta se soltar. Eu falei que não sabia e, também gesticulando, insinuei que podia ter feito algum movimento brusco durante a noite. O policial apontou para a porta do banheiro, indicando que eu poderia usá-lo, ao que atendi. Quando saí, com o rosto lavado e o cabelo um pouco molhado, minha mochila já estava no banco de madeira da sala principal. Ao lado dela, o saco plástico com os equipamentos e meu passaporte. Kamal entregou-me a mochila e escalou um dos policiais sob seu comando para me acompanhar.

O homem pegou o saco, o passaporte, e voltou a prender a algema no meu punho direito. Chamou um sujeito que estava sentado numa das cadeiras e prendeu a outra extremidade da algema em seu punho esquerdo. Ficamos eu e o suposto criminoso acorrentados um ao outro.

Quando o policial apontou para a porta de ferro, olhei para Kamal e perguntei o que estava acontecendo, para onde eu seria levado. Ele me olhou com serenidade e disse: *"No problem. You go home".* Queria tanto acreditar no que acabara de ouvir, que cheguei a sentir uma nesga de felicidade, mesmo passando novamente pela humilhação de estar algemado sem ter feito nada para merecer aquilo.

8 Penitenciária Central de Homs

O domingo – 20 de maio de 2012 – amanheceu com mais um dia de sol e céu azul em Homs. Quando saímos do prédio, uma van branca estava à nossa espera, com as portas abertas. O homem algemado a mim parecia tão desolado e perdido quanto eu. Imaginei que ele também poderia estar passando por tudo aquilo sem ter cometido crime algum. Não éramos os únicos presos no veículo. Havia mais oito pessoas conosco, algemadas em pares e que já estavam na van quando nos sentamos. Deduzi que tinham sido trazidas de outros locais de detenção. Eram todos homens, exceto uma das duplas, formada por uma garota de uns 13 ou 14 anos e uma mulher de cerca de 35 anos e que agia como se fosse mãe dela.

Elas usavam vestidos tradicionais do Islã, negros e de mangas longas, e véu na cabeça. A menina tinha o olhar assustado e não soltava a mão da mulher, que tentava confortá-la, sussurrando ao seu ouvido e acariciando-lhe o rosto. As duas iam encolhidas à minha esquerda, no mesmo assento em que eu e meu parceiro de algema estávamos. Não conseguia parar de imaginar o que uma garota de olhar inocente e sua mãe poderiam ter feito para estar naquela situação. Deveriam ser parentes de algum ativista de Direitos Humanos ou de militares da oposição.

O policial que nos conduziu até a van sentou no banco dianteiro, ao lado do motorista, com a minha mochila no colo e o saco plástico com meus equipamentos sobre ela. Perguntei-lhe a respeito do meu passaporte, pronunciando apenas a palavra *visa*. Ele apontou para o bolso da camisa, na altura do peito esquerdo. O veículo levou 15 minutos para ir do prédio da delegacia subterrânea a outro edifício do governo, cuja fachada também ostentava um pôster de Bashar al-Assad. Fomos todos levados para o interior do lugar, passando inicialmente por um salão de uns 200 metros quadrados. Havia um lustre no centro e luminárias em cada um dos quatro cantos. Todos apagados.

Com o som metálico das algemas marcando nossos passos, caminhamos por um corredor em cujo final havia uma grade pintada de preto, que ia do teto ao chão. A entrada era vigiada por dois homens com fardamento militar e armados com metralhadoras. Gritos. Era o que se ouvia vindo do lado de lá da grade. A menina agarrou-se à cintura da mãe, apertando a cabeça contra seu peito. Tão logo chegava diante dos homens armados, cada dupla de detentos tinha as algemas retiradas. Na minha vez, porém, foi diferente.

Com minha mochila nas costas, o policial destravou a algema, mas apenas da mão do homem que estava preso a mim. Em seguida, colocou meu punho esquerdo dentro da outra extremidade e trancou-a. Fez sinal para que eu esperasse de pé no corredor e empurrou todas as outras pessoas para o interior da prisão. Estiquei o pescoço a tempo de ver a garota chorando no peito da mulher. Apesar de estar com as duas mãos algemadas – o que me causava desconforto ainda maior –, achei que teria sido muito pior passar para o outro lado da grade, como foram forçados a fazer meus companheiros da van.

Fui conduzido, então, a uma sala no mesmo corredor que levava à prisão. Num espaço de 20 metros quadrados, havia cinco homens uniformizados com calça azul-marinho e camisa branca, com o brasão da Síria nos ombros – um escudo com uma águia no centro. Estavam todos armados, com pistolas presas à cintura. À direita de quem entrava, havia um sofá de dois lugares encostado na parede e uma cadeira de madeira. Do outro lado, mais duas cadeiras e uma estante de ferro abarrotada de catálogos e pastas de plástico. Na parede frontal, uma escrivaninha de madeira e uma cadeira, na qual estava o único homem sentado da sala. Era, também, o único que não fumava naquele momento.

O policial que havia me levado até lá gesticulou para que eu me sentasse na cadeira ao lado da escrivaninha e saiu da sala. Antes, no entanto, trocou algumas frases com um dos homens. Ouvi a palavra "*sahafi*" ser pronunciada duas vezes. Logo, um dos sujeitos se aproximou de mim. Tinha o rosto redondo e as bochechas tão infladas que lhe apertavam os olhos esverdeados. Usava o bigode ralo e fino, idêntico ao do presidente do seu país. Pegou uma cadeira e sentou-se à minha frente. Com jeito bonachão, perguntou se eu falava árabe. Respondi que não. Mas, para ser simpático, falei as palavras e frases que já aprendera no idioma, como "*sho ismak?*" (qual o seu nome?), "*shukran*" (obrigado), "*afuan*" (de nada), "*Allah Akbar*" (Deus é grande), entre outras.

Todos na sala se mostraram surpresos e animados com o fato de um brasileiro ser capaz de falar algo em árabe. Apenas o homem atrás da escrivaninha se mantinha sério. Rindo muito, o bochechudo sacudiu as duas mãos em sinal de negativo e fez o número três com os dedos da mão direita. "Allah. Syria. Bashar", ele disse, gesticulando para que eu repetisse. Obedeci. Ele voltou a falar as três palavras por quatro ou cinco vezes, sempre pedindo para eu as repetir. O recado que o oficial queria me passar era simples. As demais frases e palavras que eu conhecia em árabe não importavam muito. Os vocábulos que eu realmente precisava saber em seu idioma eram Allah, Syria – eles pronunciam "shuria" – e Bashar, o presidente do país.

Os risos de todos preenchiam a sala. Até que a entrada de um senhor de cabelos brancos, bigode farto e expressão sisuda produziu um silêncio total e imediato. A postura ereta e os ombros largos faziam com que parecesse ser mais alto do que realmente era – cerca de 1,75 metro. Usava um uniforme verde-escuro, com botões dourados e divisas com quatro estrelas em cada ombro. Destacavam-se os sapatos pretos, que brilhavam como se tivessem acabado de ser engraxados. À sua entrada, todos na sala ficaram de pé, com os braços cruzados para trás. Apenas eu permaneci sentado. Ele se aproximou de mim e, ao ver as algemas nas minhas mãos, gritou algo para o homem atrás da escrivaninha, que saiu da sala a passos acelerados.

– Árabe? – perguntou-me, em inglês.
– Não, senhor.
– Francês?
– Não, senhor. Só inglês.

Minha resposta levou-o a bater com as palmas das mãos nas coxas, como se estivesse contrariado com o fato de não poder se comunicar comigo. Levou a mão direita à boca e fez um gesto, perguntando se eu queria comer, ao que respondi balançando a cabeça positivamente e dizendo "*Shukran*". Deu mais um grito a outro oficial, que também saiu correndo. Com os braços cruzados na altura do peito, o militar ficou me encarando, parado, como se fosse uma estátua de mármore. Em seguida, pegou meu passaporte em cima da escrivaninha e analisou cada página. Dedicou quase um minuto à folha na qual estava o visto sírio.

Sua atenção foi desviada pelo policial que me levara da delegacia àquele prédio. Ele entrou correndo e ofegante, acompanhado pelo homem da escrivaninha. Agachou diante de mim e retirou as algemas. Enquanto passava as mãos nos punhos, para me livrar da agonia que ainda sentia, vi o militar segurar o policial pelo braço e, com os olhos arregalados e apontando para os próprios punhos, dizer-lhe algo que me pareceu uma bronca por ter me mantido algemado. Menos de cinco minutos depois, retornou o outro oficial. Entrou na sala trazendo um sanduíche de pão sírio – com tomate, cebola, salsinha e carne picada – e uma garrafa de 1,5 litro de água mineral. Nunca me senti tão feliz simplesmente por ver uma garrafa de água – já havia quase 24 horas que eu só tomava água de torneira.

O oficial ameaçou entregar o lanche e a garrafa ao militar, que, sem falar palavra, apontou para mim. Como se estivesse satisfeito por me ver sem algemas e com o alimento nas mãos, o comandante acenou positivamente para mim e saiu da sala. Tão logo ele se retirou, todos os homens se sentaram e voltaram a conversar animadamente. O sujeito bochechudo e falastrão tocou na minha perna esquerda e, dando três tapinhas em seu ombro direito e apontando para a porta, disse: "General".

Comendo minha primeira refeição do dia – já passava das 13 horas –, eu começava a me sentir um pouco tranquilo. Aparentemente, o homem no comando daquele lugar estava preocupado com o meu bem-estar. Cedo ou tarde, eu seria libertado e poderia voltar para Damasco – a possibilidade de ser autorizado a permanecer em Homs já me parecia completamente descartada. Enquanto eu comia, o oficial piadista olhou para mim, fez o número três com a mão direita e, novamente, falou: "Allah. Syria. Bashar", mandando-me repetir as mesmas palavras. Ele fez isso no mínimo cinco vezes, levando seus colegas a rir efusivamente.

Sentado naquela sala e cercado por oficiais sírios, passei a imaginar o que faria quando saísse dali. Antes de qualquer coisa, ligaria para Bruno Carrilho, na Embaixada do Brasil em Damasco, para contar o que me acontecera. Depois, telefonaria para a minha família. Minha grande preocupação era que a notícia da minha prisão já tivesse sido divulgada e meus parentes estivessem demasiadamente preocupados. Enquanto tudo isso passava pela minha mente, o general sírio retornou à sala. Já eram quase 15 horas. Todos ficaram de pé num só pulo, com os braços cruzados nas costas. O oficial falastrão me lançou um olhar de censura e fez um gesto com a mão direita, me mandando levantar também. Continuei sentado. O general destacou dois homens que estavam na sala, disse-lhes algo e me chamou: "*Go. No problem. Everything ok*". Eu começava a suspeitar de que os sírios não sabiam exatamente a tradução para "*no problem*", mas fiz um esforço para manter viva a esperança de que, finalmente, voltaria a ser um homem livre.

Os dois policiais me colocaram entre si e saímos andando pelo interior do prédio. Após subirmos por uma escadaria de degraus de mármore branco, chegamos a um corredor de uns 3 metros de largura e 30 metros de comprimento. De tão limpo e silencioso, o lugar parecia abandonado. As paredes eram muito brancas e o chão, também de mármore, chegava a brilhar. Diferentemente do salão principal, no térreo, o corredor era bem iluminado, com lâmpadas fluorescentes de um canto a outro. Meu receio de ser assassinado voltou instantaneamente. Seguíamos caminhando, e a cada passo eu ficava mais certo de que estava sendo levado a um local para ser executado. Todas as salas do corredor tinham as portas fechadas. Não se ouvia nenhum ruído. Era tudo limpo demais, claro demais e quieto demais para não haver problemas. De tão exausto emocionalmente, voltei a pensar que poderia ser um alívio levar um tiro na cabeça. Ao menos, seria bem melhor morrer ali, naquele corredor com jeito de paraíso, do que na delegacia fétida onde eu passara a noite anterior.

A 3 ou 4 metros do fim do corredor, notei que a última porta estava aberta. Seria a sala de execução? Vozes de mulheres saíam lá de dentro, me levando a crer que minha hora ainda não tinha chegado. Os oficiais que me conduziam fizeram sinal para que eu entrasse. Duas mulheres estavam sentadas em poltronas forradas de couro preto, atrás de uma mesa de madeira que ia de uma extremidade à outra da sala. Uma delas, olhando para mim, apontou com a mão para a cadeira à sua frente. Assim que me sentei, curvou-se em minha direção, apoiando os cotovelos sobre a mesa e descansando o queixo nas mãos. À sua esquerda, havia um computador e um telefone branco, ao lado do qual estava meu passaporte. Num inglês quase sem sotaque, perguntou se eu era o jornalista brasileiro. Senti enorme alívio por estar diante de alguém que trabalhava para o governo e com quem eu poderia me comunicar.

– Sim. Sou eu – respondi.
– Por que você está em Homs?
– Para procurar familiares de uma amiga do Brasil.
– Foi o que me disseram. Mas eu não acreditei.
– Mas é a verdade.
– Alguém sair do Brasil para procurar familiares de outra pessoa em Homs, com a situação que estamos vivendo, é muito estranho.
– Pode ser. Mas é a verdade. E eu não vim do Brasil para Homs. Eu estava no Líbano, de férias. Como Beirute é muito perto de Homs, achei que devia fazer esse favor para a minha amiga, que já é uma senhora de idade e está muito preocupada com seus familiares aqui.
– Entendo. Eu queria lhe dizer que sentimos muito por tudo isso que lhe aconteceu.
– Ok.
– Mas você precisa entender que a Síria está passando por um momento muito delicado.
– Eu entendo. Só não entendo por que fui preso, algemado e por que ainda estou passando por tudo isso.
– São medidas de segurança. Mas nosso processo aqui está concluído. Você vai poder ir embora.
– Que bom – falei, sentindo uma leveza que nunca experimentara.
– Espero que você possa voltar à Síria no futuro para conhecer as belezas do nosso país. Nosso povo é um povo de paz. Esta situação logo vai passar.
– Claro. Será um prazer retornar. Mas eu gostaria de ficar em Homs por mais um dia pelo menos, para tentar encontrar os familiares da minha amiga.
– Isso não será possível. Mas aceite nossas desculpas, por favor.
– Sem problemas, senhora.

Ela pegou meu passaporte e o entregou a um dos oficiais. Apertou minha mão e perguntou se poderia me ajudar em algo mais. Pedi para usar o telefone, na intenção de telefonar para Bruno Carrilho, na Embaixada do Brasil em Damasco.

– Nossos telefones não estão funcionando.

– Ok. E qual o seu nome? – perguntei, sem acreditar no que acabara de ouvir.

– Não posso dizer, por questões de segurança.

– Ok. *Shukran*.

– *Afuan* – ela respondeu, com um leve sorriso.

Saí da sala sentindo um misto de frustração e alegria. Frustração por estar indo embora de Homs sem ter feito o que havia me proposto a fazer na cidade. E alegria simplesmente por estar indo embora. Era muito bom sentir-me um homem livre novamente, depois de passar 24 horas sendo tratado como um criminoso e sem direito a nada. Os oficiais me conduziram de volta à sala onde eu estava inicialmente. Já no corredor do térreo, passamos pela sala do general, em frente à escadaria de mármore. Ao me ver, ele fez um sinal com a mão direita e nós paramos. Aproximou-se de mim e perguntou se estava tudo bem. Acenei positivamente com a cabeça. O general deu um tapa no meu ombro esquerdo, passou a mão direita no próprio rosto e disse, por meio de gestos, que eu tinha fisionomia árabe. Tomei aquilo como um elogio e respondi com um sorriso discreto.

Quinze metros adiante, chegamos à sala onde eu deveria pegar minha mochila. Tão logo entrei, o oficial falastrão me agarrou pelo braço, me puxou para perto de si e disse: "Allah. Syria. Bashar", fazendo-me repetir. Não via a hora de sair daquele lugar. Peguei a mochila, pendurei-a apenas por uma alça no ombro direito e fiquei de pé, esperando pelo momento de ir embora. Menos de cinco minutos depois, o policial que havia me levado da delegacia até aquele prédio entrou na sala, carregando o saco com meus equipamentos. Ele pegou meu passaporte das mãos do oficial, segurou-me pelo antebraço e conduziu-me para fora do edifício.

Um caminhão branco, do tipo baú, estava parado em frente à porta principal. De pé, na calçada do prédio, 18 homens esperavam em fila indiana. O oficial gritou algo em árabe e todos começaram a subir no caminhão, usando uma escada de madeira, de quatro degraus. Ele olhou para mim e acenou para que eu subisse também. Sem entender o que estava acontecendo, obedeci. Quis acreditar que seria levado para algum lugar de onde poderia ir embora. O interior do baú era todo pintado de branco, com dois bancos de ferro soldados às paredes laterais e que iam de um lado a outro. No alto das quatro extremidades daquela caixa de metal, havia aberturas em formato retangular, do tamanho de um livro, para a passagem de ar.

Caminhei até o final do baú e sentei no último espaço do banco do lado direito, com a mochila no colo. Éramos 19 homens lá dentro. Uma grande balbúrdia do lado de fora chamou nossa atenção. Levantamos para ver o que acontecia. Havia um grupo de uns 20 indivíduos andando na direção da porta traseira do caminhão. Todos gritavam ao mesmo tempo. Não precisava falar árabe para entender que reclamavam e xingavam. Um barulho estranho, metálico, acompanhava seus passos. Quando chegaram mais perto, percebi que estavam acorrentados uns aos outros, pelos pés e pelas mãos.

Havia homens de todas as idades e tipos físicos. Alguns usavam vestes tradicionais do Islã – principalmente galabias. Outros vestiam calça e camisa. Quando todos já tinham entrado, dois oficiais trouxeram mais um detento, que praticamente se arrastava apoiado em seus ombros. Era um senhor que aparentava uns 60 anos. Estava muito magro e mal conseguia caminhar. Os cabelos e a barba eram brancos e compridos. Dentro do baú, não havia espaço para mais ninguém. Todos os acorrentados tinham ficado de pé, no espaço entre os bancos laterais. O velho de aparência doente foi colocado sentado no chão. Suava tanto que a camisa colara em seu tórax esquelético. Não parava de gemer, o coitado.

Um dos oficiais fechou a porta traseira do caminhão. Eu estava enjaulado. Mais uma vez. Contei outros 41 infelizes dentro do baú, além de mim. Alguns homens falaram comigo, acreditando, imagino, que eu fosse sírio. Fingia entender, apenas meneando a cabeça negativamente, em sinal de desconsolo e inconformismo. Suspeito que eles sabiam para onde estávamos sendo levados. Eu não. Mas continuava tentando acreditar que faltava pouco para ser libertado. Encolhido no meu canto, com a cabeça entre as pernas e olhando para o assoalho do caminhão, ouvi gritos e tiros vindos da rua.

Eu e os outros três homens posicionados nos cantos do baú ficamos de pé e grudamos os olhos nas aberturas para passagem de ar. O cenário era de terror. Carros carbonizados, lojas com as vitrines quebradas e as prateleiras vazias – deduzi que haviam sido saqueadas –, casas com os muros derrubados, prédios com paredes e fachadas destruídas. Homens e garotos caminhavam com fuzis e metralhadoras apontados para o céu azulado. Alguns vestiam coletes verdes e camisas com estampa de camuflagem militar. Outros usavam camisetas de clubes de futebol da Europa, como Real Madrid, Barcelona e Milan.

Quando nosso caminhão passou, eles gritaram *"Allah Akbar!"* repetidas vezes e deram tiros para o alto. O motorista acelerou e, uns 100 metros adiante, entrou na primeira rua à direita, que estava totalmente deserta, ocupada apenas por mais automóveis queimados. Dentro do baú, alguns dos meus companheiros daquela espécie de prisão móvel sorriam e trocavam comentários empolgados. Pareciam animados com a manifestação dos rebeldes na rua.

O caminhão parou diante de um portão de ferro, de uns 4 metros de altura, que logo se abriu, deslizando para o lado. O veículo percorreu cerca de 50 metros e estacionou. Esperei para sair por último. O desembarque dos acorrentados deu trabalho. Dois deles caíram, levando outros cinco ou seis ao chão. Meu relógio marcava 16h10 quando saí do baú. A primeira imagem que vi foi a de um cartaz de 3 metros de altura por 2 metros de largura, com a foto de Bashar al-Assad. O ditador estava sério, de óculos escuros e braços cruzados. Não tive tempo de analisar o local. O oficial que levava meu passaporte e o saco com os equipamentos se apressou em me conduzir para dentro do prédio.

Descemos por uma escada num corredor estreito. Um homem por vez. Não gostei nada daquilo. No mesmo instante, me veio à mente a escadaria escura, na qual, 24 horas antes, eu tivera certeza de que iria morrer, enquanto descia sob a mira do fuzil do rapaz de gel no cabelo. Por uma janela com grades, vi os acorrentados caminhando por um pátio, na direção de uma construção que me pareceu um presídio. Eram dois grandes blocos – de dois andares e cerca de 100 metros de comprimento cada –, com grades em todas as janelas e separados pelo pátio que eu acabara de ver. Minha situação estaria muito pior se eu tivesse sido colocado naquele grupo.

A escadaria dava numa sala de uns 6 metros quadrados, com duas cadeiras, um sofá de dois lugares e uma escrivaninha. O forte cheiro de cigarro me fez levar a mão ao nariz. Uma grade de ferro, do teto ao chão, separava esse espaço de um corredor de 12 metros de comprimento por

2 metros de largura. A parede esquerda do corredor tinha uma abertura de 50 centímetros, que ia de uma extremidade à outra, mas era lacrada por uma grade. Na parede direita, havia quatro portas de ferro, vermelhas, com uma portinhola de correr do tamanho de um livro e a mais ou menos 1,70 metro do chão.

Eu e mais 18 sujeitos esperávamos de pé, no corredor. Acredito que éramos os mesmos 19 infelizes que entraram no caminhão-baú antes dos outros. Dois homens vestindo calça azul-marinho e camisa branca com o brasão da Síria nos ombros começaram a gritar. Abriram, uma a uma, as portas vermelhas. Elas davam entrada para celas. Apenas a segunda porta permanecia trancada. Recusei-me a acreditar que seria jogado numa penitenciária. Havia menos de 30 minutos, a mulher que se negara a me dizer o nome tinha falado que eu seria liberado. O próprio general confirmara essa informação. Não podia aceitar a ideia de que o meu inferno na Síria ainda não chegara ao fim.

De pé, ao lado da grade que separava a sala dos oficiais do corredor das celas, esperei todos os presos entrarem em suas jaulas. Na primeira cela, dois homens estavam na porta. Eles trocaram algumas palavras com um dos oficiais. Ouvi quando o sujeito que parecia ser o chefe da penitenciária pronunciou "*sahafi brazili*", levando um dos detentos a olhar para trás e, dirigindo-se aos outros presos, repetir os dois vocábulos. Em segundos, havia quase dez cabeças se espremendo na entrada da cela, lançando olhares curiosos sobre mim.

O segundo oficial tentou me encaminhar para a terceira cela. Resisti. Fiquei imóvel, com os pés colados ao chão. Tentei falar com ele, mas o homem não entendia uma palavra em inglês. Um dos sujeitos da primeira cela fez uma pergunta, em árabe, ao chefe do presídio, que respondeu balançando a cabeça em sinal de positivo.

– Posso ajudá-lo? – perguntou-me o detento, deixando-me um pouco aliviado em ver que alguém naquele buraco falava inglês.

– Sim. Por favor, fale para o chefe que eu não devia estar aqui. No prédio onde eu estava até agora, um general disse que eu poderia ir embora.

– E onde você estava?

– Não sei. Mas é o mesmo lugar de onde os outros presos foram trazidos.

– Ok.

Enquanto ele traduzia ao oficial o que eu acabara de falar, observei que todos os outros presos já tinham entrado nas demais celas.
– Ele disse que já está sabendo do seu caso – disse-me o presidiário.
– E então?
– Você vai ficar aqui enquanto a polícia organiza os documentos para a sua libertação.
– Não. Não pode ser. O general falou que eu já estava liberado.
– Você estava liberado do processo lá no outro prédio. Agora, você vai ter de esperar aqui.
– E quando eu vou poder ir embora?
O preso não respondeu. Repassou a pergunta ao oficial.
– Ele disse que não sabe. Mas acha que você deve sair daqui amanhã.
– Eu vou passar a noite aqui?
– Acho que sim. Mas deve ser só uma noite.
– Por favor, pergunte a ele o que eu fiz de errado para ser preso.
– Já perguntei.
– O que ele falou?
– Que também não sabe. Ninguém falou para ele por que você foi preso.
O oficial que parecia dar as ordens no local me pegou pelo braço direito, tentando me empurrar para dentro da primeira cela. Sacudi os braços, desvencilhando-me. O homem ficou nervoso. Gritou comigo e olhou para o preso que falava inglês.
– Ele disse que, se você não entrar, vai jogá-lo na ala dos presos perigosos.
– Por favor, pergunte onde estão meu passaporte e meus equipamentos.
– O policial que trouxe você para cá ficou com tudo.
Sentindo amarga tristeza, ajeitei a mochila no ombro direito, abaixei a cabeça e entrei na cela. O oficial falou algo em tom ríspido e trancou a porta. Ouvi o ferrolho deslizando do lado de fora e, logo depois, o cadeado sendo fechado. Pouco mais de 24 horas após desembarcar em Homs, eu estava enjaulado numa penitenciária. Como aceitar essa realidade? Havia menos de uma hora, tinha sido levado a crer que seria solto. Em vez disso, minha situação piorara. E muito. Estava trancafiado numa cela de um presídio na cidade mais afetada pela guerra na Síria e na companhia de 22 criminosos – comigo, éramos 23 homens. Entrar naquele lugar trouxe-me um peso à alma. Nunca sentira nada parecido na vida. Não

tinha mais esperanças de que algo de bom pudesse me acontecer. Até a pior das possibilidades me parecia um alívio. Melhor seria morrer do que estar naquela situação e, pior, sem ter cometido crime algum. Ao menos um dos meus companheiros de cela falava inglês. Assim que entrei, ele me mandou sentar na cama de baixo de um beliche encostado na parede lateral, à direita da porta de ferro. Dois presos sentaram ao meu lado, deixando-me entre eles. O que falava inglês ficou ajoelhado, na minha frente, e apresentou-se como Ammar Ali. Outros cinco detentos se aproximaram, curiosos. Os demais não demonstraram se importar muito com o *sahafi brazili*.

Com Ammar como intérprete, contei um pouco do que tinha me acontecido desde que chegara a Homs. Mantive a versão de que estava ali para procurar familiares de uma amiga brasileira. Eles queriam saber quem havia me capturado, em que circunstâncias, em que local de Homs, como tinha sido a noite na delegacia. Respondi a tudo, sem dar muitos detalhes. Minha preocupação era descobrir que tipo de presídio era aquele no qual o Governo Sírio me havia jogado.

Com seu inglês arabizado, Ammar me disse que estávamos na Penitenciária Central de Homs. Na nossa ala, ficavam os detentos que haviam cometido delitos leves ou com histórico de boa conduta lá dentro. Nunca ter se envolvido em brigas e rebeliões era um dos pré-requisitos. Em sete meses de prisão, Ammar jamais vira confusão na nossa área. A situação era bem diferente no prédio para o qual os acorrentados foram levados, com suas correntes arranhando o piso de pedra do pátio. Ocupadas por cerca de mil homens, as alas do "prédio da morte" – nome dado pelos presos – não passavam dois dias sem registrar conflitos entre os próprios detentos ou entre eles e os guardas.

Enquanto eu e Ammar conversávamos, os curiosos, aos poucos, se afastaram, voltando para seus lugares. Ficamos apenas eu, meu intérprete e mais três indivíduos: um mais velho – aparentava ter uns 50 anos – e dois rapazes de, no máximo, 25 anos. Um dos jovens tinha a cabeça raspada e agia como se fosse o palhaço do grupo, sempre fazendo alguma graça. Ammar cuidava de traduzir para os outros tudo o que eu e ele falávamos em inglês. O de cabeça raspada estava fumando e me ofereceu um cigarro. Agradeci, mas recusei. Insistiu. De novo, não aceitei. Acreditando que eu tinha recusado por educação, ele quase colocou um cigarro na minha boca. Segurei sua mão e, com um sorriso leve e meneando a cabeça negativamente, falei: "*No, sadik. Shukran*" (Não, amigo. Obrigado). Eles se entreolharam e sorriram efusivamente, como que achando fantástico eu conhecer algumas palavras em seu idioma. "*Arabic! Arabic! You arabic!*", gritou, saltando, o engraçadinho.

Ammar me ofereceu um pouco de chá num copo de plástico. Apesar de não gostar de bebidas quentes, aceitei, tentando parecer simpático. Queria ficar sozinho em algum canto, para ver se meus pertences estavam todos na mochila. Perguntei a Ammar onde eu poderia descansar um pouco. Ele apontou para a cama de cima de outro beliche e uma estopa preta no chão, a 2 metros dos meus pés. Achei que ali, esquecido num canto, eu teria mais sossego. Copo na mão, dei dois passos e me ajoelhei na estopa.

Deitei, com a cabeça tocando a parede, e coloquei a mochila sobre o peito. Abri os compartimentos um a um, revistando tudo com cuidado. A primeira coisa que quis ver foi a caixa do fio dental. O cartão de memória estava lá, incólume. Para a minha alegria, o bloco de anotações e a caneta também permaneciam no bolso interior onde os havia deixado. Peguei minha carteira, preocupado com os documentos e cartões de crédito. Sem problemas. Mas a maior parte do meu dinheiro fora roubada pelos militares ou pelos policiais. As cédulas de pounds sírios e libras libanesas – que, somadas, chegavam a uns 30 dólares – não haviam sido tocadas. Mas dos 400 dólares que eu tinha em espécie – quatro notas de cem –, apenas 100 foram deixados.

Não entendi por que não levaram tudo. Perto da agonia por estar ali dentro, no entanto, ter 300 dólares roubados não me incomodava em nada. Meu desespero era total, um peso quase físico. Não conseguia sequer respirar direito. Algo me apertava o peito. Como que adivinhando o que eu sentia, Ammar aproximou-se.

– Você está muito triste, não é?

– Sim.

– Entendo. Mas fique tranquilo. Amanhã você vai embora.

– Por que você acha isso?

– Pelo que contou, você não fez nada para estar aqui. Como o oficial da prisão falou, eles devem ter colocado você aqui dentro só para esperar o processo burocrático da sua libertação ser concluído.

– Espero que sim.

– Fique calmo, meu amigo. Amanhã você vai embora. Pode ter certeza.

Depois de tudo o que eu já tinha sofrido em Homs, achei melhor não acreditar no que acabara de ouvir. Preferi permanecer triste e deprimido a confiar que seria libertado no dia seguinte e, mais uma vez, ter minhas esperanças frustradas. Não queria passar por esse tipo de decepção novamente. Mas um naco da minha alma teimava em alegrar-se com a ideia de sair daquele lugar no dia seguinte. Com esses pensamentos se confrontando na minha mente, perguntei a Ammar o que ele havia feito para ser preso. Antes que a resposta chegasse, um dos oficiais deu uma pancada na porta de ferro. Seus olhos negros e a testa franzida apareceram na portinhola. Gritou uma frase em árabe. Ammar perguntou-lhe alguma coisa. Voltou a gritar, fechou a portinhola e sumiu. Os cinco homens que estavam mais perto de mim me lançaram olhares de misericórdia.

– O que houve? – perguntei a Ammar.
– Ele disse que você não pode tomar banho.
– Por quê?
– Foi o que eu perguntei. Mas ele não respondeu. Apenas disse que você não pode tomar banho e que, se descobrir que você tomou, vai cortar a água da nossa cela.

* * *

Melhor seria que eu realmente fosse embora no dia seguinte. Não me agradava em nada a possibilidade de passar muito tempo naquele buraco fedendo a cigarro e sem poder tomar banho. Já havia quase meia hora que eu estava na cela e não ficara um instante sem respirar fumaça. Sempre tinha algum sujeito poluindo ainda mais o ar com suas tragadas. Alguns estavam deitados. Outros formavam grupos de conversa de quatro ou cinco indivíduos, sentados. Uns poucos fumavam de pé. Ainda deitado, pensei em como seria fantástico poder fotografar e filmar tudo aquilo. Adoraria registrar os rostos, as vozes e os movimentos de cada um dos meus companheiros de prisão. Queria muito fotografar a cela, e guardar para sempre a imagem que meus olhos viam naquele instante.

Lamentavelmente, isso não seria possível. Mas eu podia desenhar a planta da cela no meu bloco de anotações. Foi o que fiz. Num espaço de uns 40 metros quadrados, havia quatro beliches, duas camas de solteiro e estopas pretas espalhadas pelo chão, cobrindo quase todo o piso. Considerando que éramos 23 presos, 13 de nós teríamos de dormir em estopas – a minha já estava reservada. No chão, à direita da entrada, um fogão elétrico de uma boca, do tamanho de um tijolo. Na parede ao fundo da cela, havia um cubículo de 1 metro quadrado. Era o banheiro. A privada não passava de um buraco redondo no piso. Nada de chuveiro. Quem quisesse – e pudesse – tomar banho tinha de usar o balde de plástico que ficava logo abaixo da torneira, fincada a meio metro do chão. Do lado de fora do banheiro, grudada a uma das paredes, uma pia de alumínio, com pratos e copos de plástico esperando para ser lavados.

As hélices do ventilador de teto faziam mais barulho do que ventilavam. No alto de cada uma das quatro paredes, havia uma lâmpada fluorescente. Apenas duas ficavam acesas. Eram duas as entradas de ar: uma logo acima do beliche que ficava à esquerda da minha estopa e a outra ao lado do banheiro, também no alto da parede. Ambas tinham o mesmo tamanho – uns 30 centímetros de altura por 1 metro de largura – e eram lacradas com grades. Ainda desenhava a planta da cela, quando Ammar levantou-se do beliche e ficou de pé, de lado para mim, voltado para a parede frontal. Com os braços cruzados – mãos envoltas nos antebraços –, ele mantinha os olhos abertos, mas parecia enxergar muito além da parede de concreto.

– *Allah Akbar. Allah Akbar* – cantou, sozinho. E continuou: – *Ach-hadu an la iláha il-la Allah* (Testemunho que não há outra divindade além de Deus).

Ouvir o cântico de Ammar trouxe, enfim, um pouco de descanso à minha alma. Ele estava fazendo o Adhan, o chamado que convida os muçulmanos à oração. É um culto que precede a reza e um dos principais e mais belos rituais do islamismo. Para conduzi-lo, o homem deve ter profundo conhecimento teórico da religião, ser respeitado pela comunidade e ter papel de liderança. Ammar – como eu viria a saber mais tarde – era tudo isso. Ele prosseguiu cantando, entoando outras frases. Numa delas, repetida duas vezes, dizia: *Haiyá alas-sala* (Vinde para a oração).

Aos poucos, outros detentos foram se aproximando, posicionando-se atrás de Ammar, formando um triângulo, como se fossem pinos de boliche. Nem todos na cela atenderam ao chamado. Contei nove homens de pé, prontos para orar e agradecer a Deus, a despeito de estarem aprisionados. Senti um desejo profundo de estar entre eles. Mas não sou muçulmano. E meus colegas de prisão muito provavelmente sabiam disso. Além do mais, para um muçulmano seria, no mínimo, difícil aceitar em seu grupo de oração um indivíduo que não comungasse da sua crença.

Mas ver todos aqueles homens de pé, numa admirável atitude de fé e entrega, apesar da situação que estavam vivendo, foi mais forte do que o meu receio de ser rejeitado. Levantei e, com a cabeça abaixada, fui para o final da fila. Todos, exceto Ammar, olharam para mim. Pareciam intrigados. O rapaz de cabeça raspada, que até então agira como o palhaço da cela, estava logo atrás de Ammar. Ao ver que me unira a eles, deu dois passos e pegou-me pelo braço direito. Tive certeza de que seria expulso do grupo de oração. O que aconteceu em seguida, no entanto, provocou em mim o primeiro bom sentimento dentro da prisão.

O jovem careca me puxou para perto dele, colocando-me na segunda fileira, lugar privilegiado. Fiz um sinal de agradecimento e reverência com a cabeça e falei "*Shukran*". Ele respondeu sem palavras, com uma expressão séria, que até então não vira em seu rosto, devolvendo o cumprimento. Eu já havia participado de orações muçulmanas, em mesquitas do Egito, da França, da Bósnia e do Líbano. Mas nada se comparava a estar prostrado, com o rosto colado àquela estopa fedida, dentro de uma cela no interior da Síria e entre criminosos que não abandonavam sua fé.

Ouvimos alguns disparos na rua. Nada tirava a atenção de Ammar, que continuava recitando os versos da oração, sendo acompanhado pelos demais. Sem falar árabe, eu não era capaz de fazer a reza com eles. Na minha mente, pedia a Deus para cuidar dos meus companheiros de cárcere. Pedia, também, pelas pessoas que amo e que certamente estariam preocupadas se soubessem da minha prisão.

Sentindo-me esquecido e solitário naquele fim de mundo, a oração me comoveu profundamente. Quando acabamos a prece, senti enorme vontade de chorar. De tristeza, pelo tormento pelo qual estava passando. E de emoção, por ver a fé e a devoção dos meus companheiros de cela. Apertei os lábios, trinquei os dentes e segurei o choro. Já tinha decidido que não iria derramar lágrima na Síria, ainda que o motivo fosse nobre.

Sentei numa das camas de solteiro, apoiei os braços nas pernas e fiquei encarando o chão. Ammar e o sujeito de cabeça raspada perceberam minha emoção. Sentaram ao meu lado e me abraçaram. Ser acolhido por muçulmanos, naquelas circunstâncias, como se eu fosse um deles, foi uma das maiores emoções que já vivi. E sentir-me respeitado, depois de sofrer tanta humilhação, tornava tudo ainda mais comovente. Pela primeira vez desde que chegara a Homs, eu me sentia seguro. Protegido. Mesmo estando na cela de uma penitenciária.

Ainda segurando a vontade de chorar, deitei na minha estopa. Empurrei a mochila para debaixo da cama que ficava à minha direita e observei Ammar acender o fogão elétrico. Ele usava uma colher de pau para mexer o jantar daquela noite. O que quer que fosse, eu não conseguia identificar pelo cheiro. Dez minutos depois, Ammar despejou o conteúdo da panela numa bacia azul. Era uma espécie de ensopado de ovos mexidos com tomates. Eu já tivera refeições piores na vida. Gosto de ovo e de tomate. Além do mais, estava faminto. Mas a bacia de plástico, colocada no chão, fazia o nosso jantar parecer uma lavagem de porcos.

Formamos um círculo em volta da bacia. Nele, estávamos eu, Ammar, o cabeça raspada e o outro preso que aparentava ser o mais velho de todos nós. Os outros detentos também pararam para comer, mas cada um em seu grupo. Ammar pegou um saco plástico embaixo do beliche ao nosso lado e largou-o no chão, perto da bacia azul. No saco, havia cinco pães sírios, do tamanho de uma pizza. Ele tirou um deles e colocou-o em cima do saco. O cabeça raspada foi o primeiro a partir um pedaço do pão. Ammar fez sinal para que eu me servisse, ao que atendi. Rasguei um naco do pão e, usando a colher de pau que ainda estava na bacia, coloquei um pouco de ovo. Quando me preparava para colocá-lo na boca, o careca deu um leve tapa na minha mão, fazendo o ovo cair de volta na bacia. Olhei para ele sem entender. Ammar e o outro sujeito riram.

Por meio de gestos, o rapaz me ensinou a comer na prisão. Apontou para os próprios olhos, como que me mandando prestar atenção. Em seguida, partiu outro pedaço de pão e, com ele, fez uma espécie de concha com os dedos. Meteu o pão dentro da bacia e pegou o ovo, sem tocar com os dedos na comida. Já com a boca cheia, apontou para a colher de pau e, com o indicador da mão direita, fez sinal de negativo para mim. Ele acabara de me ensinar como eu deveria comer na cela. Sorri, balancei a cabeça positivamente e perguntei:

– *Sho ismak*? (Qual o seu nome?)

– Adnan al-Saad – respondeu o cabeça raspada.

9 Criminosos ou vítimas da guerra?

Minha primeira noite na penitenciária foi a pior que já tivera na vida. De tão triste e desesperado, não conseguia dormir, apesar de estar exausto física e mentalmente. Entre o final da noite e o meio da madrugada, vários tiros e explosões ecoaram pelas ruas de Homs. Só adormeci às 4 horas da manhã da segunda-feira, dia 21. Tinha passado 42 horas e 30 minutos acordado, sem dar um cochilo sequer, desde que levantara da cama do hotel Al Majed, em Damasco, às 9h30 do sábado. Na cela, eu havia fechado os olhos para tentar dormir um pouco depois das 2 horas da madrugada. Meu corpo, estirado na estopa preta, implorava por descanso, mas minha mente estava agitada e confusa demais para relaxar. Alguns presos ainda conversavam. E fumavam. Saquei meu bloco de anotações e a caneta da mochila, e aproveitei a memória ainda fresca para começar a escrever tudo o que eu passara desde a minha entrada em território sírio.

Escrever fez com que me sentisse um pouco melhor. Por alguns instantes, era como se eu não estivesse naquele lugar. Para aproveitar cada espaço do bloco e também temendo que minhas anotações fossem investigadas, escrevia com letras minúsculas e emaranhadas. Até um brasileiro teria dificuldades para entender meus garranchos. Dos detentos dos quais eu ficara mais próximo, apenas Adnan continuava acordado.

Fumando. Eu escrevia deitado, com a barriga para cima e a cabeça apoiada na mochila. Notei quando Adnan levantou da cama de baixo do beliche próximo à porta e caminhou até mim. Tocou na minha perna com uma das mãos e acenou, dando boa-noite. Retribuí o aceno e voltei a escrever. Quando peguei no sono, todos já dormiam. Minha última lembrança daquela noite foi ter olhado para o teto da cela e me recusado a aceitar que tudo aquilo era real.

O estresse era tamanho que só consegui dormir por três horas. Às 7 horas da manhã, já estava com os olhos fixos no teto cor de cimento. Acordei com muita vontade de urinar. Mas não queria ir àquele banheiro. Tinha esperanças de ir embora da penitenciária sem precisar usá-lo novamente. E também estava morrendo de sede. Garganta seca. Só então me dei conta de que não tomava água desde a tarde do dia anterior, quando fiquei detido no prédio do general. Embaixo do beliche à esquerda da minha estopa, havia duas garrafas de água mineral. Mas não sabia se podia beber sem a autorização de alguém. Ao lado das garrafas, três bandejas de ovos, dois pacotes de café, várias embalagens de chá, dois quilos de açúcar, um pacote de bolachas e o saco com os pães sírios. Era a despensa do grupo liderado por Ammar.

Ouvi o cadeado do lado de fora da porta sendo destravado. O ferrolho rangeu. O mesmo oficial que me jogara para dentro da cela abriu a porta de ferro e gritou o nome de três pessoas. Rapidamente, dois detentos se levantaram das suas estopas. Com a agitação, Ammar também acordou. Outro sujeito saiu às pressas do banheiro, ainda puxando a calça para cima. Perguntei a Ammar o que estava acontecendo.

– Eles estão indo embora – ele me disse.

– Três ao mesmo tempo?

– É normal. Quase todo dia tem gente chegando e saindo daqui.

– E eu? Será que vou embora hoje?

– Acho que sim.

Daria tudo para estar no lugar de um daqueles três felizardos. Com a libertação deles, passamos a ser 20 indivíduos na jaula. Ao menos, seriam três bocas a menos para produzir fumaça. Mal levantou da estopa ao lado da minha, Ammar pegou uma das garrafas de água e despejou bastante na boca, sem encostar os lábios no gargalo. Esticou o braço na minha direção, com a garrafa na mão. Tomei o equivalente a uns dois copos, também sem deixar a boca tocar no gargalo. O sabor era péssimo. Tinha um gosto estranho, meio metálico. A olho nu, porém, não era possível notar nada de diferente. Pensei que fosse apenas um problema do fabricante sírio. Ficaria muito feliz em ir embora da prisão sem precisar beber aquela água detestável outra vez. Principalmente, sem ter de fazer outra refeição na bacia de plástico, como se fosse um animal num chiqueiro, disputando a ração com outros bichos.

Voltei a escrever no bloco, relembrando o momento da minha prisão pelos militares, no centro de Homs. Estranhamente, sentia como se já fizesse vários dias que eu sofrera tudo aquilo. Mas, na verdade, não haviam se passado nem 16 horas. A agonia, a dor e o desespero extremos tinham feito com que eu perdesse a noção do tempo. Talvez, o fato de ter ficado a maior parte desse período trancafiado, sem ver a luz do Sol, tenha contribuído para essa sensação. E, agora, eu via as luzes da manhã atravessarem as janelas engradadas para banhar a cela com seus raios amarelados.

Aos poucos, nosso cárcere começava a viver. Espalhados pela jaula, cada grupo no seu canto, os presos acordavam, preparavam seu chá com doses sempre exageradas de açúcar, dobravam lençóis, lavavam o rosto na pia ainda cheia de pratos e copos sujos. Ouvi barulho de água enchendo o balde no banheiro. Alguém tomava banho. Ammar levantou-se e começou a recolher as estopas do chão da nossa área. Os demais detentos fizeram o mesmo. Em poucos segundos, todas as estopas estavam dobradas, dispostas sobre as camas de solteiro. Fiz o mesmo com a minha.

Tão logo um sujeito desocupou o banheiro, Ammar entrou. Saiu com o balde cheio, e despejou toda a água no chão da cela. Outro preso espalhou um pouco de detergente líquido e, com uma vassoura, saiu varrendo tudo. Durante a lavagem, ficamos todos sentados nas camas e nos beliches. Além de Ammar e do detento que o ajudava na operação, apenas Adnan permanecia no chão. Enquanto ele fritava os ovos, a água espumada tocou seus pés. Ficou gritando e pulando, como se estivesse pisando em brasas.

A palhaçada do cabeça raspada levou todos na cela a sorrir. Exceto eu. Para eles, aquela vida já parecia normal, aceitável. Havia uma rotina nos dias dos meus parceiros de prisão. E lavar o chão toda manhã fazia parte dela. Eu jamais iria aceitar aquela vida desgraçada. Melhor morrer. Vendo Ammar usar um rodo para tirar a água da cela, empurrando-a para o corredor da nossa ala, voltei a imaginar o que um homem aparentemente bom e sensato como ele poderia ter feito para estar naquela situação.

De olhos castanhos e serenos, Ammar Ali tinha 41 anos e usava a barba rala, com algumas falhas nas bochechas. Na face esquerda, perto do nariz adunco, tinha um sinal de carne do tamanho e da cor de um grão de feijão. O cabelo era curto, com profundas entradas na fronte. Era alto – cerca de 1,80 metro – e devia pesar uns 80 quilos. Tinha o corpo atlético, mas vivia reclamando da barriga que ganhara desde que entrou na penitenciária e teve de parar de pedalar pelas ruas de Homs, onde vivia com a mulher. Era casado havia 14 anos, e dizia que os dias de detenção o fizeram amar ainda mais a esposa. Para ele, toda quinta-feira era especial. Nesse dia, podia usar o telefone da sala do oficial da prisão para ligar para a mulher. Ela nunca se queixava de nada. Dizia, apenas, que sentia saudade e que não via a hora de tê-lo de volta, em casa.

* * *

Após o café da manhã – ovo mexido com pão sírio –, perguntei a Ammar o que ele fizera para estar encarcerado. Até o final de março de 2011 – duas semanas após o início da guerra na Síria –, Ammar levava uma vida tranquila. Dono de uma loja de roupas em Homs, acordava todo dia às 8 horas, tomava café da manhã com a mulher e ia para o trabalho de bicicleta. Eram 15 minutos de pedaladas da sua casa até a loja. Só usava o carro do casal nos dias mais quentes, "para não chegar todo suado". Com os confrontos, o movimento na loja começou a cair. Até que, em junho de 2011, ele não vendeu uma peça sequer. O mesmo ocorreria nos meses seguintes.

A princípio, Ammar e a mulher conseguiram fazer algum dinheiro vendendo o estoque da loja a familiares e amigos, a preços até 70% abaixo do valor da etiqueta. Foi a forma que encontraram para não passar fome. Em setembro, o casal tinha apenas o dinheiro que havia economizado pensando no dia em que tivessem um filho e no qual prometera não tocar em circunstância alguma. Quando a mulher sugeriu usar as economias para comprar comida, ele disse que não seria necessário. Iria arrumar um emprego de qualquer maneira.

Em outubro, sem que a esposa soubesse, Ammar começou a trabalhar para um contrabandista de cigarros. A guerra afetara o fornecimento de diversos produtos em Homs. O tabaco era um deles. Seu trabalho consistia em usar o próprio carro para, no meio da madrugada, transportar pacotes de cigarro da fronteira com o Líbano até Homs. Nessas viagens, sempre era parado num posto militar na entrada da cidade. Mas dava um pacote para cada soldado e era liberado. Na madrugada da quarta-feira 19 de outubro, um militar que ele nunca vira estava no posto. O homem não aceitou os pacotes de cigarro e prendeu-o, por contrabando e tentativa de suborno.

Antes de ser enviado ao presídio, no entanto, passou por uma tortura psicológica que o deixou sem ter uma noite de sono tranquilo por quase dois meses. Acreditando que Ammar, além de contrabandear cigarros, trabalhava como espião para os rebeldes, o militar sírio o manteve por três dias algemado a um cano de ferro chumbado no chão, ao relento, atrás do posto no qual fora capturado. O homem dizia que só iria soltá-lo quando ele contasse tudo o que sabia sobre os planos do grupo de oposição ao governo. Durante esses três dias, recebia água dos militares uma vez a cada oito horas, num copo de plástico. Nada comeu.

Sofria com o calor durante o dia, sob o Sol adurente do deserto sírio, e com o frio à noite, quando as temperaturas caíam a 12 graus ou menos. Passava as madrugadas encolhido, com a cabeça entre os joelhos e abraçando as pernas, num duelo injusto com o frio. Maior do que o seu sofrimento, só a preocupação com a mulher, que deveria estar desesperada com o seu desaparecimento. Ele já havia falado aos militares que era empresário em Homs, dera o nome e endereço da sua loja e o telefone da sua casa. Seus documentos tinham sido apreendidos no momento da captura. O Exército e a polícia levaram 72 horas para constatar que Ammar não era espião, tirá-lo daquele cativeiro a céu aberto e enviá-lo à Penitenciária Central de Homs.

Sua mulher só conseguiu falar com ele uma semana após sua chegada à prisão, numa conversa de dez minutos, repleta de beijos e lágrimas, sob os olhares de um policial. Desde aquele dia, o casal só se falava por telefone. Pelo comportamento exemplar e por ser um profundo conhecedor do Alcorão e dos preceitos do Islã, Ammar tornara-se, em sete meses de confinamento, figura respeitada na ala dos presos considerados não violentos. Todos ouviam o que ele falava. Até os oficiais do presídio costumavam consultá-lo sobre o que fazer quando tinham problemas com algum detento.

Sua libertação estava marcada para o final de junho de 2012 – cerca de um mês após a minha prisão. Mas tudo dependia de a guerra chegar ao fim ou, ao menos, amenizar um pouco. Se os conflitos piorassem, muito provavelmente ele ficaria detido por mais tempo. "Se essa guerra não existisse, eu jamais seria preso na vida. Nunca fiz nada de errado", ele me disse, deitado em sua estopa e com os braços cruzados sobre o peito.

Como Ammar, cerca de 100 mil sírios – segundo estimativas de organizações de Direitos Humanos – haviam sido presos pelas forças de Bashar al-Assad desde o início dos confrontos. Imaginei que grande parte deles poderia ter se envolvido em práticas ilícitas simplesmente para conseguir sobreviver naqueles dias de terror e violência. Homens que nunca haviam cometido crime algum até a Síria começar a ser devastada pela guerra. Naquele momento, porém, eu tinha outra preocupação. Já era perto do meio-dia, e eu estava inquieto. Queria saber se realmente seria libertado um dia após me tornar presidiário.

Pedi para Ammar perguntar ao oficial da prisão se eu iria embora naquela segunda-feira ou se teria de passar mais uma noite enjaulado. Mas a porta da nossa cela estava fechada, e ele disse que teríamos de esperar o oficial abri-la. Normalmente, a porta ficava aberta das 14 às 15 horas, para quem quisesse caminhar um pouco no corredor de 12 metros de comprimento por 2 metros de largura. Deitado na minha estopa, fechei os olhos e pedi a Deus para que me desse a alegria de sair logo daquele inferno. De preferência, com a minha sanidade mental incólume.

Naquela tarde, porém, o ferrolho da porta da cela não rangeu. Já passava das 17 horas quando aceitei o fato de que passaria mais uma noite na prisão. Ouvindo a algaravia dos outros detentos – todos falando e fumando ao mesmo tempo –, minha mente estava confusa. Os pensamentos, embaralhados. Nunca havia me sentido assim. Pior do que estar detido numa penitenciária no meio da guerra, era não ter a menor ideia do que iria me acontecer e não saber se alguém tinha conhecimento da minha prisão e, consequentemente, estava agindo para me libertar. Minha esperança era que Bruno Carrilho, da Embaixada do Brasil em Damasco, tivesse percebido que meu último telefonema para ele terminara de forma brusca, quando um militar desligou meu celular no momento da minha captura, no centro de Homs.

Essa era a única chance de haver alguém trabalhando pela minha soltura naquele momento, já que a direção da *IstoÉ* só passaria a se preocupar com o meu desaparecimento se eu continuasse sumido até a quarta-feira, 23 de maio. E a culpa era minha. Ainda no Brasil, combinei com a chefia da revista que essa era a data-limite para contatarem a Embaixada do Brasil em Damasco, caso eu não desse notícias. Como eu não sabia se teria acesso a telefonia celular e internet em Homs e não queria ninguém preocupado comigo sem necessidade, estabeleci o dia 23 como prazo máximo para voltar a fazer contato com a redação, já que minha volta de Beirute para São Paulo seria nesse dia.

  Não havia nada que eu pudesse fazer. A não ser esperar. E esse era um dos meus maiores tormentos. Ao menos, tinha a companhia de Ammar, com quem podia conversar e que se colocava como intérprete para que eu conhecesse a história de outros presos. Nosso amigo palhaço, por exemplo, tinha trajetória completamente diferente do próprio Ammar. Adnan al-Saad era de família síria, mas nascera no Líbano. Tinha 24 anos e havia sido preso em combate, em agosto de 2011, trocando tiros com soldados sírios na fronteira entre os dois países.

  Dizia, sorrindo, que só não fora assassinado porque, nos primeiros meses da guerra, o Exército Sírio preferia capturar os opositores com vida, para interrogá-los com o propósito de descobrir os planos dos rebeldes. Quando se viu em poder dos inimigos, detido num quartel em Homs, Adnan temeu pela própria vida e forneceu uma informação da qual não se orgulhava: era filho de um capitão do Exército Sírio. Menos de meia hora depois, o pai foi buscá-lo no quartel. Não trocaram palavras. O capitão encarou-o com olhar de censura, colocou-o dentro de um jipe e levou-o para a Penitenciária Central. "Aqui você não vai criar mais problemas para mim", foi a única frase que ouviu do pai naquela tarde de 21 de agosto. Enquanto houvesse guerra, permaneceria na prisão. Desde então, os dois não haviam voltado a se falar. Já fazia nove meses de detenção.

  Adnan não se mostrava deprimido nem ao contar que fora jogado no presídio pelo próprio pai. Usava o sorriso e as brincadeiras para mascarar a tristeza. De rosto redondo, olhos apertados, lábios finos e sobrancelhas fartas, ele tinha fisionomia mais mongol do que árabe. Desde a adolescência, gostava de usar o cabelo comprido, na altura do ombro. A cabeça havia sido raspada à força, por um soldado no quartel, na noite da sua captura. Já tinha decidido que só voltaria a deixar o cabelo crescer quando fosse um homem livre novamente. A atual careca contrastava com o cavanhaque cheio. Coisa rara era vê-lo sério e calado. A cela só ficava em silêncio absoluto quando ele dormia.

Parecia um bom rapaz. Mas ele mesmo dizia que sempre adorou uma briga, desde os tempos de menino, na rua e na escola. E lutar ao lado dos rebeldes contra um regime que lhe parecia injusto e truculento soava-lhe bastante tentador. Contrariar o pai, que sempre se dedicou demais ao Exército e menos à família, era mais um incentivo para guerrear contra as forças do Governo Sírio. Não demonstrava se importar muito em saber quando sairia da Penitenciária Central de Homs. "Tendo comida e cama, para mim está bom", ele dizia, enquanto preparava o nosso jantar: ovos mexidos com tomate – o mesmo menu do almoço.

E lá fomos comer novamente como animais em volta da bacia de plástico. Estávamos eu, Ammar, Adnan e o preso que parecia ser o mais velho da cela e cujo nome eu acabara de saber: Walid Ali. Não poucas vezes, minha mão direita batia na de outro preso, na disputa pela ração dentro da bacia. Sempre usando um pedaço de pão sírio para catar um punhado de ovo com tomate. O excesso de sal que Adnan costumava colocar na comida deixava o sabor mais agradável.

Enquanto mastigava, eu pensava que não queria ter de fazer outra refeição ali dentro. Durante o jantar, Walid tomou o último gole da nossa água. Perguntei a Ammar se havia outra garrafa em algum lugar, e ele, com a boca cheia de pão e ovo, apontou para a pia. Estava explicado por que nossa água tinha aquele sabor detestável. De tão desolado, eu não havia percebido o óbvio: bebíamos água da torneira.

Naquela noite, jantamos ouvindo tiros e explosões. Alguns pareciam estourar muito perto da penitenciária. Ammar me explicou que estávamos a apenas mil metros da região da cidade que era o epicentro dos combates. Mas não corríamos perigo. Os ataques noturnos – como a ONU e os ativistas de Direitos Humanos já haviam denunciado – eram obra do Exército Sírio e das milícias fiéis a Bashar al-Assad. O governo aproveitava a escuridão para combater a oposição sem precisar se preocupar com fotógrafos e cinegrafistas, que sempre se recolhiam à noite para não correr riscos ainda maiores. E o Exército Sírio jamais iria bombardear um prédio do próprio governo, como era o caso da Penitenciária Central de Homs.

Por outro lado, os rebeldes sabiam que muitos dos detentos integravam as forças da oposição – como Adnan – ou tinham sido presos por se meter em negócios ilícitos apenas em busca da própria sobrevivência – caso de Ammar – e, muito provavelmente, não simpatizavam com as ações do ditador sírio. Portanto, também não era do interesse dos rebeldes do ELS atacar o nosso presídio. Por mais insólito que parecesse, a penitenciária era um dos locais mais seguros para se estar naqueles dias de conflito.

Ainda jantávamos, quando ouvi o ferrolho da porta de ferro sendo arrastado. O oficial do dia colocou meio corpo para dentro da cela e gritou, um a um, quatro nomes. Eram os homens que iriam embora na manhã seguinte – terça-feira 22 de maio. Eu não estava entre eles. Tampouco conhecia um dos felizardos. No mesmo instante, parei de comer e fui para a minha estopa. Refugiei-me no meu canto, escrevendo no bloco de anotações. As piores possibilidades passavam pela minha mente. Coloquei-as todas no papel:

> Será que fui esquecido aqui? Será que há alguém procurando por mim, tentando me tirar deste inferno? E se o Governo Sírio negar que me prendeu e me deixar mofando aqui para sempre? E se o Exército me matar, me jogar na rua e divulgar que eu fui assassinado pelos rebeldes? Prefiro que me matem logo a passar mais um dia aqui dentro.

A paranoia tentava me dominar novamente. E a maldita estava vencendo. Ammar percebeu minha angústia. Deixou a bacia com nossa lavagem de lado e aproximou-se de mim. Não falou nada. Sentou-se em posição de Buda e me olhou com ternura. Continuei escrevendo, descarregando meu tormento nas páginas do bloco.

– Meu amigo, não fique assim. Você vai sair daqui.

– Ontem, você disse que eu sairia hoje. E agora já sabemos que não vou sair nem amanhã.

– Não podemos afirmar isso. Você pode sair amanhã, sim.

– Como? O oficial já anunciou os nomes dos presos que vão embora amanhã.

– O seu caso é especial.

– Como você sabe?

– O oficial me disse que você é o único estrangeiro e o único jornalista nesta prisão. Além do mais, você tem visto para estar na Síria.

– Como você sabe do meu visto? Não falamos sobre isso.

– O oficial me disse.

– Não aguento mais ficar aqui. Não fiz nada para merecer isso.

– Tenha fé. A qualquer momento pode chegar um fax de Damasco autorizando a sua libertação.

– Fax?

– Sim. Todos os dias, à tarde, o escritório central, em Damasco, manda um fax para cá com os nomes dos presos que serão soltos. Com certeza, os homens do governo sabem que há um jornalista brasileiro preso aqui. Acho que eles podem autorizar a sua libertação a qualquer instante.

– Seria ótimo.

– Tenha fé. Alá está com você, Klester – ele disse, colocando a mão no meu ombro.

Sentia-me tão solitário e esquecido, que o simples fato de ouvir meu nome deixava-me um pouco menos triste. Ammar, Adnan e Walid eram os únicos da cela que me chamavam pelo nome. Para todos os outros, eu era apenas *sahafi*. Nada mais natural, já que eu também não sabia o nome de nenhum deles. E esperava não passar tempo suficiente lá dentro para descobrir. Walid percebeu que havia tristeza na minha conversa com Ammar e aproximou-se de nós. Ele não falava uma palavra sequer em inglês. Nossa comunicação era exclusivamente por meio de gestos.

Enquanto ouvia a explicação de Ammar a respeito da minha angústia naquele momento, Walid, deitado na cama de baixo do beliche à minha esquerda, me olhava com pesar. Assim que Ammar acabou de contar-lhe tudo, ele se levantou, deu dois tapas na minha perna, fez sinal para que eu esperasse – como se eu pudesse ir a algum lugar – e caminhou até um grupo de cinco homens que conversavam e fumavam no canto da cela. Eles estavam sentados no chão, em frente ao banheiro. Voltou uns cinco minutos depois. Falou rapidamente com Ammar e fez sinal de positivo para mim.

Walid tivera uma ideia que me pareceu excelente e amenizou um pouco o meu desespero. Ele conhecia um dos homens que seria libertado na manhã seguinte. Na conversa que teve com o sujeito, convenceu-o a sair da prisão levando um papel com o nome e o telefone de alguém para quem eu gostaria que ele ligasse, avisando da minha situação. O único problema era que o detento só falava árabe, o que excluía Bruno Carrilho, meu irmão e a direção da revista *IstoÉ* da lista de pessoas para quem ele poderia telefonar. Diante disso, a melhor opção me pareceu ser Shadi Kobeissi, o amigo que fiz em Beirute, três dias antes de ser preso. Além de falar árabe fluentemente, Shadi, por trabalhar com comunicação, saberia o que fazer para a notícia da minha prisão chegar ao Brasil o mais rápido possível.

Quando concordei com a ideia, Walid chamou o homem que seria meu mensageiro para apresentá-lo a mim. Ammar serviu de intérprete para a nossa conversa. Seu nome era Zafar Farah, tinha 32 anos e trabalhava numa oficina de automóveis. Havia sido preso dois meses antes, durante uma passeata de moradores de Homs que protestavam contra o presidente Bashar al-Assad. Quando a polícia entrou em ação para dispersar os manifestantes, usando cassetetes e bombas de gás lacrimogêneo, Zafar revidou. Pegou um cano de ferro no chão e bateu na cabeça de um policial. "Ele não morreu. Mas caiu no chão, desmaiado", dizia, com orgulho.

Para me ajudar, Zafar só precisaria telefonar para Shadi e contar-lhe que eu estava detido na Penitenciária Central de Homs. Era muito importante, também, que Shadi enviasse um e-mail para Bruno Carrilho, que trabalharia pela minha libertação. Prevendo que problemas poderiam surgir, eu havia passado, ainda em Beirute, o endereço eletrônico e os telefones de Bruno para Shadi e sua irmã, Chadia. Zafar entendeu e concordou com tudo. Disse, porém, que precisaria de algum dinheiro para fazer uma ligação internacional, de Homs, na Síria, para Beirute, no Líbano. Walid não gostou disso. Repreendeu-o severamente.

Ammar ofereceu-se para pagar pelo telefonema, mas eu falei que ainda tinha algum dinheiro sírio. O favor me custou 300 pounds – pouco menos de 5 dólares. Para saber que, finalmente, alguém da minha confiança teria conhecimento do meu tormento, eu pagaria muito mais. Entreguei o dinheiro a Zafar, que apertou a minha mão e, antes de voltar para o seu canto, falou algo em árabe, olhando nos meus olhos. "Ele disse que seu amigo vai receber sua mensagem", traduziu Ammar.

Senti uma faísca de felicidade. O bastante para me fazer sorrir. Meus pensamentos e sentimentos estavam cada vez mais confusos.

Poucos minutos antes, eu achava que poderia ser executado pelo Exército Sírio e ter o corpo jogado nas ruas devastadas de Homs. Agora, acreditava – ou tentava acreditar – que Shadi receberia minha mensagem e que em breve eu seria libertado. Oprimido por tanta angústia, dor e desespero, até o mais pífio lampejo de esperança me deixava um pouco otimista. Mas não queria sentir-me feliz. Não suportaria esperar por algo bom e, como já havia acontecido diversas vezes em Homs, ser engolido pela frustração. Era melhor não brigar com o meu pessimismo. Ele, certamente, não me desapontaria. Ammar estava bem mais animado do que eu.

– Você está feliz agora? – perguntou-me, com um sorriso largo.
– Um pouco.
– Só um pouco? Por quê?
– Não sei. Só vou ficar feliz no dia em que eu sair daqui.
– Mas o seu amigo de Beirute vai receber sua mensagem e logo você vai embora.
– Espero que sim. Mas acho melhor esperar para ver o que vai acontecer.
– Não perca sua fé, meu amigo. Não perca sua fé – ele falava com carinho, me olhando nos olhos.

Minha conversa com Ammar foi interrompida por outro preso cujo nome eu não sabia. Ele me chamou, "*Sahafi!*", e apontou para o próprio pulso, batendo com os dedos no local onde se usa o relógio. Eu era o único detento que tinha um. Usei os dedos para formar o número oito. Eram 20h05, mas achei que cinco minutos não fariam diferença. Ele falou algo com Ammar, que respondeu meneando a cabeça positivamente. Meu amigo ficou de pé, de frente para a parede da porta da cela. Era hora de mais uma oração. Eles faziam a prece cinco vezes por dia, conforme orienta o Islã: na primeira luz do dia (por volta das 4 horas da manhã), ao meio-dia, à tarde, na última luz do dia (Oração do Crepúsculo) e à noite.

Esses eram os únicos momentos em que Adnan ficava sério. Durante todo o dia, ele estava sempre brincando com alguém, contando causos, cantando músicas árabes. Uma de suas brincadeiras preferidas era pegar o cabo da vassoura e usá-lo para fingir que espancava quem o contrariava – como não rir das suas piadas ou reclamar da sua comida. Na hora da prece, no entanto, era um dos mais dedicados. Ele veio até a minha estopa e tentou me levantar, puxando-me pelas mãos. Apenas com gestos, falei que ficaria escrevendo. Ele insistiu, apontando para o alto e dizendo "*Allah*". Acenei positivamente com a cabeça, dei um leve sorriso, mas apontei para o meu bloco, tentando fazê-lo entender que continuaria escrevendo.

Minha intenção era admirar a fé e a devoção dos meus colegas de cela, sem participar diretamente da oração. Sentado no meu canto, com as costas apoiadas na parede encardida, vi uma fila de homens se formar na frente da pia. Enquanto Ammar recitava o Adhan – o chamado à oração –, eles faziam a ablução, o processo de higiene pessoal que simboliza purificação e que todo muçulmano precisa realizar antes da prece. O ritual precisa ser seguido à risca, passo a passo. Com as partes íntimas já lavadas, é preciso lavar as mãos. Em seguida, o fiel tem de lavar a boca, com bochechos, e assoar o nariz com água. Depois, lava-se o rosto e os antebraços. Após passar a mão molhada na cabeça, é preciso limpar dentro e atrás das orelhas. O processo é finalizado com a lavagem da nuca e dos pés. Sempre que iam fazer a oração, os detentos cumpriam esse ritual.

Mas nem todos se preocupavam com os mandamentos de Alá. Naquela noite, dos 19 homens que estavam na cela – além de mim –, 11 participaram da prece. Ammar, Adnan e Walid nunca ficavam de fora. E mesmo os que não tomavam parte na oração demonstravam respeito àquele momento, ficando calados e quase sempre deitados em seus lugares. Era dos poucos minutos do dia em que não havia cigarros acesos na nossa jaula. Ver meus colegas de prisão prostrados – com a testa, o nariz e as palmas das mãos colados ao chão –, em reverência e adoração a Deus, mesmo naquelas circunstâncias, era sempre comovente e admirável. Os versos da oração enchiam a cela de paz. De olhos fechados, eu os ouvia recitando. Contagiado pela fé dos meus irmãos muçulmanos, voltava a acreditar que algo de bom poderia me acontecer.

Depois da prece, cada um voltou para o seu canto. E logo acenderam seus cigarros, que, a cada tragada, piscavam como vaga-lumes sob a luz tímida da cela. Adnan disse alguma coisa a Walid, que respondeu com empolgação. O que quer que fosse deveria ser algo interessante – ao menos para eles. Walid meteu a mão no bolso de fora da sua mala de viagem e tirou um baralho lá de dentro. Não era um baralho qualquer. As cartas haviam sido feitas pelos próprios presos. Com a faca que usavam para picar tomates e ovos cozidos, eles haviam recortado embalagens de café e de cigarro e desenhado os números, os naipes e as figuras do baralho.

Fui convidado para uma partida de pôquer. Preferi ficar apenas olhando. Walid, Adnan e outros dois sujeitos protagonizaram a primeira rodada. Era inusitado ver aqueles homens se divertindo, vibrando e sorrindo como se estivessem na sala de casa. Para alguns deles, talvez fosse exatamente isso. Já estavam ali dentro havia tantos meses, que tinham passado a considerar aquele buraco escuro e malcheiroso uma espécie de lar. Eu não queria ficar preso tempo suficiente para compartilhar desse sentimento. Nem os tiros e explosões que assombravam a noite de Homs conseguiam desviar a atenção dos jogadores. Eles estavam à vontade.

Enquanto meus companheiros se divertiam, eu colocava no papel tudo o que estava vendo e sentindo. Ammar se aproximou. Sentou-se ao meu lado na estopa, com seu ombro direito quase tocando no meu esquerdo. Com curiosidade quase pueril, perguntou-me: "*What are you doing*?". Seu sotaque soava engraçado para mim. Dei um leve sorriso e falei que estava apenas escrevendo.

– Escrever ajuda você a suportar tudo isso, não é?
– Sim. E muito – respondi.
– Eu gostaria de ter papel e caneta para escrever também.
– Fique à vontade, meu amigo – eu disse, oferecendo-lhe o bloco e a caneta.
– Posso mesmo?
– Claro.
– Mas vai ter de ser em árabe. Não sou muito bom em escrever em inglês.
– Melhor ainda.

Abri o bloco nas últimas páginas e falei para Ammar escrever o quanto quisesse. Ele desenhava as letras, como se fossem grafismos. As palavras surgiam tal qual figuras. Diferentemente dos ocidentais, os povos árabes escrevem da direita para a esquerda. Meu amigo sírio escrevia sem pressa. Uma linha por vez. Parava. Fechava os olhos. Voltava a escrever. Precisou de quase dez minutos para preencher doze linhas. Perguntei o que ele havia escrito.

– Coisas de amor – respondeu, com a voz embargada.
– Para a sua mulher?
– Sim. Para o meu amor. Para Fatin.
– Você não pode traduzir ao menos uma frase para mim?
– É muito profundo. Não me sinto bem em falar tudo isso em outro idioma que não seja o árabe.

A voz de Ammar, sempre serena, saía ainda mais branda. Sentado ao meu lado, com as pernas coladas ao peito e abraçando os joelhos, ele se esforçava para conter as lágrimas. Apertava os lábios. Fechava os olhos com força. Não adiantou. Logo, seu rosto alvo estava molhado de um choro silencioso. Coloquei minha mão esquerda em seu ombro direito e segurei-o com firmeza.

– Meu amigo, fique tranquilo. Tudo vai dar certo.

– *Inshallah* – ele respondeu, com peso na voz.

– Ele quer. Você é um homem bom, generoso. Em breve, você e Fatin estarão juntos novamente, felizes, agradecendo a Deus por tudo isso ter acabado.

Ele parecia inconsolável. As lágrimas continuavam a verter dos seus olhos. Doía-me profundamente vê-lo daquela maneira.

– Antes da oração desta noite, você me disse para não perder a fé. Digo o mesmo a você. Não perca a fé, meu amigo.

– *Shukran* – ele respondeu, apertando meu braço com força e engolindo o choro.

– Você e Fatin ainda serão muito felizes. Tenho certeza disso.

– Amém. E você vai voltar a Homs para conhecer a minha casa e a minha mulher – falou, já sorrindo.

– Combinado – respondi, apertando-lhe a mão, em sinal de acordo.

– Mas e você? Há uma mulher esperando por você no Brasil?

– Não, meu amigo. Ninguém. Sou sozinho.

– É por isso que você está aqui.

– Como assim?

– Se você tivesse alguém, não sairia do Brasil para se meter no meio da guerra na Síria.

– É. Acho que não. Mas você tem uma mulher maravilhosa, que está à sua espera.

– Eu tenho – ele afirmou, com orgulho.

– Portanto, não fique chorando. Entendo perfeitamente a sua tristeza. Mas creia que em breve vocês estarão juntos.

– Muito obrigado.

Em seguida, ele me deu um forte abraço e deitou em sua estopa. Naquela noite, eu adormeci por volta das 3 horas, ouvindo os presos jogando pôquer e olhando para o texto que Ammar havia escrito no meu bloco. As bombas continuavam a cair sobre Homs, destruindo o silêncio da madrugada. E eu não conseguia parar de admirar a beleza das letras que ele desenhara. Que fabuloso sentimento meu amigo demonstrava ter pela mulher. Queria muito saber o significado daqueles grafismos. Mas precisaria esperar mais de um mês para isso. Após a minha libertação na Síria, recebi a tradução, graças à ajuda de Shadia Kobeissi, minha amiga de Beirute. O texto era simples, puro, comovente. E transmitia com precisão o sentimento de um homem privado da liberdade e do amor. Num dos trechos, Ammar escreveu:

> Um dia, eu vou te ver
> Mesmo que isso custe minha vida Eu viverei em tua alma Enquanto houver vida
> Eu te amo
> Não queira entender como Minha vitória é o teu amor

10 Noite de tormenta

Amanhece. Estou acordado. Mas mantenho os olhos fechados, como que não querendo ver a minha desgraça. Deitado na estopa, ouço alguns presos falando de mim: "*sahafi*", "*brazili*". Não suporto mais essa situação. Levanto-me, sem dizer nada. Pego o cabo de vassoura que Adnan usa em suas brincadeiras e dou uma pancada na porta de ferro com toda a força. O cabo quebra em dois pedaços. O barulho é intenso e ecoa pela cela, tal qual um estouro. Os outros detentos se assustam. Eles me olham espantados, com os olhos arregalados. Possuído por estranha indignação, continuo agredindo a porta com pauladas, socos, pontapés.

Meus companheiros de prisão tentam me conter. Totalmente ensandecido, chuto e esmurro quem se aproxima de mim. Nem Ammar passa incólume à minha estúpida violência. "Preciso ir embora daqui. Meu voo para São Paulo parte de Beirute amanhã", eu falo, aos gritos. E volto a chutar a porta de ferro. Os presos das outras celas ouvem meu escândalo e começam a gritar também. A confusão é generalizada. Pego um dos pedaços do cabo da vassoura e passo a agredir tudo o que vejo pela frente: beliches, panelas, paredes. Nenhum detento se arrisca a tentar me conter.

Minha loucura é tamanha que não vejo o oficial do dia abrir a porta da cela. Ele empurra o meu peito e dá uma pancada na minha perna esquerda, usando o cabo de um fuzil. Caído no chão, vejo o oficial aproximar a ponta da arma do meu rosto. Olho para ele com um ódio animalesco. Se o fuzil estivesse nas minhas mãos, certamente já teria puxado o gatilho. Ele encosta a arma na minha testa e berra, em árabe, salivando na minha cara: "Você quer morrer?". Estranhamente, entendo o que o homem fala. Sinto vontade de xingá-lo, mas palavra alguma sai da minha boca. Quero levantar, mas meu corpo está imóvel. Ele repete a pergunta. "Sim! Sim!", eu grito, também em árabe, aliviado por saber que aquele inferno vai acabar. Fecho os olhos e aguardo o disparo.

No exato momento em que o oficial puxa o gatilho, sinto meu corpo todo estremecer. Eu acabara de ser arrancado daquele pesadelo por Ammar e Walid, que me sacudiram até que eu despertasse. Todos na cela estavam assustados com os urros que saíam da minha boca no meio da madrugada. Eram 5h30 da terça-feira 22 de maio. Fazia apenas duas horas e meia que eu adormecera e já estava acordado de novo. Passei a mão na testa ensopada de suor. Enquanto Ammar tentava me acalmar com palavras de conforto – "calma", "está tudo bem", "já passou" –, Walid pegou uma garrafa de água e me entregou. Tomei um pouco daquela coisa detestável, pensando que talvez tivesse sido melhor se o meu pesadelo fosse verdade e eu já estivesse morto. Preferia isso a continuar naquele buraco.

Vontade de sair gritando como um louco e chutando tudo à minha volta não me faltava. O que faltava era coragem. Além disso, nunca tive essa agressividade toda dentro de mim. Não sei se feliz ou infelizmente. O fato era que, mesmo passando pelo mais pesado drama da minha vida, continuava consideravelmente são e equilibrado. Não sabia como ainda conseguia manter minha lucidez intacta. Mas sentia que meus dias de sensatez estavam chegando ao fim. Tentei voltar a dormir, mas não consegui. Se pudesse, entraria num sono profundo e só acordaria na hora de ir embora. Ao menos, quando eu dormia, o tempo passava.

Meus companheiros de cela já tinham adormecido novamente. E eu continuava acordado, deitado de bruços, inquieto. Virava para um lado, para o outro. Minha garganta permanecia seca. Estiquei o braço direito para pegar uma das garrafas de água embaixo do beliche, e vi baratas circulando perto dos pacotes de comida. Os minutos não passavam. Não sentia vontade alguma de escrever, mas foi exatamente o que fiz, por falta de opção. Registrei no meu bloco o pesadelo que acabara de ter e o transtorno que causei aos outros detentos. Coitados. Não bastava estarem presos, ainda tiveram de suportar aquela minha cena ridícula. Quando amanheceu, eu me sentia ainda mais insano do que no sonho. Precisava sair da cela. Estar confinado naquela sala fedorenta estava acabando comigo. Queria respirar outro ar, que não tivesse sabor de alcatrão e nicotina. Um banho cairia muito bem. Mas não naquele banheiro imundo. Além do mais, eu estava proibido de tomar banho na prisão. Às 8h15, o oficial do dia abriu a porta de ferro e gritou o nome dos quatro felizardos que iriam embora naquela manhã. Um deles era Zafar Farah, o homem que havia concordado em telefonar para o meu amigo em Beirute e informá-lo de tudo o que estava acontecendo comigo.

Todas as orientações que Zafar deveria seguir tinham sido escritas por Ammar, em árabe, num pedaço de papel. Ali, ele colocara o meu nome, o nome e o número do celular de Shadi Kobeissi e uma breve mensagem que Zafar precisaria ler para o meu amigo: "Klester está preso na Penitenciária Central de Homs. Ele pede para você passar essa informação a Bruno Carrilho, na Embaixada do Brasil em Damasco, e à imprensa no Brasil". Só isso. Se esse recado chegasse a Shadi, as chances de eu sair da prisão aumentariam bastante.

Enquanto Zafar calçava os sapatos sentado numa estopa perto da pia, Ammar levantou-se e caminhou até ele. Deu-lhe um abraço, um aperto de mão, e voltou para o meu lado, meneando a cabeça em sinal de positivo. A mensagem estava entregue. Agora, era torcer para que Shadi a recebesse. Os presos saíram da cela, e a porta voltou a ser trancada. No mesmo instante, escalei o beliche à minha esquerda até a cama de cima, encostada à parede na qual ficava uma das janelas. Dali, por entre as grades enferrujadas, era possível ver o caminhão-baú trazendo mais miseráveis e os felizardos voltando à liberdade.

Eu estava ansioso. Queria me certificar de que Zafar tinha, de fato, ido embora. Ele e os outros três detentos caminhavam na frente de um policial armado com uma metralhadora, que mantinha apontada para eles. Tive certeza de que seriam todos executados. Temi mais pela vida daqueles infelizes do que pela minha mensagem. Meus olhos os acompanharam até vê-los dobrar a esquina em outro prédio, mas ainda dentro da penitenciária. Daquele ponto em diante, não conseguia mais enxergá-los. Fiquei esperando a rajada de metralhadora que iria matá-los. Os disparos nunca vieram. Felizmente, eu estava errado. Dois minutos depois, vi o policial voltando, com a arma pendurada no ombro, e entrando no prédio principal do presídio.

Olhei para Ammar, soltei um sorriso de alívio e disse que Zafar já deveria estar na rua, caminhando sem ter seus passos limitados por paredes, grades e portas de ferro. Podendo ir para onde quisesse, quando quisesse. Certamente, ele estava correndo mais risco de morrer lá fora do que dentro da prisão. Mas era um homem livre. E as quase 72 horas que haviam se passado desde que eu fora capturado pelo Exército Sírio já tinham me ensinado que não há bem mais precioso no mundo do que a liberdade.

Aproveitei que estava perto da janela para ver um pouco do céu. O prédio em frente ao nosso atrapalhava um pouco. Mas meti a cara entre as grades e consegui admirar um bom pedaço do lençol azul, isento de nuvens, que se esparramava sobre Homs, como se quisesse cobrir de paz toda aquela terra. Ainda mirava o céu, quando senti alguém puxando meus pés. Era Adnan, solicitando minha ajuda no preparo do nosso café da manhã. O menu era o mesmo de sempre: ovos com tomates e pão sírio.

Fritando os ovos, percebi Ammar enviar um olhar de aprovação para Adnan, como se eles tivessem combinado de me escalar para a cozinha com a intenção de me ocupar com alguma atividade. Provavelmente, acreditavam que isso me faria algum bem. Não adiantou. A angústia continuava pesada. Daria tudo para poder ao menos caminhar pelas ruas de pedra da penitenciária. Só queria sair um pouco da cela. Aquilo estava me matando. Tudo isso passava pela minha mente desorientada, enquanto eu preparava o café da manhã. Adnan já havia picado os tomates. Coloquei tudo na frigideira e mexi mais um pouco. Dessa vez, seria minha a tarefa de jogar a nossa ração dentro da bacia de plástico.

Não sentia a menor vontade de comer. Via meus amigos metendo as mãos na bacia, disputando aquela lavagem, e só conseguia pensar em como gostaria de estar longe dali. Por mais que eu tentasse, não conseguia tirar essa ideia da cabeça. "Preciso ir embora daqui", era o único pensamento que ocupava a minha mente. Com a boca cheia de pão e ovo, Ammar me puxou pelo braço.

– Você precisa comer, meu amigo – ele me disse.

– Não quero. *Shukran*.

– Se você não se alimentar, vai acabar ficando doente.

– Que seja.

– Ficar doente aqui dentro não é nada bom.

Ele me convenceu. Se com saúde já era infernal ficar naquele buraco, com alguma enfermidade seria muito mais sofrido. Comi alguns pedaços de pão com o resto do ovo que tinha ficado no fundo da bacia. Ao menos, pude comer sozinho, sem as mãos dos outros detentos batendo na minha. De qualquer forma, já me sentia meio doente. O corpo fraco, uma indisposição profunda, dores no estômago, os olhos ardendo. Comendo mal, sem fazer nenhum exercício físico, impedido de tomar banho e vivendo sob uma nuvem de fumaça de cigarro durante quase todo o tempo, meu estado de saúde, de fato, não poderia ser dos melhores.

Ammar e Adnan continuavam tentando me animar. O cabeça raspada ficou cantando em árabe e dançando com as mãos na cintura, balançando o quadril, imitando uma mulher. Achei engraçado. Mas não quis sorrir. Ammar voltou a sentar ao meu lado.

– Neste momento, Zafar já deve ter falado com o seu amigo de Beirute – ele disse.

– Será?

– Claro. Ele me disse que iria telefonar para o seu amigo assim que chegasse à rua.

Ele estava certo. Por mais que não quisesse aceitar, eu tinha, ao menos, um motivo para me sentir um pouco menos desolado. Se tudo desse certo, em poucas horas Bruno Carrilho estaria sabendo da minha prisão e entraria em ação para que eu fosse libertado. Agradeci a Ammar pelo incentivo e abracei-o. Estávamos apertando as mãos, quando o oficial da prisão abriu a portinhola da porta de ferro.

– *Sahafi. For you*! – gritou, jogando uma bolinha de papel no chão da cela.

Ele falou algo mais em árabe com os olhos na direção de Ammar, fechou a portinhola com força e saiu. Não precisei apanhar o papel no chão para saber que ali estava amassada a minha esperança de que alguém tivesse conhecimento dos meus dias de inferno na Síria. Desespero, agonia, solidão, angústia, vontade de morrer. Tudo voltou em doses infinitamente maiores do que eu já havia sentido desde o momento da minha captura, três dias antes. O oficial tinha dito a Ammar que o policial encontrara o bilhete no bolso de Zafar e perguntara quem era "Klester". Com isso, a mensagem foi apreendida e o detento que se dispusera a me ajudar ainda correu o risco de ter a sua libertação revogada.

– Ele avisou que se você tentar algo assim novamente vai colocá-lo na ala dos presos perigosos – disse-me Ammar, com os olhos tristes, traduzindo as últimas palavras do oficial.

Eu não conseguia fazer nada, a não ser menear a cabeça negativamente, inconformado. Será que nada naquele fim de mundo poderia dar certo para mim? Teria sido um erro entregar o bilhete a Zafar? Ammar poderia apenas ter falado o que ele deveria dizer a Shadi. Mas, nesse caso, eu teria de confiar na memória do sujeito. E se Zafar tivesse enfiado aquele pedaço de papel no fundo da mochila, e não no bolso? Será que o policial encontraria minha mensagem? Todas as possibilidades do que eu poderia ter – ou não ter – feito atormentavam minha cabeça. Até quando os homens de Bashar al-Assad iriam me deixar trancafiado?

– Por que eles simplesmente não me matam logo? – perguntei, em voz alta, a mim mesmo.

– Não diga isso – repreendeu-me Ammar.

– Seria muito melhor. De verdade.

– Alá está no comando. Creia nisso.

A fé do meu amigo mantinha-se mais firme do que a minha. Mas a situação dele me parecia menos sofrida. Ao menos, Ammar sabia por que tinha sido preso, estava em seu país e conseguia se comunicar com os oficiais da prisão. Sua família sabia onde e como ele estava. Ammar fora detido por se envolver em contrabando de cigarro e tentar subornar um militar. Eu era um preso de guerra, que havia sido jogado numa penitenciária sem direito a dar sequer um telefonema. E, o pior de tudo, não tinha a menor ideia do que as autoridades sírias planejavam fazer comigo: se iriam me executar ou me deixariam apodrecendo na prisão até eu enlouquecer de vez.

Às 11 horas em ponto, a porta de ferro da cela foi aberta. Nunca imaginei que um dia desejaria tanto caminhar por um corredor de 2 metros de largura por 12 metros de comprimento. Com os braços abertos, meus dedos quase tocavam as paredes. Pelo menos, o fedor de cigarro era bem menor do que dentro da jaula. Andava até o fim do corredor e voltava até a grade de ferro que separava nossa ala da sala dos oficiais da prisão. Nossa cela era a única aberta. Sentia-me estranho ao caminhar sob os olhares dos presos das outras jaulas. Um detento de uns 60 anos, vestindo uma galabia preta, andava apressadamente. Eu ia devagar, saboreando cada passo.

Com os olhos fechados, imaginei como gostaria de estar dando aquelas passadas no parque Villa-Lobos, em São Paulo, ou na praia de Boa Viagem, no Recife, onde nasci. Tentava ludibriar meu espírito. Mas as grades na janela que ia de uma extremidade à outra do corredor destruíam qualquer ilusão. Ao menos, dali eu podia ver todo o céu. Fazia mais um dia lindo em Homs. O vento soprava generoso. Gostei de senti-lo desgrenhando meu cabelo imundo – já estava sem banho havia mais de 72 horas. Ammar fumava de pé, na porta da cela, me observando. Parecia feliz por me ver naquele arremedo ridículo de liberdade. Passei a entender por que os presos dão tanto valor a um simples passeio no pátio da penitenciária. Quando se está trancafiado numa cela, sem poder nem andar direito, uma mera caminhada num pátio ou até num corredor pode fazer um bem danado.

Voltei a andar e percebi um som como que de música saindo da cela ao lado da nossa. Curioso, grudei o rosto na portinhola aberta. Não consegui ver ninguém lá dentro. Apenas seis beliches e um aparelho de televisão instalado num suporte de parede no qual passava um clipe do cantor Justin Timberlake. Cheguei a acreditar que estava vendo coisas, que minha loucura chegara ao ápice. Até ouvir alguém de dentro da cela dizer "*Salam Aleikum*". Tive de esticar o pescoço o máximo que pude para enxergar um sujeito deitado na cama de baixo do beliche, no canto direito da cela.

Ele usava uma galabia cinza e mantinha a barba longa e cheia, uns três dedos abaixo do queixo. Respondi rapidamente – "*Aleikum as-Salam*" – e retomei minha caminhada. Não sei por quê, mas deduzi que aquele sujeito não era alguém com quem eu gostaria de manter contato. Se ele estava sozinho, numa cela com seis beliches e televisor, algo de estranho havia com o indivíduo. E apesar da minha curiosidade, eu já tinha muitos problemas para me envolver em mais complicações. Seria impossível imaginar que aquela figura estranha ainda iria me ajudar na penitenciária.

Voltei à janela e fixei os olhos no céu, com o vento no rosto. Queria aproveitar aquelas gotas de prazer o máximo possível antes de ser enjaulado de novo. Não sabia quando poderia sair da cela outra vez. Ouvi tiros. Muitos. Era um barulho seco. Ammar, ainda de pé na porta da nossa cela, também escutou, mas não deu importância. Só queria curtir o seu cigarro.

Não demorou um minuto para que mais disparos fossem ouvidos. Dessa vez, os tiros eram diferentes dos primeiros. Soavam mais pesados. Colei a orelha direita entre as grades da janela e fiquei tentando diferenciar os tipos de tiro.

O oficial da prisão me olhava com curiosidade. Parecia achar engraçado o que eu estava fazendo. Abriu a grade principal da nossa ala e caminhou até parar ao meu lado. Com um cigarro na boca, apoiou o braço esquerdo na janela e ficou me encarando, a meio metro. Pouco depois, ouvimos uma longa sequência de tiros. O oficial tocou no meu ombro, para que eu olhasse para ele. Fez uma pose como se estivesse segurando uma espingarda e mexeu o tronco de um lado para o outro, fazendo, com a boca, o som de uma metralhadora.

Logo, escutamos um tiro isolado, muito mais forte do que os primeiros. "*Bazooka*?", perguntei, levando as mãos ao ombro direito, imitando os movimentos de quem carrega uma arma desse tipo. O oficial sacudiu os dois braços nervosamente em sinal de negativo, querendo dizer que eu estava totalmente errado, que quem entendia de armamentos ali era ele. Deu uma tragada, soprou a fumaça na minha cara e disse: "*Tank*". A guerra continuava devastando Homs. E o homem responsável pela nossa ala na penitenciária estava mais preocupado em exibir seus conhecimentos bélicos para mim. Mas eu gostaria de conhecer um pouco sobre ele.

– *Sho ismak*? (Qual o seu nome?) – perguntei.

– Abu Kusai – ele disse, com um leve sorriso, talvez por achar curioso me ouvir falar árabe.

– Você fala inglês?

– Um pouco. Consigo entender mais do que falar.

– Há quanto tempo trabalha aqui?

– Seu tempo acabou – falou, ainda sorrindo e apontando para a porta da cela.

– Podemos conversar outra hora? – perguntei.

Fiquei sem resposta. Ele colocou a mão nas minhas costas e me conduziu até a entrada da cela, fazendo Ammar entrar também. Agora, o oficial da prisão tinha um nome: Abu Kusai. Antes de retornar à minha jaula, ainda ouvi o som de um helicóptero rasgando o céu azul. Os rebeldes não dispõem desse tipo de aeronave. Era, portanto, mais um instrumento empregado pelo ditador da Síria para devastar Homs, a maior cidade do país em poder da oposição até aquele momento.

Devidamente trancafiado mais uma vez, deitei na minha estopa e voltei a escrever. Queria aproveitar a memória fresca para registrar tudo o que acabara de ver e sentir, incluindo o misterioso detento da cela vizinha. Escrevendo, eu me sentia um pouco livre. Pelo menos, ninguém podia me proibir de usar meu bloco e minha caneta. Ou, simplesmente, os oficiais da prisão não davam importância a isso. Para os policiais e os militares sírios, o fato de eles terem confiscado minha máquina fotográfica e a filmadora parecia ser suficiente para me impedir de fazer o meu trabalho. Bom que eles pensavam assim. Se tivessem me tirado o bloco e a caneta, certamente eu já estaria completamente louco.

Continuei escrevendo até a hora do almoço. O cardápio, dessa vez, seria outro. Ovos com cebola. Não havia mais tomates. Mas o pão sírio nunca acabava. Ainda tínhamos cinco deles, do tamanho de uma pizza média, dentro do saco plástico sobre o qual eu já vira algumas baratas passeando. Eu, Ammar, Walid e Adnan comemos sem pressa. Durante a refeição, comentei a respeito da quase conversa que havia tido com o oficial da prisão. "Abu Kusai é um homem bom", disse Walid, com a voz serena. "Está sempre disposto a nos ajudar." Enquanto Ammar traduzia as palavras do nosso companheiro de grupo, me ocorreu que ainda não conhecia a história de Walid Ali. Tinha comportamento recluso, não era muito de falar. Mas era evidente o respeito de todos na cela por ele. Quando resolvia abrir a boca, mostrava firmeza e os outros detentos se calavam para ouvir. O tempo de detenção contava para isso.

Walid estava preso havia mais de um ano – desde 8 de abril de 2011. Inicialmente, tinha sido jogado com os presos perigosos, onde ficou por dois meses, até ser transferido para a ala mais tranquila da penitenciária. Taxista, ele fora preso quando transportava três soldados do ELS, no centro de Homs. No meio do percurso, seu carro foi interceptado por militares do Exército Sírio. Os rebeldes se recusaram a descer. Um deles atirou num dos militares. Teve início, então, um tiroteio. Em pânico, Walid arrancou com o carro, atropelando um soldado. Foi detido 200 metros adiante, depois de levar um tiro que o atingiu pouco acima do peito direito. Carregaria a cicatriz para sempre. O fato de ter atropelado um militar sírio, que teve um braço e uma perna quebrados no episódio, havia levado a direção do presídio a colocá-lo na ala dos perigosos.

Nascido em Damasco, Walid Ali tinha 49 anos, pele escura e cabelo e barba grisalhos. O nariz e a boca eram pequenos, e os olhos, negros. Tinha cerca de 1,70 metro de altura e uns 70 quilos. A barriga saliente criava um volume embaixo da camisa. Sempre estava usando um agasalho Adidas, que tirava da sua mala de viagem. Cada dia, um agasalho de uma cor. Eu não entendia a sua preocupação em vestir um agasalho diferente por dia, como se fosse sair para passear. Era um dos que menos falavam. Mas seus olhos e ouvidos se mantinham atentos a tudo. Não sabia uma palavra em inglês, mas parecia conhecer tudo sobre mim e demonstrava carinho e cuidado para comigo. Sempre que me via triste e calado num canto, dava um tapinha no meu ombro e tentava me confortar. Walid era da etnia alauíta, a mesma de Bashar al-Assad, mas dizia odiar o presidente do seu país. "O líder de um povo não pode fazer o que ele está fazendo com a Síria", falava.

Após o almoço, como sempre acontecia depois das refeições, senti uma profunda tristeza. Não conseguia me habituar a comer no chão, usando as mãos para catar o alimento dentro de uma bacia de plástico. Já tinha passado por situações semelhantes, em que precisei comer usando as mãos e em panelas compartilhadas. Mas as circunstâncias eram totalmente diferentes, como, por exemplo, durante reportagens na Amazônia e no deserto do Sinai, no Egito. Naquelas ocasiões, não havia o peso de humilhação e desrespeito que eu estava vivendo dentro da prisão. Não me sentia um bicho enjaulado, disputando a ração com outros animais.

Ammar deve ter percebido minha tristeza e sentou-se ao meu lado na estopa. Perguntou se eu gostaria de aprender algumas palavras em árabe e pegou meu bloco e a caneta. Mesmo sem animação para nada, achei que seria interessante conhecer alguns vocábulos do idioma que sempre considerei um dos mais fascinantes do mundo. Ammar ensinou-me apenas palavras básicas. Adnan divertia-se assistindo a tudo sentado ao nosso lado. Eu escrevia a palavra em inglês, e Ammar pronunciava a equivalente em árabe:

    Por favor: *Makán*
    Sol: *Chãmis*
    Lua: *Kamar*
    Dia: *Ião*

Noite: *Leili*
Comida: *Tamn*
Pão: *Robiz*

Quando eu falava as palavras em inglês, Adnan tentava pronunciá-las. Algumas – como *please* e *sun* – ele conhecia. A maioria, porém, nunca tinha ouvido. E demonstrava enorme dificuldade para articulá-las, como geralmente ocorre com os povos de língua árabe. O mesmo acontecia comigo, quando tentava pronunciar certas palavras em árabe. *Tamn*, por exemplo, tem de ser falada expelindo-se o ar dos pulmões, com força, e como se tivesse um "r" depois do "a". É quase uma tosse. Diante da minha dificuldade em pronunciar o vocábulo corretamente, Adnan pegou o cabo de vassoura e simulou que iria me espancar. Todos rimos com a brincadeira do cabeça raspada. Era a primeira vez que eu conseguia sorrir com leveza desde a minha chegada a Homs.

Meus olhos ardiam pela fumaceira dos cigarros dos meus parceiros de cela e pelo sono. Havia dormido apenas por duas horas e meia – das 3 horas às 5h30 –, até acordar agoniado com o pesadelo. Tentei dormir um pouco, para ver se o tempo passava. Não adiantou. Minha mente continuava perturbada demais. Ainda assim, fiquei deitado na estopa, com os olhos fechados, até perceber uma agitação entre os detentos. Walid, Adnan e mais dois sujeitos disputavam espaço na cama de cima do beliche ao lado da janela. Ammar continuava deitado, na estopa ao lado da minha, sem dar importância. Perguntei-lhe o que estava acontecendo. Eram 16h15. O caminhão-baú que trazia os infelizes ao inferno acabara de chegar. Ver aquele veículo me fez lembrar de quando eu era um dos presos ali dentro. Fazia apenas 48 horas que eu havia passado por aquilo. Mas sentia como se fosse muito mais tempo. O motivo da agitação no beliche, como Ammar me explicou, era o fato de haver 51 homens no caminhão. Era o maior número de detentos a dar entrada na penitenciária de uma só vez desde o início dos conflitos. Quanto mais intensa ficava a guerra, mais sírios eram jogados nos presídios do país. Meus colegas de cela queriam ver se conheciam alguns dos novos presos. Eles subiam no beliche sempre que o caminhão-baú branco estacionava diante da nossa janela.

Torci para que a maior parte dos novatos fosse de detentos perigosos. Não queria ainda mais homens falando e fumando na minha cela. Se pudesse, preferia estar numa solitária. Só queria um pouco de sossego. Apoiei os pés na barra inferior do beliche e estiquei-me todo, até colocar a cabeça ao lado do ombro de Walid para ver a chegada dos novos hóspedes. Adnan ia contando um a um, sussurrando em árabe o que eu deduzi que fossem números e marcando a numeração nos dedos. Tentei falar com ele, mas fui repreendido por Walid. Adnan não podia ser interrompido. A contagem casou com a informação que Ammar tinha recebido do oficial Abu Kusai: 51 homens.

Exatamente como acontecera no dia da minha chegada, havia todo tipo de indivíduo dentro do caminhão: jovens, velhos, altos, baixos, gordos, magros. Contei 28 deles acorrentados uns aos outros. Deduzi que eram os mais violentos. Se eu estivesse certo, isso significava que 23 infelizes ficariam na nossa ala. Chamaram minha atenção dois senhores – um deles vestindo uma galabia preta – que aparentavam ter, no mínimo, 60 anos, e um homem atarracado, de braços musculosos e cavanhaque cuidadosamente desenhado. Ele usava uma camisa azul, com um brasão com uma águia desenhada no centro e com as patas apoiadas numa bola de futebol. Imaginei que se tratasse do uniforme de algum clube sírio.

Dois minutos depois, a grade que separava a sala dos oficiais da nossa ala foi aberta. Adnan foi o primeiro a grudar a cara na portinhola da cela. Walid permaneceu sentado, na cama de cima do beliche perto da janela. Logo, outros presos estavam se espremendo ao lado de Adnan. A disputa por uma brecha da portinhola era acirrada. Todos queriam ver a entrada dos novos presos da nossa ala. Ammar continuava deitado. Só se levantou quando Adnan disse-lhe algo. Sem que Ammar precisasse falar palavra alguma, os outros detentos abriram espaço para que ele se aproximasse da porta de ferro.

Ammar olhou para mim e fez um sinal com a mão esquerda, me chamando até a porta. Colocou o braço esquerdo sobre meus ombros e puxou-me para perto da portinhola.

– Está vendo aquele gordo de camisa verde, mais perto da porta? – perguntou-me.

– O calvo?

– Sim. É meu amigo. Ahmed. Comprei minha casa dele.

– Você mora na casa que foi dele?

– Não. Ele é corretor de imóveis.

– Você sabe por que ele foi preso?

– Não tenho a menor ideia. Ahmed é contra o que o governo está fazendo. Mas é muito calmo. Jamais se envolveria em confrontos.

– Seria bom que ele ficasse na nossa cela.

– Sim. Vou pedir para Abu Kusai colocá-lo aqui.

Diante dos meus olhos, a cena era deprimente. Com 6 metros quadrados, a saleta dos oficiais era pequena demais para tanta gente. Os novos detentos estavam grudados uns aos outros. A confusão era tanta que se tornava impossível contar quantos homens havia ali. Observando aquele grupo de gado humano, apenas um pensamento vinha à minha mente: "Espero que a maior parte deles vá para outras celas". Abu Kusai saiu da sala dos oficiais e abriu a porta de ferro das jaulas. A única que continuava fechada era a cela vizinha à nossa, a do preso solitário.

Ammar ficou de pé na entrada da nossa jaula. Ele chamou Abu e disse-lhe algo, apontando para o seu amigo Ahmed. O oficial respondeu sem palavras. Apenas acenou positivamente com a cabeça. Além do corretor de imóveis, outros oito indivíduos foram colocados na nossa cela. Agora, éramos 28 homens trancafiados num espaço de uns 40 metros quadrados. Não havia lugar para mais ninguém. Todas as estopas, camas e beliches estavam ocupados. A única exceção era a cama de cima do beliche em cujo colchão de baixo Adnan dormia. Não importava quantos presos estivessem na cela, aquele lugar estava reservado para as mochilas, bolsas e malas de Ammar, Walid e Adnan. Ali, ninguém tocava, a não ser os três.

Os novos hóspedes causaram enorme agitação na cela. Divididos em grupos de cinco ou seis integrantes, eles não paravam de falar. Os novatos, interrogados pelos veteranos, contavam suas histórias. Uns pareciam angustiados, deprimidos. Outros não demonstravam se importar muito por estar naquele naco de inferno. Um desses era o baixinho forte e troncudo que eu vira por entre as grades, usando a camisa que acreditava ser de um time de futebol. De pé, ao lado do beliche que ficava em frente à minha estopa, ele fumava um cigarro atrás do outro e parecia se gabar por algo que fizera. À sua direita, sentado na cama de baixo do beliche, um rapaz que também acabara de chegar ouvia a tudo com expressão de pavor nos olhos. Outros quatro detentos escutavam o relato do sujeito como se fosse algo muito interessante.

Ammar tratava de acolher seu amigo, que parecia tão triste e inconformado por estar naquela situação quanto eu. Antes de Ahmed contar a razão que o levara a ser preso, Ammar me apresentou a ele, fazendo um breve relato da minha história.

— *Sahafi brazili*? — surpreendeu-se Ahmed, olhando para mim, e disse algo mais, em árabe.

— Ele falou que respeita muito a sua profissão. E que, na delegacia em que ele estava antes de vir para cá, todos falavam da sua prisão — traduziu Ammar.

— E falaram alguma coisa sobre a minha libertação? — perguntei a Ammar, usando-o como intérprete.

— Não. Ele só ouviu os policiais comentando a respeito de um jornalista brasileiro que foi preso no bairro Ghouta.

Sentado na cama de Adnan, Ahmed deu um longo gole na garrafa de água, apoiou as costas na parede e passou a nos contar a razão de ter sido preso. Ammar fazia uma espécie de tradução simultânea para que eu não perdesse nada da narrativa. Sua plateia éramos eu, Ammar, Adnan, Walid e mais um novato. Ele falava com serenidade, mas com os olhos tristes e as mãos unidas, como se estivesse rezando.

Corretor de imóveis, Ahmed Mohamed Ibrahim tinha 53 anos, era casado e pai de três filhos. O caçula completara 2 anos uma semana antes da sua prisão. Com a guerra, a empresa na qual trabalhava tinha fechado as portas. Naquelas circunstâncias, ninguém comprava, vendia ou alugava imóveis. Todos os prédios e condomínios de casas em construção em Homs estavam com as obras paradas — como eu havia visto na minha chegada à cidade.

Sem o salário da corretora, Ahmed se desdobrava para ganhar algum dinheiro e alimentar a mulher e os filhos. Já tinha vendido o carro da família e ficara dois meses — abril e maio de 2011 — trabalhando como garçom num restaurante local. Em junho, o estabelecimento também fechou. Procurou emprego em outras áreas: padaria, empresa de transporte coletivo, oficina mecânica. Não conseguia nada. A crise econômica gerada pela guerra afetava todos os setores.

Formado em economia e fluente em francês, sentia-se humilhado por estar passando por tudo aquilo. Ainda tinha algum dinheiro guardado. Mas a possibilidade de não poder alimentar a mulher e os filhos o deixava profundamente nervoso e angustiado. A esposa já havia sugerido que toda a família fosse para a casa do pai dela, comerciante bem-sucedido que vivia em Trípoli, no Líbano. Mas Ahmed preferia enfrentar os dias de terror em Homs a ser sustentado pelo sogro.

Inusitadamente, a mesma guerra que o deixara sem trabalho traria a melhor oportunidade de emprego desde o início dos conflitos, em março de 2011. Como muitos dos moradores de Homs, Ahmed conhecia vários integrantes das forças de oposição a Bashar al-Assad, tanto civis quanto militares do ELS. No final de dezembro de 2011, foi procurado por um sargento do ELS. O homem queria saber se ele aceitava atuar como intérprete para um fotógrafo francês que já estava na Síria e chegaria a Homs em breve.

A princípio, recusou. Mas foi persuadido pelo salário: receberia 300 dólares por semana de trabalho. Era menos da metade do que ganhava na corretora – 2.500 dólares por mês –, mas, diante das circunstâncias, parecia-lhe uma proposta irrecusável. Ele tinha consciência dos perigos que iria enfrentar para acompanhar um fotógrafo durante os conflitos, mas resolveu aceitar. Cerca de um mês depois – no dia 29 de janeiro –, Ahmed foi apresentado ao francês Rémi Ochlik. O primeiro encontro ocorreu numa escola pública de Homs que servia de centro administrativo para os rebeldes. Ahmed surpreendeu-se ao ver um homem tão jovem. Rémi tinha 28 anos, mas a pele alva, o rosto sem pelos, e os olhos azuis e bondosos faziam com que parecesse ser ainda mais novo. O corretor de imóveis não conseguia entender que razões poderiam ter levado aquele rapaz a se arriscar no meio de uma guerra que não era sua.

A tarefa inicial de Ahmed seria acompanhar Rémi até o prédio que as forças de oposição ao regime tinham reservado para hospedar jornalistas e fotógrafos estrangeiros. O local ficava no bairro de Bab al-Amr, uma das regiões da cidade totalmente dominadas pelos opositores ao governo. No percurso da escola à base da imprensa, o fotógrafo contou-lhe que não era contratado de nenhum veículo especificamente. Era colaborador da revista *Paris Match*, mas atuava de maneira independente e não tinha o visto sírio. Disse, também, que estava vindo de Zabadani, cidade na fronteira com o Líbano, a cerca de 130 quilômetros de Homs, e que o próprio comando do ELS o havia orientado a sair do país por questões de segurança. Rémi, no entanto, decidira ir para Homs, apesar dos riscos.

O trabalho de Ahmed ao lado do fotógrafo francês se mostrava mais tranquilo do que ele imaginara. Resumia-se, basicamente, a traduzir as conversas entre Rémi e os soldados rebeldes ou moradores. Quando o fotógrafo ia acompanhar algum confronto em zonas mais perigosas, Ahmed tinha a opção de não ir. E era exatamente o que ele fazia. Sempre. Estava satisfeito com a nova atividade. O salário era suficiente para cobrir os gastos com a família e ainda sobrava-lhe algum dinheiro. Além disso, acreditava não estar fazendo nada de errado, diferentemente de muitos dos seus amigos, que haviam se envolvido em negócios ilícitos para não passar fome – como Ammar, por exemplo.

A vida de Ahmed Ibrahim ficaria mais complicada a partir do dia 22 de fevereiro de 2012. Na madrugada daquela quarta-feira, o Exército Sírio promoveu um pesado ataque aéreo às áreas de Homs dominadas pela oposição. O bairro de Bab al-Amr era uma delas. Os alvos pareciam ter sido cuidadosamente escolhidos. No bairro do Ghouta, por exemplo, um prédio que servia de centro de comunicação para os rebeldes foi destruído por duas bombas. Na região de Hamadie, três casas, na mesma rua, foram bombardeadas. Nelas, viviam integrantes do ELS. O centro de imprensa que os rebeldes haviam improvisado para fotógrafos e jornalistas estrangeiros foi outro alvo dos ataques. Duas bombas foram lançadas sobre o local, derrubando telhados, tetos e paredes e causando a morte de duas pessoas: a jornalista americana Marie Colvin e o fotógrafo francês Rémi Ochlik. Outros jornalistas e ativistas de Direitos Humanos que estavam no prédio no momento do ataque foram feridos. Ahmed soube da tragédia por volta das 11 horas da manhã, ao receber um telefonema em seu celular. O homem do outro lado da linha era o sargento rebelde que o contratara para acompanhar Rémi. Ele pediu para Ahmed seguir imediatamente para o centro de imprensa, levando consigo o cartão de memória com fotos que o francês já havia feito em Homs – por precaução, Rémi sempre deixava um cartão com Ahmed.

Chegando ao local, o corretor de imóveis viu um cenário pavoroso. Havia escombros por todo lado. Paredes derrubadas, montes de pedras no chão, água jorrando de canos estourados, fiação elétrica solta, barras de ferro espalhadas no térreo. O militar pegou o cartão com as fotos de Rémi e pediu para Ahmed fazer um vídeo no interior do prédio, para mostrar a destruição que as forças fiéis a Bashar al-Assad estavam produzindo em Homs, em especial o assassinato de dois profissionais da imprensa estrangeira. Ahmed recusou-se. Disse que não suportaria filmar o cadáver do homem com quem trabalhara até um dia antes. Sua decisão foi respeitada. Mas coube a ele a tarefa de postar o vídeo no YouTube. Ahmed nunca conseguiria assistir àqueles 29 segundos. Sempre que surgia a imagem das pernas de Rémi, ele desviava os olhos da tela do computador.

Ahmed passou quase um mês sem dormir e comer direito. Não conseguia parar de pensar que ele poderia ter sido uma das vítimas fatais daquele ataque. Naquele momento, porém, seu maior medo era que o Exército ou a Polícia sírios encontrassem alguma conexão entre ele e o fotógrafo francês. Já estava descartando essa possibilidade, quando, no domingo 20 de maio, três jovens usando roupas civis o tiraram de dentro de casa, diante dos olhos assustados da sua mulher e dos filhos, e o levaram para uma delegacia. Ali, foi interrogado por quase 48 horas.

Os policiais queriam saber o motivo de o seu nome e telefone estarem anotados na agenda de Rémi e por que razão ele e o francês se falavam quase que diariamente ao celular. Ahmed jamais soube como a polícia conseguira tais informações. Mas falou a verdade. Declarou que atuava apenas como intérprete para o francês, que não falava uma palavra de árabe. Quando, finalmente, os policiais acreditaram no que dizia, Ahmed teve sua prisão decretada, sob a acusação de ter colaborado com inimigos do governo da Síria – no caso, a imprensa e os rebeldes.

Ele nunca foi a julgamento. Naqueles dias de guerra, o Exército e a Polícia podiam prender quem bem entendessem, por qualquer motivo e sem a necessidade de levar o caso à Justiça. A pena de Ahmed seria de três meses de reclusão. E começava a contar a partir daquela terça-feira 23 de maio, quando ele entrou na nossa cela. Estar numa penitenciária pela primeira vez na vida, aos 53 anos, o entristecia menos do que saber que, com isso, sua mulher e seus filhos não teriam outra opção a não ser ir morar na casa do pai dela, na cidade libanesa de Trípoli. Não ser capaz de proteger e sustentar a família era uma humilhação muito mais pesada do que estar enjaulado naquele buraco malcheiroso.

Ahmed ainda falava quando o rapaz que eu vira ouvindo os relatos do baixinho troncudo se aproximou, perguntando se podia ficar entre nós. Ammar e Adnan concordaram. Mas quiseram saber o que havia de errado no outro grupo no qual ele estava. O problema, segundo o jovem de olhar inocente, era justamente o sujeito musculoso, que se gabava de coisas que ele considerava abomináveis, como saquear casas e lojas destruídas por bombas ou abandonadas pelos proprietários. O próprio baixinho dizia ser esse o motivo da sua prisão. Fora capturado pela polícia dois dias antes, no momento em que saía de uma casa carregando um computador e uma sacola abarrotada de roupas.

Só quando paramos de conversar, percebi que os tiros e as explosões continuavam assombrando Homs. Meus ouvidos começavam a se acostumar com o som da guerra. Já nem me incomodava tanto escutar os disparos de fuzis e metralhadoras e os estrondos das bombas ecoando pela cidade. Naquela noite, porém, após o nosso jantar – ovos cozidos amassados com cebola, no pão sírio –, os ataques ficaram tão intensos que assustaram até os detentos mais antigos. Walid, que estava preso havia mais de um ano, disse que nunca ouvira tantos tiros e explosões numa só noite.

Além da quantidade de disparos e bombas, também chamava nossa atenção a proximidade das explosões. Algumas pareciam ter sido detonadas a poucos metros do presídio, preenchendo nossa cela com um som abafado e assustador. Adnan sorria. E fazia suas palhaçadas. De pé, ele se contorcia todo a cada estampido mais agudo, como se tivesse sido atingido. Alguns presos riam do seu teatrinho. Outros mantinham a expressão sisuda, como se não vissem graça naquele tipo de brincadeira numa hora daquelas.

Mas até o humor do nosso amigo bufão apagou quando uma bomba explodiu tão perto que fez o chão da cela tremer. Ammar olhou para mim, assustado. "*Allah Akbar! Allah Akbar! Allah Akbar!*", vários presos exclamaram, com as mãos para o alto. Seis detentos sentados no chão perto do banheiro deram as mãos e começaram a orar. Mesmo com a teoria de que o Governo Sírio jamais atingiria um prédio público – como era o caso da Penitenciária Central de Homs –, ficamos todos preocupados com a possibilidade de uma bomba cair sobre nossas cabeças, ainda que por um erro de cálculo do atirador.

Durante o restante daquela noite, nossa cela não voltaria a ser sacudida. Mas os disparos e as explosões continuaram intensos até as 3h20 da madrugada. Eu, Ammar e Walid chegamos a cronometrar no relógio quanto tempo ficaríamos sem ouvir nenhum estampido. Das 23 horas às 3h20, o maior período de silêncio foi de 11 minutos. O resto do mundo jamais imaginaria que a situação em Homs fosse de tamanha violência. Parecia-me impossível que tantos tiros e explosões não tivessem provocado dezenas de mortes pela cidade.

Quando metralhadoras, fuzis e bombas, enfim, se calaram, começamos a nos preparar para dormir. Deitado na minha estopa, escrevi no meu bloco tudo o que tinha acabado de ver, ouvir e sentir. O triste relato de Ahmed, culminando com a morte do fotógrafo francês Rémi Ochlik, ocupou quatro páginas. Ammar deitou na estopa ao lado da minha e enrolou uma toalha na cabeça, cobrindo os olhos. Ele sempre fazia isso na hora de dormir para bloquear a luz opaca da lâmpada que ficava no alto da parede à nossa frente. Walid acomodou-se na cama de cima do beliche à minha esquerda. Adnan, já deitado em seu colchão, fumava, conversando com Ahmed, que iria dormir numa estopa ao lado da de Ammar. O rapaz que havia pedido para ficar no nosso grupo esticara-se em outra estopa, espremida entre o fogão de uma boca e a parede da porta. Seus olhos continuavam abertos e assustados.

Aquela havia sido a noite mais conturbada desde que eu entrara na penitenciária. A chegada dos novos hóspedes tinha deixado a cela lotada. Não havia mais nenhuma estopa disponível. Quatro homens se espremiam nas duas camas de solteiro. Até a oração da noite fora esquecida. A profusão de tiros e explosões anunciava o início da quarta-feira 23 de maio. Era o dia da minha viagem de volta de Beirute para São Paulo. E o Governo Sírio sabia disso. Para retirar o visto, no Consulado da Síria em São Paulo, eu tive de entregar, entre outros documentos, uma cópia da minha passagem. Fui dormir com a esperança de que as autoridades sírias me libertassem pela manhã, quando eu não teria nenhuma outra opção, a não ser ir embora do país. Imaginei ser essa a única explicação para me manterem preso por todo esse tempo. Se eu estivesse certo, em algumas horas aquele inferno chegaria ao fim. Ao menos, para mim.

11 Sem passagem e sem visto

Acordei às 10h40 da manhã, depois de dormir por quase sete horas. Era um mau sinal. Meu corpo e minha mente começavam a se habituar com a vida na prisão. Eu não queria isso. Continuava inconformado com aquela situação. Preferia ficar sem dormir direito, como acontecera nas minhas duas primeiras noites na penitenciária, durante as quais não havia fechado os olhos nem por quatro horas. Por mais que não quisesse reconhecer, sentia um pouco de esperança de ser libertado naquela quarta-feira 23 de maio.

O meu raciocínio era simples: se me tirassem da prisão até as 15 horas, eu poderia pegar um ônibus para Beirute e chegar à capital libanesa a tempo de embarcar no meu voo para São Paulo. Com isso, o Governo Sírio se livraria de mim para sempre, e eu teria a minha vida de volta. Parecia-me ser um bom negócio para eles. Cheguei a comentar tudo isso com Ammar. Ele achou que o meu pensamento fazia sentido. Para o meu amigo, era bem possível que as autoridades sírias estivessem esperando para me soltar no limite do tempo para que eu pudesse retornar ao Brasil sem lhes causar mais problemas.

Por ter acordado tarde, fiquei sem café da manhã, o que, de certa forma, até me agradou. Não aguentava mais comer ovo e pão sírio em todas as refeições. Fui até a pia lavar o rosto e, ao passar a mão molhada na cara, senti que minha barba estava bem maior. Já fazia quase três semanas que não me barbeava. Mas não queria me olhar no único espelho da cela, um de moldura vermelha, pouco maior do que a palma da minha mão e que estava sempre sobre uma das mochilas de Adnan. Não queria me ver naquela situação deplorável.

Ao voltar para minha estopa, vi Ammar, Adnan e Walid fazendo anotações num pedaço de papel. No chão, algumas cédulas de pounds sírios. Perguntei o que estavam fazendo, e Ammar me explicou que se tratava da lista de compras que entregariam ao oficial da prisão. A cada dois ou três dias – dependendo das necessidades –, os presos faziam seus pedidos de compra. Só precisavam entregar ao oficial do dia a relação do que queriam e o dinheiro. Naquele momento, entendi como funcionava o sistema carcerário sírio.

Diferentemente do que ocorre no Brasil, não é o governo quem paga pela alimentação dos detentos. Os próprios presos precisam comprar sua comida. Ao menos, era assim que funcionava naqueles dias de guerra. Esse era um dos motivos pelos quais os detentos entravam na penitenciária com todos os seus pertences, inclusive o dinheiro. Vendo meus amigos contribuindo para comprar nossa comida – além de chá e cigarro –, me ofereci para colaborar também. Abri a mochila e tirei 500 pounds – cerca de 7 dólares – da carteira.

Quando coloquei minha cédula no chão, Ammar, Walid e Adnan reagiram instantaneamente. Disseram que eu não precisava contribuir. Insisti. Ammar pegou o dinheiro e o colocou no bolso da minha camisa. "Você não fez nada para merecer estar aqui", ele disse. Passei mais uns dois minutos praticamente implorando para que aceitassem meus 500 pounds. Não achava justo comer com eles e não colaborar em nada. Não adiantou. Walid apoiou a mão no meu ombro, me encarou nos olhos e disse algo, com a voz branda. Ammar traduziu: "Ele falou que sua amizade e seu respeito são muito mais valiosos do que um pedaço de papel". Mais uma vez, o caráter e o carinho dos meus amigos de cela me deixaram emocionado. Sentia-me querido e respeitado, mesmo estando enjaulado naquele fim de mundo.

Adnan chamou mais dois detentos e, com Walid e Ahmed, começaram uma partida de pôquer. Enquanto embaralhava as cartas desenhadas em embalagens de cigarro, de chá e de café, o palhaço da cela fez mais uma de suas gracinhas. Pegou a carta com o rei de paus, segurou-a ao lado do meu rosto e começou a falar, quase gritando. Ficou de pé e continuou falando, saltando como um bobo da corte e sorrindo descontroladamente. Todos os outros presos ao nosso redor também acharam graça. Mesmo sem saber do que se tratava, eu ri, simplesmente pelo estardalhaço que Adnan fazia na cela.

Ammar, também sorrindo, me explicou que o nosso amigo estava dizendo que eu era idêntico à figura que Walid havia desenhado para representar o rei de paus. E ainda havia o fato de essa carta do baralho ser representada pela letra "K", a primeira do meu nome. Adnan não estava de todo errado. O rei tinha barba cheia, olhos tristes e nariz grande e afilado. Fingi não ter gostado da brincadeira. Com a expressão séria, levantei e caminhei devagar, até pegar o cabo de vassoura. Parti na direção de Adnan, como se fosse espancá-lo. Ele corria e pulava pela cela, aos gritos. Todos rimos juntos. Naquele instante, decidi que, se eu saísse da penitenciária um dia, aquela carta iria comigo.

O tempo passava, e o oficial da prisão não aparecia na nossa porta para dizer que eu seria solto. Não queria acreditar que o Governo Sírio me deixaria ali, mesmo sabendo que meu voo partiria de Beirute para São Paulo naquela noite. Por volta das 13 horas, almoçamos ovos mexidos com pão sírio – não havia mais tomate nem cebola. Além de mim, Ammar, Adnan e Walid, passaram a dividir a nossa ração Ahmed Ibrahim e o rapaz de olhos assustados, cujo nome eu ainda não sabia. Eram mais mãos para disputar espaço dentro da bacia de plástico. Eu comia de olho no relógio. Dei um longo gole naquela água detestável, ainda com a esperança de que fosse a última vez que sentiria aquele gosto.

Deitado na minha estopa, ouvi o ferrolho da porta de ferro sendo arrastado. Meu relógio marcava 14h15. Mantive os olhos cerrados, numa tentativa vã de controlar a ansiedade. Daria tudo para ouvir o oficial do dia pronunciar o meu nome ou, simplesmente, *sahafi*. Ele abriu a porta e falou algo em árabe. Fingi estar dormindo. Escutei vozes e alguns passos circulando pela cela. Quando a porta voltou a ser fechada, abri os olhos e perguntei a Ammar o que o oficial havia falado.

– Ele veio pegar o dinheiro e as listas de compras dos presos – respondeu, com uma expressão triste gravada no rosto.

– Eu preciso parar de acreditar que algo de bom vai me acontecer aqui.

– Não diga isso, meu amigo.

– O melhor que tenho a fazer é aceitar que o Governo Sírio vai me deixar aqui até eu enlouquecer de vez. Vou apodrecer aqui, Ammar.

– Alá está com você. Nunca se esqueça disso.

– Eu não esqueço. Mas acho que Alá tem assuntos muito mais importantes para resolver.

Entendi, finalmente, que alimentar alguma esperança de ser libertado era o pior que eu podia fazer a mim mesmo. Quando se tem esperança, há sempre o risco de sofrer uma decepção, que geralmente vem acompanhada de tristeza e angústia. Sem esperar por nada, a ausência de boas-novas não causa grandes dores. Resolvi abraçar a minha desgraça, aceitá-la e contar sempre com o pior. Ele – o pior – não iria me desapontar. Coloquei na minha cabeça e no meu coração que precisava me preparar para permanecer ainda por longos dias, semanas ou meses naquele inferno. Meu maior lamento era não ter sido assassinado no dia da minha captura. Teria me poupado muito sofrimento.

Deitei de bruços, na estopa. Queria dormir e jamais acordar. Mas faltava-me sono. Culpa da noite bem-dormida. O falatório dos outros presos me irritava. Sempre tive uma profunda admiração pelo idioma árabe. Gostava de ouvir as pessoas falando aquela língua milenar e melodiosa. Naquelas circunstâncias, porém, não suportava mais escutar aquele bando de sírios – com exceção de Adnan, que era libanês – matraqueando. E como falavam. Com a população da cela maior do que nunca, a algaravia dos meus companheiros tornara-se insuportável. E com ainda mais bocas na jaula, a nuvem de fumaça dos cigarros era cada vez mais densa. Queria sumir dali.

Refugiei-me nas páginas do meu bloco, despejando nelas minhas angústias. Além de tudo, agora eu não tinha sequer a passagem de volta para o Brasil. Se um dia o Governo Sírio resolvesse me tirar da prisão, ainda teria mais essa complicação para resolver. Decidi rechaçar todo e qualquer pensamento que não fosse de pessimismo. Poderia ter alguma esperança de ser libertado no dia seguinte – quinta-feira 24 –, quando meu visto sírio expiraria. As autoridades do país, obviamente, sabiam que, em pouco mais de 24 horas, eu passaria a estar ilegalmente na Síria. A não ser que o governo pretendesse me deixar apodrecendo ali, seria o momento perfeito para me despachar para Beirute ou, talvez, diretamente para São

Paulo. Mas eu não queria considerar essa possibilidade. Convenci-me de que ainda permaneceria enjaulado por muito tempo.

Senti uma mão tocar a minha perna. Imaginei que fosse Ammar, mas era Walid. Sem falar palavra, ele abriu os braços e me olhou com as sobrancelhas arqueadas, como se quisesse me perguntar algo. Meu amigo taxista não precisava falar para demonstrar sua preocupação em relação à minha tristeza. Era sempre interessante conversar silenciosamente com Walid, apenas por meio de gestos. Conseguíamos nos entender muito bem. Foi assim, por exemplo, que me contou do tiro que levara acima do peito direito quando tentou fugir com seu táxi do bloqueio militar. Usando apenas as mãos e os olhos, ele falou que eu poderia me sentir melhor se tomasse um banho. Respondi lembrando-lhe que o oficial da prisão havia falado que eu estava proibido de banhar-me e que, se o fizesse, ele cortaria a água da nossa cela. Walid falou algo para Ammar.

– É uma boa ideia. Você se sentiria bem melhor – ele falou.

– Se o oficial souber que tomei banho, vamos todos ficar sem água.

– Nós ficamos na porta da cela. Se Kusai abrir a grade da sala dele, nós ouvimos e lhe avisamos. Dá tempo de você sair do banheiro antes de ele entrar aqui.

– Não vou arriscar, Ammar. Se der errado, vamos ficar sem água para beber e para cozinhar.

– Eu acho que os riscos são mínimos. Mas você está certo. Ficar sem água seria péssimo.

Além de não querer correr o risco de prejudicar a todos na cela, eu não tinha a menor vontade de tomar banho naquele buraco. Queria evitar tudo o que remetesse a rotina, a atividades corriqueiras. Esforçava-me para impedir minha mente e meu corpo de acreditarem que aquilo era vida. Mas ver a disposição dos meus amigos em correr o risco de ficar sem água para que eu pudesse tomar banho foi um alento à minha alma. Havia generosidade no inferno. Ainda sob os olhares misericordiosos de Walid e Ammar, ouvi Adnan cantando.

Dessa vez, porém, a melodia que saía da boca do palhaço da cela era triste, melancólica. Cantava deitado em sua cama, olhando para o estrado do colchão acima da sua cabeça. No refrão, sua voz ganhava variações, ficava trêmula, estilo típico dos cânticos árabes. O rapaz de olhos tristes sentou-se no chão, ao lado do beliche de Adnan, e começou a cantar, fazendo uma segunda voz. A cela ficou em silêncio para ouvir o dueto. Aquela música banhava nossa jaula de calmaria. Eu não precisava entender árabe para sentir o lamento nas vozes. Mas queria saber o que eles estavam cantando.

– O que diz a letra dessa música? – perguntei a Ammar.

– Fala sobre superar as tristezas e ter paciência para saber esperar o tempo da vida.

– Linda canção.

– Sim. E é muito conhecida por aqui.

– No Brasil, há uma música muito bonita que também fala sobre ter paciência.

Ammar falou algo para Adnan, que imediatamente parou de cantar e ficou me olhando, como se esperasse que eu fizesse algo.

– Pode cantar – disse-me Ammar.

– Cantar o quê?

– A música que você falou.

– Mas eu não disse que ia cantar nada. Só falei que tinha uma música no Brasil que também falava sobre ter paciência.

Ammar, Adnan e Walid passaram os minutos seguintes insistindo para que eu cantasse. Resisti o máximo que pude. Até que concordei. Desde que pudesse cantar baixinho, apenas para que meus três amigos e o rapaz de olhos tristes ouvissem. Comecei a cantar a música "Paciência", de Lenine. Antes mesmo que eu chegasse ao momento em que a palavra "paciência" é cantada, algo inimaginável aconteceu. O jovem que acabara de unir-se ao nosso grupo não se conteve e me interrompeu. "Eu conheço essa música", ele disse, em inglês. A declaração do rapaz me deixou perplexo. Mesmo com tudo de insólito que me acontecera desde a minha chegada a Homs, encontrar alguém que conhecia a música que eu acabara de cantar, numa penitenciária no interior da Síria, me parecia quase inacreditável. A explicação para o que eu achava tão surpreendente, porém, era simples.

Faad Bard tinha 22 anos e estudava artes na Universidade Al-Baath, em Homs, a quarta maior e uma das mais importantes da Síria, com cerca de 20 faculdades, como arquitetura, direito, engenharia e medicina. Apaixonado por música, acumulava referências de bandas e cantores de várias partes do mundo. Lenine era apenas um dos artistas brasileiros de cujo trabalho ele dizia ser fã. Gostava também de Tom Jobim, Caetano Veloso e Daniela

Mercury. Dos cantores mais jovens, já tinha ouvido a música "Ai, se eu te pego", de um artista cujo nome ele não conseguia lembrar. U2, The Police, Michael Jackson, Lady Gaga, Shakira, Juanes. Conhecia todos. E foi justamente para entender as canções de que tanto gostava que começou a estudar inglês.

Era tão tímido e quieto que, mesmo ouvindo que eu e Ammar conversávamos em inglês, não havia sequer se apresentado ainda. De rosto imberbe, pele morena e cabelos negros e lisos, Faad tinha razões para estar assustado ali dentro. Nunca gostou de violência, brigas e confusões. Jamais imaginou um dia ser jogado numa penitenciária, numa cela com quase trinta homens. Desde que fora preso, na manhã anterior – poucas horas antes de ser enviado ao nosso presídio –, aquela era a primeira vez que conversava com alguém sem sentir medo. Só desejava sair logo dali e voltar para a casa dos pais, na periferia de Homs. Sempre tivera uma vida tranquila. O único motivo de discórdia dentro de casa era o fato de que o pai não se conformava em vê-lo estudando artes. Queria que o filho seguisse sua carreira e fizesse engenharia civil.

Não fosse pela guerra, Faad nunca estaria numa cela de penitenciária. Havia sido preso na manhã da terça-feira 22 de maio. Culto, tinha pleno conhecimento das razões que haviam lançado a Síria naquela tragédia. Simpatizava com os rebeldes por acreditar que sua luta poderia trazer um pouco de democracia ao país. Por outro lado, não queria se indispor com o pai, que tinha vários amigos no Exército Sírio. Já tinha decidido não tomar partido de nenhum dos lados na guerra. Mas mudaria de ideia na madrugada da segunda-feira 21 de maio. Naquele dia, por volta das 3 horas da manhã, ele, os pais e o irmão, de 12 anos, foram acordados por um estrondo ensurdecedor. O chão da casa tremeu por alguns segundos. Aos gritos de "*Allah Akbar*", sua mãe correu para o quarto que os filhos dividiam. Eles estavam bem. Seus vizinhos, não.

Uma bomba havia sido lançada sobre a casa ao lado. Ali, vivia Ratib, o melhor amigo de Faad, que ele conhecia desde os 5 anos. Toda a família morreu no ataque: seu amigo, de 23 anos, os pais e as duas irmãs, uma de 18 e a outra de 6 anos. Todos na rua sabiam que Ratib integrava o ELS. O próprio Faad já tentara convencê-lo a abandonar as forças rebeldes, por acreditar que era arriscado demais. Mas o rapaz sempre dizia estar disposto a lutar pela liberdade até o fim, nem que isso lhe custasse a vida.

Esse foi o primeiro pensamento de Faad ao ver a residência da família de Ratib totalmente destruída.

Nascido e criado em Homs, Faad já tinha visto várias casas e prédios jogados ao chão em bombardeios. Conhecia muitas pessoas que haviam sido mortas em ataques do Exército Sírio na cidade, principalmente jovens rebeldes. Mas aquela era a primeira vez que perdia alguém tão próximo. A dor era tamanha que não conseguia chorar. Apenas ficou olhando para os destroços, imaginando que jamais voltaria a jogar futebol e a tocar violão com o seu grande amigo e confidente. Não conseguia entender a razão de terem matado a família inteira, quando poderiam simplesmente prender Ratib. "O governo quer causar terror em todos nós", explicou-lhe seu pai.

Os cadáveres foram tirados da casa por vizinhos e soldados do ELS. O único corpo que se mantinha inteiro era o da menina de 6 anos, que foi retirada de baixo de uma viga de madeira. Os outros estavam dilacerados. Improvisaram o enterro num terreno baldio, no qual os moradores do bairro já estavam acostumados a entregar seus mortos. Os corpos foram enrolados em lençóis brancos e jogados, uns sobre os outros, numa vala comum. Naquele mesmo dia, logo após o almoço que não conseguiu comer, Faad procurou um dos seus colegas de faculdade que havia entrado para o ELS. Queria ser mais um no contingente que lutava contra as forças de Bashar al-Assad.

Na manhã seguinte – terça-feira 22 –, foi levado a uma casa que servia de centro de alistamento de novos soldados rebeldes. Ali, recebeu tudo o que precisaria para servir ao ELS: um fuzil. Sua missão inicial seria simples. Só teria de caminhar pelas ruas do seu bairro atento a qualquer movimento estranho. Se percebesse algum militar, carro ou tanque inimigo se aproximando, deveria dar vários disparos para o alto e correr para algum lugar seguro, aos gritos de "*Allah Akbar*". Sentiu-se aliviado por saber que não precisaria matar ninguém.

Sua experiência como soldado da oposição, no entanto, duraria pouco. Menos de duas horas. Mal tinha saído do centro de alistamento do ELS, foi abordado por três homens, num carro civil, sem placas. Um dos sujeitos era sargento do Exército Sírio e amigo do seu pai. Ao ser questionado sobre o que estava fazendo com um fuzil pendurado no ombro, Faad ficou sem ação e sem palavras. O homem mandou que entrasse no carro. Ele quis correr, atirar para o alto e sair gritando, como tinha sido orientado a fazer, mas seu corpo não obedecia aos comandos do cérebro. O sargento saiu do veículo, tirou-lhe a arma e empurrou-o para o banco traseiro. Antes de largá-lo na delegacia na qual foi fichado e de onde seguiria para a penitenciária, o militar tentou tranquilizá-lo, dizendo que contaria ao seu pai o que havia acontecido. Não sabia por quanto tempo permaneceria enjaulado. Mas já estava arrependido por ter se alistado no ELS. Tinha sido preso sem dar um tiro sequer.

Quando acabou de nos contar como chegara à Penitenciária Central de Homs, Faad estava com os olhos marejados e as mãos entrelaçadas. Adnan apoiou a mão em seu ombro e disse-lhe algo que me pareceu alguma palavra de conforto. Walid fez o mesmo. Ammar olhou as horas no meu relógio – 16h10 –, deu um forte abraço em Faad e se posicionou de pé, no local em que sempre ficava nos momentos da oração. Com o rosto voltado para Meca, deu início ao Adhan, o chamado que convida os muçulmanos à reza. Ia começar a oração da tarde. Enquanto Ammar cantava, vários presos formavam uma fila na porta do banheiro e outra na frente da pia para cumprir o ritual de limpeza que o Islã exige que seja feito antes da prece. Ouvir o meu amigo cantar aqueles versos sempre me dava um pouco de paz:

– *Allah Akbar. Ach-hadu an la iláha il-la Allah. Haiyá alas-sala* (Testemunho que não há outra divindade além de Deus. Vinde para a oração) – ele cantava.

Naquele momento, porém, eu não me sentia à vontade para tomar parte na oração. Dois dos novos detentos, que pareciam ter entre 50 e 60 anos, usavam galabias, mantinham a barba longa, bem abaixo do queixo, e já tinham me encarado de maneira pouco amigável. Eram muçulmanos mais conservadores e, muito provavelmente, não aceitariam que um estrangeiro que só falava inglês compartilhasse de um momento de tamanha fé e devoção. Não queria criar um mal-estar na cela, e achei melhor permanecer deitado, apenas observando.

Dos 28 homens da nossa jaula, 13 fizeram a oração – Faad era um deles. Os outros não pareciam se importar muito com as leis do Alcorão. O baixinho musculoso e outros três sujeitos continuavam conversando, sentados na cama de baixo de um dos beliches, e não se preocuparam sequer em apagar o cigarro. Finalizada a prece, Ammar caminhou até o centro da cela e disse algo em árabe, num tom firme, quase agressivo. Ninguém retrucou. Era a primeira vez que eu o via falar daquela maneira. Quando perguntei o que ele havia dito, meu amigo respondeu: "Apenas avisei que quem falar novamente durante a oração vai ser expulso desta cela".

O silêncio perdurou por uns cinco minutos, até ouvirmos o ranger do ferrolho da porta. Era o oficial Abu Kusai trazendo as compras que os detentos haviam encomendado. Ele entrou, sentou-se na cama na qual Adnan dormia e chamou os presos que lideravam cada grupo. Um detento cujo nome eu não sabia pegou uma sacola com vários produtos, entre eles uma lata de doce de goiaba. Eu ficaria feliz se Ammar tivesse comprado um doce daqueles. Desde que chegara a Homs, o único sabor adocicado que eu sentira tinha sido o dos chás. Duas sacolas foram entregues ao meu amigo. Dentro delas, o de sempre: tomates, cebolas, pães sírios, duas dúzias de ovos, óleo e três pacotes de cigarro. Ainda havia bastante chá na despensa embaixo da cama. Lamentei o fato de ninguém do nosso grupo ter pedido ao menos uma garrafa de água mineral. Eu teria de continuar bebendo aquela coisa detestável que saía da torneira da pia.

O jantar daquela noite foi farto: ovos mexidos com tomate e cebola. O pão estava fresco, bem melhor do que o que vínhamos comendo até então. Em volta da bacia de plástico, sentamos eu, Ammar, Adnan, Walid, Ahmed e Faad. Comemos sem falar nada, ouvindo os tiros e as explosões que já começavam a assombrar o início da noite em Homs. Tão logo terminamos a refeição, Ahmed se prontificou a lavar a bacia. Adnan e Walid pegaram o baralho e chamaram outros presos para uma partida de pôquer. Falei que também queria jogar. Minha real intenção era, ao fim do jogo, pegar a carta do rei de paus que tanto queria.

Jogamos por mais de uma hora. Durante as partidas, surgiu em mim o interesse de guardar outras duas cartas que achei particularmente interessantes: o sete de copas, pelos corações pintados com caneta vermelha, e o ás de paus, por ter sido desenhado no verso de uma embalagem de cigarro com dizeres em árabe. Quando acabamos de jogar, peguei o baralho para colocar de volta na mochila de Walid e aproveitei para roubar as três cartas. Escondi-as no bolso direito da calça. Se um dia eu saísse daquele buraco, elas iriam comigo.

Enquanto tomava um gole de água, sem encostar a boca no gargalo, percebi Ammar com ar de irritação. Perguntei o que o incomodava, e ele reclamou do barulho. O problema era o baixinho troncudo, que, de pé, falando alto e com o peito inflado, parecia se gabar de algum feito que considerava relevante. O assunto em pauta era futebol. Como eu havia imaginado, a camisa que o sujeito usava era de um time local, o Al-Karamah, o maior clube de Homs e um dos mais importantes do país. Em 2007, 2008, 2009 e 2010, o Al-Karamah conquistara a Copa da Síria. Em 2011, por causa da guerra, o campeonato não foi realizado. Sentado ao meu lado, no chão, Ammar fazia a tradução simultânea.

O clima esquentou quando o baixinho disse que o outro time de futebol de Homs, o Al-Wathba, o maior rival do Al-Karamah, nunca ganhara título algum. Walid, sempre calmo e cordato, manifestou-se. Ele era torcedor fanático do Al-Wathba e tinha chegado a jogar no clube quando garoto. Era curioso testemunhar dois homens enjaulados numa cela, no meio da guerra, discutindo por causa de futebol. Além disso, eu nunca havia assistido a um bate-boca em árabe.

Eles falavam numa velocidade impressionante. Vomitavam as palavras ao mesmo tempo, com parcos intervalos para tomar ar. Parecia-me impossível que conseguissem se entender. Ammar, agora aos risos, já tinha desistido de tentar traduzir o que diziam. Por três ou quatro vezes, Walid falou algo e ameaçou retornar à sua cama. Mas o sujeito atarracado retrucava, em voz alta, e ele voltava à peleja. Aquilo me divertia. Lembrei-me de vários amigos brasileiros capazes de passar horas discutindo por causa de futebol. Os sírios, como eu podia ver, tinham a mesma paixão pela bola.

Walid deu um tapa no ombro esquerdo do indivíduo e voltou para seu canto. O outro continuava falando. Sem olhar para trás e sacudindo os braços ao ar, meu amigo gritou o que me pareceu ser um xingamento. Não era. "Você não sabe conversar", foi a última frase de Walid. Quando se sentou perto de mim e de Ammar, ele disse que sentia muita vontade de, um dia, voltar a assistir aos jogos do seu time no estádio municipal Khaled Ibn Al Walid, com capacidade para 32 mil pessoas. Desde o início da guerra, o local estava fechado. Ao menos, para partidas oficiais.

Entre março e maio de 2011 – quando os conflitos ainda estavam no início –, muitos homens da cidade aproveitavam a falta de policiamento no estádio para realizar o sonho de jogar em seu campo, que já fora palco de grandes decisões nacionais. Em alguns dias, as partidas emendavam umas nas outras, começando pela manhã e indo até o Sol desaparecer no horizonte. Walid lembrava de já ter assistido, num só dia, a cinco jogos de 90 minutos cada, um após o outro. Somando o tempo dos intervalos entre as partidas, eram quase nove horas de futebol. Crianças, adolescentes, jovens, adultos. Ninguém queria perder a chance de jogar no estádio que era um dos orgulhos de Homs.

Enquanto Walid conversava comigo e com Ammar, o baixinho troncudo continuava falando, tentando irritá-lo. Adnan perdeu a paciência e ameaçou partir para cima do sujeito, mas foi contido por Ammar, que logo pegou o baralho para quebrar o mal-estar na cela. Fiquei quieto, deitado no meu canto, na esperança de que eles não percebessem a ausência das três cartas que eu pegara. A partida mal começara, e meus amigos já estavam resmungando, contrariados.

– Qual o problema? Por que eles estão reclamando? – perguntei a Ammar.

– Sumiram três cartas do baralho.

– Como assim?

– Sumiram. Adnan acha que foi o cara que discutiu com Walid.

– Mas ele nem chegou perto das nossas coisas – falei, temendo que minha brincadeira criasse uma briga dentro da cela.

– Foi o que eu falei para eles.

– E agora?

– Eles vão ter de fazer novas cartas.

Perguntei que cartas haviam desaparecido. Adnan e Walid ainda não sabiam. Apenas tinham notado que faltavam três. Peguei o baralho e falei que eu mesmo faria as novas cartas. Usei a faca com a qual eles picavam tomates e cebolas para cortar duas caixas vazias de cigarro jogadas embaixo de uma das camas. Com minha caneta, desenhei um rei e um ás de paus e um sete de copas. Naquele exato momento, percebi que poderia simplesmente ter pedido aos meus amigos as cartas que eu queria, sob a condição de desenhar outras de reposição. Essa ideia, no entanto, não me ocorrera antes.

A noite prosseguiu sob disparos e explosões. Helicópteros rasgavam o céu, como besouros sedentos por sangue. A guerra não dava trégua ao solo e ao povo de Homs. Mas nada tão assombroso quanto o que nossos ouvidos haviam captado na noite anterior. Ao menos, nenhuma bomba voltou a sacudir o chão da nossa cela. Por volta de 1 hora da madrugada, metade dos meus companheiros de jaula já dormia. A outra metade conversava, como sempre, dividida em grupos. Todos, sem exceção, estavam fumando. Uma nuvem de alcatrão e nicotina pairava sobre nossas cabeças. Como aquilo me incomodava. Era difícil respirar. Impossível dormir sob aquela neblina quente e fedorenta.

Naquele momento, descobri por que Walid sempre vestia um agasalho Adidas. Ele colocou sua mala de viagem no chão, abriu-a e chamou um grupo de cinco presos que conversavam perto da porta. Da mala, tirou vários agasalhos, calças e camisetas. Tudo Adidas. Meu amigo vendia roupas na prisão. E os novos detentos pareciam interessados em se tornar seus clientes. Provavam uma peça após a outra, como se estivessem numa loja. Adnan animou-se com o movimento e arrancou um saco plástico de dentro de uma das suas mochilas, revelando que também fazia comércio na cela. Dentro do seu saco, havia anéis e chaveiros com motivos do Islã. Conseguiu vender apenas um anel, por 200 pounds sírios – cerca de 3 dólares. Walid não teve a mesma sorte. Os presos vestiram agasalhos e calças de todas as cores, mas nenhum deles comprou peça alguma.

Deitado em sua estopa, Ammar me explicou que, uma vez por mês, o filho de Walid – um rapaz de 21 anos – ia ao presídio levar dinheiro para o pai e, quando necessário, reabastecer sua mala de roupas a ser vendidas. Ammar deu uma última tragada e apagou o cigarro na parede atrás das nossas cabeças. Acomodou-se, deu-me boa-noite e enrolou uma toalha na testa, cobrindo os olhos. Lembrei que, no voo de São Paulo a Beirute, eu ganhara um kit da empresa aérea, no qual havia uma máscara de dormir. Jamais usaria aquilo. Abri a mochila, tirei a máscara e levantei a toalha dos olhos do meu amigo. Ele ficou feliz com o presente. Disse que sempre quis uma daquelas e que iria guardá-la para sempre, como prova da nossa amizade. Mas fazia questão de dar-me algo em troca. Abriu sua mala e tirou uma camisa cinza, de mangas longas, que estava num saco plástico, ainda lacrado.

Um mês antes, sua mulher tinha deixado roupas novas para ele usar na penitenciária. Estava guardando aquela camisa para os dias de frio. Agradeci, mas recusei o presente. A máscara de dormir tinha sido um brinde da companhia aérea. Aquela camisa custara dinheiro. Não houve acordo. Se eu não aceitasse seu presente, ele também não aceitaria o meu. Peguei a camisa e, sem abrir o saco, coloquei-a na minha mochila. Ammar me abraçou, voltou a deitar e pôs a máscara no rosto. Já estirado na estopa, com a barriga para cima, deu um tapa na minha perna e fez sinal de positivo com a mão direita. "Muito obrigado, meu amigo", ele disse, com um leve sorriso. Fez-me bem vê-lo demonstrar alguma fagulha de contentamento. Enquanto estivesse naquele buraco, eu jamais sentiria nada parecido.

Não conseguia dormir respirando a fumaça dos cigarros. A nuvem ainda não havia deixado nossa cela. Quatro sujeitos continuavam fumando e conversando. Se eles ao menos apagassem os cigarros, meu incômodo seria menor. Além disso, minhas costas imploravam por um colchão. Quantas noites mais eu passaria dormindo naquela estopa com um dedo de espessura? Antes de adormecer, perto das 2 horas da manhã, ainda ouvi diversos disparos na rua e duas explosões. A guerra não descansa nem dorme cedo.

Às 8h15, eu já estava acordado. Fui despertado por uma gritaria feroz, que vinha não sabia de onde. No meio daquela balbúrdia toda, duas palavras soavam com total clareza: "*Allah Akbar*!", gritavam, em uníssono, alguns homens. Os brados estavam perto demais. Não podiam estar vindo das ruas. Ammar me explicou que se tratava de mais uma rebelião no prédio dos detentos considerados perigosos. Com a porta de ferro da nossa cela trancada, não podíamos ver o que se passava lá fora. Mas meu amigo tinha certeza de que os presos haviam conseguido sair de suas alas e estavam fazendo aquela confusão toda no pátio da penitenciária. Não era a primeira vez que algo assim acontecia. Nos últimos seis meses, Ammar havia testemunhado duas rebeliões como aquela. A baderna sempre acabava com os detentos mais agressivos sendo tirados da penitenciária. Invariavelmente, saíam acorrentados uns aos outros e com hematomas no rosto e nos braços. Nenhum deles jamais voltou. Ammar e Walid acreditavam que eram executados em algum local ermo de Homs. Corria um comentário na prisão de que o Governo Sírio reservara um terreno na periferia da cidade exclusivamente para desovar cadáveres de rebeldes. Os ativistas de Direitos Humanos da região confirmavam essa informação.

Sem dar importância à agitação que parecia não ter fim, Adnan acendeu o fogão para preparar nosso café: ovos mexidos com tomate, no pão sírio. Tomei um copo daquele chá absurdamente doce para colocar um pouco de glicose no organismo. Daria um ano da minha vida por uma lata de leite condensado. Enquanto comia, percebi que o baixinho troncudo parecia chateado com algo. Conseguíamos ouvir suas reclamações. Ele e seu grupo também haviam preparado ovos mexidos, mas comiam como se algo os incomodasse. Perguntei a Ammar o que estava acontecendo. O problema era que nossos companheiros de cela tinham esquecido de comprar sal e não estavam gostando do sabor dos ovos.

Estiquei o braço por cima da bacia de plástico, até alcançar o nosso pacote de sal, embaixo do beliche. Perguntei a Ammar, Adnan e Walid se concordavam em dar um pouco ao outro grupo. Todos responderam sem palavras, com a boca cheia de comida, apenas meneando a cabeça em sinal de positivo. Dei três passos até parar diante do sujeito, oferecendo-lhe o pacote de sal. Ele me encarou com desconfiança, apertando os olhos, como se não esperasse por aquele tipo de atitude. Disse-me algo em árabe. Antes mesmo que eu respondesse, um homem do seu grupo falou uma frase cujas últimas palavras foram *"sahafi brazili"*. O baixinho pegou o pacote e derramou um punhado de sal num pedaço de papel.

– *Shukran* – ele disse.

– *Afuan* – respondi, levando o sujeito a estranhar o fato de eu conhecer um pouco do seu idioma. – *Sho ismak?* – prossegui.

Ele olhou para seus companheiros de grupo e, em seguida, na direção dos meus amigos. Falou algo em tom de irritação. Todos os outros riram.

– Ele está achando que você é daqui e que nós falamos que você é jornalista brasileiro só para impressioná-lo – explicou Ammar.

– Diz para ele que eu só sei falar algumas palavras em árabe.

Após a explicação de Ammar, o baixinho deixou escapar um sorriso, mas continuava com a expressão de desconfiança. Antes de pegar o pacote de sal das mãos dele, repeti a pergunta:

– *Sho ismak?*

– Adeel.

– Klester – falei, apontando para o meu peito.

– *Sahafi?*

– *No*. Klester. My name.

– *Sahafi* – ele repetiu, com firmeza, fazendo-me entender que não estava disposto a se dar ao trabalho de aprender o meu nome.

Na primeira oportunidade que eu tivesse, iria tentar conversar com Adeel. Queria saber por que saqueava casas e lojas abandonadas em Homs. Seria ele um mero aproveitador da desgraça alheia ou mais uma vítima da guerra? Na verdade, porém, eu adoraria não ter outra oportunidade para conhecer a história de Adeel. Desejava sair daquele inferno antes. Passava um pouco das 9 horas, e, por mais que quisesse me enganar, ainda tinha esperança de ser libertado naquela quinta-feira 24 de maio. Era o último dia de validade do meu visto sírio. A partir da meia-noite, eu passaria a estar no país ilegalmente. Se com o visto eu fui preso, torturado e jogado numa penitenciária, sem ele a minha situação poderia se complicar ainda mais.

Voltei para perto da bacia de plástico para continuar comendo. Estava catando um pouco de ovo, quando Adnan deu um salto e escalou o beliche que ficava encostado à parede da janela. Walid fez o mesmo, seguido por Ammar.

– O que está acontecendo? – perguntei a Ammar, que respondeu sem olhar para trás, apenas gesticulando com a mão direita, me chamando.

Por entre as grades, meus amigos viam a chegada de dois caminhões do Exército Sírio. Com capacetes, escudos, cassetetes e fuzis, os soldados desciam da carroceria aos pulos. Adnan havia contado 45 homens saindo dos veículos. A gritaria que ainda tomava conta do pátio não deveria demorar muito para acabar. Dois minutos após o desembarque da tropa, a agitação ficou ainda maior. E os brados de *"Allah Akbar"*, mais altos e contínuos. Ouvimos alguns tiros. Os gritos cresceram, formando uma onda sonora compacta e assustadora. Mais disparos. Explosões. Segundo Walid, de granadas. E fez-se silêncio. Um silêncio grave, pesado. Todos estávamos calados, sob o efeito da tensão do pátio que invadira nossa cela. De cima do beliche, vimos os militares voltando para os caminhões.

Eram acompanhados por seis detentos, acorrentados uns aos outros. Outros dois homens eram carregados pelos soldados, que os seguravam pelos braços e pernas. Estavam inconscientes. Não era possível afirmar se haviam sido mortos no confronto dentro da penitenciária ou se apenas tinham desmaiado. O fato é que, depois da ação da tropa de Bashar al-Assad, a quietude no prédio dos detentos perigosos era plena.

Aproveitei a calmaria para voltar a deitar na minha estopa. Fiquei calado, quieto, fingindo dormir. Lutava contra mim mesmo, numa vã tentativa de ocupar minha mente com outro pensamento que não fosse o de que meu visto sírio estava prestes a expirar. Decidi que passaria o resto do dia ali, deitado, sem fazer nada. Sem falar com ninguém. Sem comer aquela ração. Se o Governo da Síria não me libertasse antes de o meu visto perder a validade, eu passaria por um sofrimento ainda maior. Precisava preparar o meu corpo e a minha mente para o que estava por vir. E eu acreditava que seriam dias de dor e angústia maiores do que nunca. Dez ou 15 minutos depois, ainda com os olhos fechados, ouvi Ammar gritar o nome do oficial da prisão, Abu Kusai. Em seguida, a porta de ferro da nossa jaula foi aberta. Voltou a ser trancada logo após a saída do meu amigo. Fechei os olhos novamente e tentei dormir. Queria me desligar daquele mundo miserável. Mas minha cabeça estava perturbada demais. Peguei o meu bloco e comecei a escrever. Que razão levaria o Governo Sírio a me manter preso até o meu visto expirar? Para mim, só poderia ter uma explicação: eu seria executado. Eles iriam me assassinar, jogar meu corpo numa das ruas devastadas de Homs e declarar que eu havia sido morto por estar ilegalmente no país. Nada nem ninguém me convenceria do contrário. A paranoia voltara ainda mais forte. Minhas horas já estavam contadas. Eu apenas não sabia quanto tempo ainda teria de vida. Mas esperava que fosse pouco. Só queria que aquele inferno acabasse.

Ainda escrevia, quando Ammar retornou. Estava cabisbaixo, com uma expressão triste nos olhos. Perguntei-lhe o que havia acontecido, mas ele nada falou. Apenas pegou sua toalha e trancou-se no banheiro. O barulho da água da torneira enchendo o balde era entrecortado por um som que me parecia ser de choro. Meu amigo, que costumava gastar cinco minutos no banho, passou quase meia hora no banheiro. Saiu com os olhos muito vermelhos e os cabelos ainda molhados. Pendurou a toalha num fio de náilon que servia de varal para os presos e deitou-se na estopa. Depois de muita insistência da minha parte, ele externou o motivo da sua tristeza.

Como fazia toda quinta-feira após o café da manhã, Ammar deveria ter telefonado para sua mulher. Naquele dia, no entanto, sua ligação não tinha sido autorizada. Ninguém explicou-lhe a razão da proibição. A meu ver, só poderia haver um motivo. E ele concordava comigo. A direção da penitenciária deveria estar com receio de que o meu amigo usasse a conversa com a esposa para enviar alguma mensagem com a intenção de me ajudar. Nós não tínhamos pensado nisso. Mas a ideia me pareceu interessante.

Com ou sem mensagem, o fato é que Ammar estava arrasado por não poder falar com a mulher. Ele passava a semana toda à espera da quinta-feira, só para ter o prazer de ouvir a voz de Fatin. Falar com ela dava-lhe forças e esperança de que tudo acabaria bem. Mas não havia o que fazer. Teria de esperar mais uma semana para matar a saudade de conversar com a esposa. De qualquer maneira, por mais que me solidarizasse com a tristeza do meu amigo, a minha situação era muito mais complicada do que a dele. Já eram quase 13 horas, o que significava que faltavam apenas 11 horas para o meu visto sírio expirar. E Ammar, mesmo muito triste e com os olhos vermelhos de tanto chorar, ainda conseguia se preocupar comigo. Ele sabia da situação do meu visto e do meu enorme desejo de ir embora dali o quanto antes.

– Meu amigo, sendo otimista, você vai embora no sábado – ele me disse.

– Só no sábado? Por que não amanhã?

– Porque amanhã é sexta-feira, o nosso dia santo. Ninguém trabalha na Síria.

– Ou seja, ninguém vai fazer nada para me soltar amanhã.

– Exatamente. Eles até trazem alguns presos para cá às sextas-feiras. Mas não libertam ninguém. Desde que estou aqui, nunca vi nenhum detento ser libertado numa sexta-feira.

– Quer dizer que, sendo muito otimista, eu ainda vou ficar mais dois dias trancado aqui?

– Mais ou menos. Sinto muito.

Eu não conseguia mais suportar aquilo. Já havia perdido a minha passagem de Beirute para São Paulo. Agora, meu visto sírio tinha apenas poucas horas de validade. Sem a passagem e sem o visto, não conseguia ver nenhuma chance de que toda aquela agonia acabasse de outra maneira que não fosse com a minha morte. Por que eles não me matavam logo? Para que me deixar enjaulado naquele buraco, vivendo uma vida que não era minha, se a decisão de me executar já tinha sido tomada? Um tiro na cabeça, à queima-roupa, era o que eu mais desejava naquele momento. Ele me traria, enfim, paz e sossego. Só pedia a Deus para consolar e confortar as pessoas que me amam.

– Queria muito que alguém da minha confiança soubesse que estou aqui – falei para Ammar.

– Acho que posso ajudá-lo nisso.

– Não podemos mais arriscar. Se tentarmos e der errado de novo, eu serei mandado para o prédio dos presos perigosos.

– Eu tive outra ideia.

– Que ideia?

Ammar fez sinal com a mão para que eu esperasse e deu um salto da estopa em direção à porta. Chamou pelo oficial e saiu da cela outra vez. Retornou 15 minutos depois, dizendo que ia me levar para conversar com um conhecido dele, que estava na cela vizinha à nossa. Ele falava do preso solitário, que eu vira dois dias antes. Eu quis saber algo a respeito do sujeito, mas Ammar disse que não podia me falar nada, nem o nome dele. Se o próprio indivíduo quisesse, ele me contaria sua história. Aquilo me deixou ainda mais intrigado a respeito do morador da cela ao lado.

Às 13h40, Adnan havia acabado de estalar seis ovos na frigideira para preparar o nosso almoço, quando o oficial Abu Kusai abriu a porta de ferro. "Ammar, *sahafi*!", ele gritou, gesticulando para que nós saíssemos. Demos cinco passos e paramos diante da cela vizinha. O oficial abriu a porta e mandou que entrássemos. Fomos recebidos por um homem alto – cerca de 1,80 metro – e magro, cujos dentes amarelados nos sorriram com simpatia. Vestia uma galabia branca e usava a barba longa e cheia, uns três dedos abaixo do queixo.

– *Salam Aleikum* – ele disse.

– *Aleikum as-Salam* – respondemos, ao mesmo tempo.

– Então, você é o jornalista brasileiro? – perguntou-me num inglês carregado de sotaque árabe e estendendo a mão para me cumprimentar.

– Sim. Sou eu.

– Qual o seu nome?

– Klester. E o seu?

– Hanance.

Ele não estava mais sozinho. Outros dois sujeitos dormiam num dos seis beliches da cela, que era do mesmo tamanho da nossa. Enquanto na nossa jaula éramos 28 infelizes para quatro beliches, eles tinham seis beliches para três indivíduos. Nós bebíamos aquela água detestável da torneira. Hanance tinha duas dúzias de garrafas pet, de 1,5 litro cada, empilhadas no canto da cela, na embalagem de plástico ainda lacrada. Fiquei feliz por saber que iria tomar um pouco de água mineral. A televisão estava ligada, sintonizada num canal de música que exibia um vídeo da cantora Beyoncé. Apesar da quantidade de camas vazias, sentamos no chão sobre um tapete com a figura de um tigre bordada no centro. Hanance prosseguiu, dizendo o que já era óbvio para mim.

— Eu sou um cara influente na Síria. Tenho muitos contatos. Ammar me falou de você, disse que ninguém sabe que você está aqui, e eu fiquei com vontade de ajudá-lo.

— Muito obrigado. Mas por que você quer me ajudar?

— Porque você teve coragem de sair do Brasil e vir para Homs para mostrar tudo de errado que Bashar al-Assad está fazendo com o nosso povo. O seu trabalho é importante para mostrar ao mundo o que está acontecendo na Síria.

— Mas eu vim para Homs apenas para tentar encontrar familiares de uma amiga minha do Brasil. Não estou aqui a trabalho – falei, mantendo a mentira que contara a todos, inclusive a Ammar, desde o momento da minha captura.

— Não sei se alguém acreditou nessa sua história. Eu não acredito.

— Mas é a verdade.

— Tudo bem. Mas isso não me interessa. Aquele sujeito vai embora hoje, no fim da tarde – ele disse, apontando para um homem gordo e careca que dormia na cama de baixo do beliche.

— Ele vai me ajudar?

— Exatamente. Ele trabalha para mim. Dê-me o telefone e o nome das pessoas que precisam saber que você está preso, e hoje mesmo ele vai ligar para elas e informá-las da sua situação.

Eu não sabia se podia confiar em Hanance. Além disso, sempre haveria o risco de o oficial da prisão apreender a mensagem de socorro novamente, o que significaria minha ida para o prédio dos detentos considerados perigosos. Por outro lado, eu não estava em condições de ser sensato. Tinha de aproveitar aquela oportunidade. Não sabia quando teria outra chance de enviar uma mensagem a Bruno Carrilho, na Embaixada do Brasil em Damasco, e ao meu irmão, em São Paulo. Escrevi os nomes e os números de telefone deles num pedaço de papel e entreguei a Hanance. O mensageiro só precisaria dizer que eu estava detido na Penitenciária Central de Homs. Ele dobrou o papel e colocou-o no bolso.

— Você sabe por que foi preso? – perguntou-me.

— Não. Ninguém nunca me disse. E você? Por que está preso?

Ele olhou para Ammar, como se minha pergunta o incomodasse. Meu amigo, que até então ficara calado, falou algo em árabe, com um leve sorriso. Hanance também sorriu. E começou a me contar como chegara até ali. Em alguns momentos, seu forte sotaque dificultou o entendimento da narrativa. Eu só conseguia compreender certas palavras graças ao contexto. *Trouble*, por exemplo, soava *trebili*. *Weapon* era pronunciada como *veban*. Mas o que realmente importava era que ele decidira confiar em mim. Hanance Badr tinha 34 anos e atuava no comércio clandestino de armas. Segundo ele, em todo o Oriente Médio. Antes da guerra, ganhava muito dinheiro com o negócio.

– Quanto mais ou menos? – perguntei.

– Uns 10 milhões de dólares por ano – ele respondeu, com tranquilidade, sem parecer que queria se gabar.

Naqueles dias de conflito, porém, empregava seus conhecimentos no ramo para organizar a logística para garantir a entrada de armas enviadas por países que apoiavam a oposição a Bashar al-Assad, principalmente Arábia Saudita, Líbia e Qatar. Afirmava ser muito bem pago por isso: 100 mil dólares por mês. Usava parte desse dinheiro para pagar a quem precisava para ter os privilégios dos quais gozava na penitenciária. Escolher seus companheiros de cela era um deles. Mesmo na prisão, onde estava havia quatro meses, conseguia comandar seu negócio sem problemas. Havia sido preso dentro do próprio carro, no centro de Homs, no momento em que falava ao celular com seu fornecedor líbio.

Ainda conversávamos, quando o oficial abriu a porta da cela. Trazia duas travessas de papelão, com arroz marroquino e um galeto em cada. Aquele seria o nosso almoço. Pela primeira vez em seis dias, eu iria comer algo que não fosse ovo e pão sírio. Tínhamos até o luxo extremo de usar talheres. De plástico. Foi uma das melhores refeições da minha vida. O arroz estava bem temperado, um pouco picante, e soltinho. O galeto, macio, ainda estava quente. Como Ammar me explicaria mais tarde, Hanance comprava sua comida no mesmo local que fornecia a alimentação dos oficiais da prisão. Fazer aquela refeição, acompanhada de uma deliciosa água mineral, fez-me muito bem. Só seria melhor se meus amigos de cela estivessem conosco.

Depois do almoço, conversamos sobre amenidades. Ele queria saber como era viver num país democrático, na terra do samba e do futebol. Sabia que o Brasil tinha uma grande comunidade muçulmana e disse que iria ao país em 2014, para ver a Copa do Mundo. Para retribuir a simpatia, falei que seria um prazer encontrá-lo no meu país. "Ótimo. Anote seu telefone aqui", ele emendou, dando-me outro pedaço de papel. Coloquei o número do meu celular no papel, na esperança de que Hanance nunca me ligasse. Por mais importante que sua ajuda fosse para mim naquele momento, ele não era exatamente o tipo de sujeito que eu queria como amigo.

Eu e Ammar voltamos para nossa cela após nos despedirmos de Hanance com abraços calorosos. Ao entrarmos, Ammar me abraçou e disse ter certeza de que o plano do nosso vizinho daria certo e tudo se resolveria para mim. Eu não queria dar espaço ao otimismo. Preferia acreditar que tudo daria errado a esperar que algo de bom me acontecesse e sofrer outra decepção. A briga dentro da minha cabeça era acirrada. Na verdade, qualquer fagulha de esperança já me fazia imaginar saindo daquele buraco. Se o mensageiro de Hanance realmente saísse da prisão no fim daquela tarde e conseguisse falar com Bruno ou com o meu irmão, meus dias de inferno poderiam estar perto do fim. Mas continuava tentando enganar meu cérebro, fazendo-me acreditar que não dava a mínima se ficasse preso por mais um dia, um mês ou um ano. A loucura estava me dominando. Ao menos, eu tinha consciência disso. Deitei na minha estopa, fechei os olhos e tentei descansar a alma. Lembrei-me de uma frase da música que eu havia cantado para os meus irmãos de cárcere: "Eu finjo ter paciência".

12 Fora da prisão

Alguns tiros marcaram a tarde daquela quinta-feira 24 de maio. Nenhuma explosão foi ouvida. O som que tomava nossa cela era um gemido sofrido e contínuo que saía da boca de Walid. Ele estava pelando de febre. Dizia sentir uma dor de cabeça insuportável e dores por todo o corpo. A barriga também incomodava. Ammar esmurrou a porta de ferro e gritou o nome de Abu Kusai. Um minuto depois, o oficial já estava sentado ao lado do nosso amigo, com a mão em sua testa. Falou algo em árabe e voltou para sua sala, deixando a porta da cela aberta.

Aproveitei para sair e caminhar um pouco pelo corredor. Qualquer arremedo de liberdade, por mais ridículo e deprimente que fosse, já me deixava um pouco menos triste. Mas até aquilo me fazia mal. Se eu era capaz de sentir algum prazer apenas por poder andar num corredor ladeado por paredes e grades, era sinal de que o meu espírito, assim como o meu corpo, também estava enjaulado. O ranger da grade que separava a sala dos oficiais do corredor interrompeu minhas elucubrações. Menos de dez minutos após ter saído da nossa cela, Abu Kusai já estava de volta. Com ele, um homem vestido de branco, com um estetoscópio pendurado no pescoço e uma maleta de alumínio na mão direita. O oficial tocou no meu ombro e me mandou entrar na jaula.

O enfermeiro, trazido do Hospital Militar, conversou rapidamente com Walid. Tirou uma seringa da maleta e meteu a agulha numa ampola com uma solução amarelada. Falou para Walid deitar de lado, baixou a calça do enfermo e aplicou-lhe a injeção na nádega. "Se você não melhorar até o amanhecer, peça para me chamarem novamente", Ammar traduziu a frase do homem de branco. O atendimento médico na Penitenciária Central de Homs era eficiente e rápido. Ao menos, na ala dos presos não perigosos. Em cerca de 20 minutos, Walid já estava dormindo. Adnan não saía de perto dele, sempre monitorando se a temperatura do amigo tinha voltado ao normal.

Eu assistia a tudo isso sentindo um desânimo pesado e profundo. Já havia perdido a passagem de volta para São Paulo. Meu visto sírio iria expirar em cerca de quatro horas. Ninguém sabia que eu estava enjaulado naquele buraco, morrendo lentamente. Dia após dia. Não conseguia enxergar nem um laivo de esperança de sair dali. Precisava aceitar a realidade: eu fora esquecido pelo resto do mundo. Que outra razão poderia haver para eu ainda estar trancafiado, cinco dias após ser capturado? Minha vontade era de me entregar àquela tristeza solitária e não fazer mais nada. Por mim, ficaria ali, deitado na minha estopa fétida, até o Governo Sírio resolver o que faria comigo.

Mas queria colocar no papel a conversa que acabara de ter com Hanance. Além do mais, escrever sempre me ajudava a passar o tempo. Enquanto anotava tudo no bloco, percebi a luz do Sol perdendo força, levando embora a claridade da nossa cela. Em poucos instantes, a escuridão era total. Sem levantar da sua cama, que ficava a 1 metro da porta, Adnan esticou o braço e apertou o interruptor que acendia uma das lâmpadas. Ammar deu um gole na água e pegou minha mão esquerda para ver as horas: 19h35. Ele se levantou e começou a recitar o Adhan, o cântico que convida os muçulmanos à oração:

– Allah Akbar. Allah Akbar. Ach-hadu an la iláha il-la Allah. Haiyá alas-sala (Deus é grande. Testemunho que não há outra divindade além de Deus. Vinde para a oração.)

Meu corpo queria permanecer deitado. Minha mente, que eu continuasse escrevendo. Mas meu coração me levou a levantar e caminhar até a fila que se formava na porta do banheiro para a ablução, o processo de higiene pessoal que simboliza purificação e que todo muçulmano precisa realizar antes da prece. Mais do que nunca, a fé parecia ser o único caminho pelo qual eu poderia sair daquele inferno. Pela primeira vez, cumpri todo o ritual de limpeza que o Islã recomenda que seja obedecido antes das preces. Usando a água do balde, lavei minhas partes íntimas. Depois, na pia, lavei as mãos, a boca e assoei o nariz. Em seguida, enxaguei o rosto e os antebraços. Após passar a mão molhada na cabeça, limpei os ouvidos e atrás das orelhas. Por fim, lavei a nuca e os pés. Estava apto para fazer a oração do Islã.

Dos 28 homens que éramos dentro da cela naquele momento, 16 não participaram da oração. Dessa vez, o baixinho troncudo uniu-se a nós. Dois sujeitos mais velhos, aparentando entre 50 e 60 anos e usando galabias, me lançaram olhares de julgamento. Eles sabiam que eu não era muçulmano. E não gostavam de ver um ímpio compartilhando um momento tão sublime e importante. Mas eu os entendia. E mesmo que não estivessem muito felizes com a minha presença no momento da prece, não fizeram nada para me impedir. Imaginei como alguns católicos e evangélicos reagiriam se um homem barbudo e vestindo uma galabia entrasse na igreja para participar da missa ou do culto. Logo, estávamos todos prostrados no chão da cela, em sinal de adoração e agradecimento a Deus pelo simples fato de ainda estarmos vivos e, ao menos aparentemente, lúcidos.

Como sempre acontecia após a oração, meus irmãos muçulmanos acenderam seus cigarros tão logo a prece foi encerrada. Apenas eu e Walid, que continuava dormindo, não estávamos fumando. Sob aquela nuvem insalubre, Adnan fritava os ovos para o nosso jantar. Piquei dois tomates e joguei dentro da frigideira. O cheiro do óleo fritando me causou certa náusea. Misturado ao fedor dos cigarros e a um odor estranho que não saía da cela, aquilo sempre deixava o meu estômago embrulhado. Levei a mão direita ao nariz, para não me sentir pior. Adnan despejou nossa ração na bacia de plástico e chamou Ahmed e Faad para o jantar.

Sentia-me péssimo só de olhar para aquela bacia. Até quando eu teria de catar a comida com as mãos, sentindo outras mãos esbarrando nas minhas? Cada naco de pão sírio recheado de ovo que eu colocava na boca fazia com que me sentisse ainda pior. Eu mastigava com tristeza, sem sentir sabor algum. Desisti na terceira porção. Dei um gole na água da torneira, limpei as mãos na perna da calça e deitei na minha estopa. Só voltaria a comer quando meu corpo implorasse por isso. Ammar insistiu para que eu continuasse a refeição, mas permaneci deitado, de bruços, com os braços cruzados acima da cabeça e o rosto escondido. Senti uma vontade enorme de chorar. Mas continuava firme na minha decisão de não derramar lágrima alguma naquele lugar.

Com os olhos fechados e os dentes trincados, segurei o choro, engolindo a saliva. Senti uma mão tocar minha perna e outra envolver meu antebraço. Uma terceira mão tentou levantar minha cabeça, puxando minha testa com carinho. Eram meus amigos. Ammar, Adnan e Walid, percebendo minha angústia, tentavam me animar. Não conseguiram. Nem a brincadeira de Adnan, que pegou o cabo de vassoura e fingiu que ia me espancar se eu não sorrisse, adiantou. Mas era comovente sentir a preocupação sincera dos meus irmãos de dor. Para não deixá-los frustrados, sentei-me. Foi o máximo que consegui fazer naquelas circunstâncias.

Sem falar uma palavra em inglês, Walid gesticulava com as mãos para que eu ficasse de pé. Abrindo a própria boca com os dedos e mostrando os dentes, ele pedia para eu me animar um pouco. "Não fique assim, meu amigo. Tudo vai acabar bem", disse-me Ammar. Não fui capaz sequer de responder. Por mais que eu quisesse sair daquele buraco, não conseguia enxergar a menor possibilidade de que isso acontecesse. E agora, sem a passagem aérea de volta para São Paulo e sem o visto sírio, tudo se complicara ainda mais. Falei a Ammar que iria tentar dormir, agradeci o apoio dos meus amigos e voltei a me esticar na estopa.

Como fazia toda noite antes de deitar, passei a mão na bainha da calça para checar se um dos meus cartões de memória continuava lá, onde eu o escondera na noite da minha captura, ainda na delegacia. Ele estava seguro. O outro cartão, camuflado na caixa do fio dental, também. Só não sabia por que estava tão preocupado com isso, se eu iria apodrecer naquele buraco e nunca poderia mostrar os vídeos e as fotos a ninguém. Antes de virar de bruços para tentar dormir, olhei para todos na cela. Ammar, Adnan, Walid e Faad conversavam, em círculo, sentados no chão. Os outros detentos, em grupos de quatro ou cinco, também jogavam conversa fora. Ahmed era o único solitário. Deitado na cama de cima do beliche que ficava perto da janela, ele tinha um cigarro entre os dedos e soprava a fumaça por entre as grades, para a liberdade.

Era tanta tristeza e sono acumulado que adormeci antes das 21h30. Ouvi alguém gritar *"sahafi!"*. O chamado vinha de longe, como se não fosse real. Acreditei estar sonhando. Não estava. Ammar me sacudiu nervosamente. O oficial Abu Kusai estava de pé, na porta da nossa cela. "*Sahafi!*", ele disse, olhando para mim. E continuou: "*You go tomorrow*". Ainda sonolento, não entendi muito bem o que acontecia. Passei as mãos no rosto, apertei os olhos e estendi o braço para Ammar, pedindo que me ajudasse a levantar. Só percebi que não estava sonhando quando fiquei de pé, frente a frente com Kusai.

Quis saber o que tinha ocorrido para que decidissem me libertar numa sexta-feira – quando ninguém trabalha na Síria – e justamente um dia depois de o meu visto ter expirado. Ele falou que não sabia. Apenas tinha recebido ordens para me soltar na manhã seguinte. "*You go tomorrow*", Kusai repetiu, antes de nos trancar novamente e voltar para sua sala. Olhei para o relógio: 22h05 da quinta-feira 24 de maio. Assim que o ferrolho da porta foi arrastado, um brado de júbilo encheu a cela. Não eram apenas meus amigos que estavam celebrando. Outros presos, com os quais eu nunca trocara uma palavra, também comemoraram, gritando e batendo palmas. O anúncio da minha libertação era um alento para eles. Um sinal de que todos sairiam dali um dia. Cedo ou tarde.

Adnan, eufórico como sempre, foi o primeiro a me abraçar. Ammar, o segundo. Apertou-me contra seu peito, deu um beijo na minha face esquerda e disse: "Eu falei que Alá estava com você". Aos poucos, meus companheiros de cela formaram uma fila. Walid, Ahmed, Faad. Todos queriam me cumprimentar. Apenas cinco ou seis sujeitos permaneceram deitados em suas estopas. Até Adeel, o baixinho troncudo e mal-encarado, mostrou solidariedade. Parou diante de mim, com o rosto na altura do meu peito, e estendeu o braço. Fez questão de mostrar sua força física ao esmagar minha mão durante o cumprimento. Encarou-me nos olhos, esticando o pescoço para cima, e disse algo em árabe. Não entendi nada. Mas seu tom de voz era de conforto. Ammar traduziu: "Ele falou que você é um homem de coração puro. Não merecia estar aqui dentro".

Meus companheiros estavam felizes, sorridentes. Comentavam uns com os outros sobre a minha saída. O único que não conseguia se alegrar com aquela notícia era eu. A paranoia havia voltado com ímpeto. E não era sem razão. Não tinha mais a passagem de volta para o Brasil e meu visto sírio acabara de expirar. O que poderia explicar a decisão de o governo da Síria me libertar justamente um dia após o meu visto perder a validade? Para mim, a resposta era óbvia. Eu seria executado tão logo saísse da prisão. Eles não teriam grandes problemas para isso. Bastava me soltar no meio da rua, em Homs, e meter uma bala na minha cabeça. Depois, o governo só precisaria declarar que havia me parado num posto militar e eu, por não ter o visto, tentara fugir.

Outra alternativa, ainda mais simples para as forças de Bashar al-Assad, seria jogar meu corpo no centro da cidade e divulgar que eu fora assassinado pelos rebeldes. O que o mundo e o Brasil iriam fazer se isso de fato acontecesse? Nada. Outros jornalistas estrangeiros já haviam morrido na Síria durante a guerra – entre eles, uma americana e dois franceses –, e ninguém tomou atitude alguma. Eu seria apenas mais um infeliz a perder a vida naquele fim de mundo. Apenas mais um cadáver para alimentar os vermes de Homs. Apenas mais um.

Meus amigos perceberam minha angústia. Pensavam que eu não havia entendido a mensagem de Abu Kusai. Ammar, Adnan, Walid, Ahmed e Faad sentaram à minha volta querendo saber por que eu não estava feliz. Compartilhei meus pensamentos e receios com Ammar, que traduziu minhas palavras ao grupo. Para aumentar ainda mais meus temores, todos concordaram com minhas suspeitas. Exceto Ammar. Ele continuava confiante de que Alá me tiraria daquele inferno e de que nenhum mal me aconteceria dali em diante. Eu, infelizmente, não tinha tanta certeza disso.

Agradeci o apoio dos meus companheiros e disse que tentaria voltar a dormir. Queria adormecer e só acordar na hora de morrer. Mais uma vez, eu tinha certeza de que meus dias de vida estavam perto do fim. E não havia nada que eu pudesse fazer, a não ser aceitar a morte, como fizera na escadaria escura, sob a mira do fuzil do rapaz de agasalho Adidas, no dia em que fui capturado. Já deitado, vi Ammar caminhar até a porta e chamar Abu Kusai, que logo abriu a portinhola. Meu amigo entregou algo ao oficial e voltou a sentar na sua estopa, ao lado da minha. Cerca de dez minutos depois, Abu abriu a portinhola novamente e entregou um saco de papel e uma garrafa a Ammar. Na tentativa de me animar e para celebrar a minha libertação, meu amigo havia comprado três sanduíches de carne e verduras picadas e uma garrafa do refrigerante Fontana, com a logomarca grafada em inglês e em árabe. O sabor não era dos melhores. Lembrava uma mistura de Coca-Cola com Fanta Uva. "Como você não gosta de chá quente, pedi esse refrigerante gelado", ele disse. Fez-me um bem enorme tomar aquela bebida gelada e doce. Há muito tempo eu estava precisando de um pouco de glicose.

O sanduíche era gostoso. O pão sírio estava fresco, e a carne, ainda quente. Nada que se comparasse ao almoço cinco estrelas na cela de Hanance, o traficante de armas. Ammar partiu os três sanduíches ao meio, ficando um pedaço para cada um de nós: eu, ele, Adnan, Walid, Ahmed e Faad. Foi o melhor jantar que tivemos desde que eu entrara na prisão. Mas nada conseguia melhorar o meu humor. Continuava convicto de que seria assassinado tão logo colocasse os pés fora da penitenciária. Ou até mesmo antes.

Adnan fez todo tipo de palhaçada de que era capaz. Cantou, dançou, rebolou como se fosse uma mulher. Tudo para me animar. Nada adiantou. Só conseguiu arrancar um sorriso meu quando começou a cantar a música "Thriller", de Michael Jackson. Sua dança desajeitada só não era mais divertida do que as palavras que ele inventava em inglês. Comovia-me ver aquele rapaz, de 24 anos, que fora jogado na prisão pelo próprio pai, se esforçar tanto só para me dar um pouco de alegria. Já não sabia se queria ir embora ou se preferia ficar ali, entre meus irmãos de cárcere. Ao menos, entre eles eu me sentia seguro. Além do mais, estava me habituando com a vida de presidiário. Os tiros e as explosões vindos da rua já não incomodavam tanto. Faziam parte dos nossos dias. Principalmente, das nossas noites.

Naquele momento, abocanhávamos nossos sanduíches ouvindo a guerra que não parava de açoitar o solo e o povo de Homs. Como sempre acontecia, após as 22 horas a situação se agravava. Clarões riscavam o céu escuro, denunciando o uso de foguetes por algum dos lados do combate. Impossível saber qual, já que tanto o Exército Sírio quanto as forças rebeldes possuem esse tipo de armamento. Eu parecia ser o único morador da cela que ainda se preocupava com o que acontecia fora dela. O mundo estava se acabando, homens, mulheres e crianças morrendo, e meus companheiros conversando, fumando ou vestindo os agasalhos Adidas que Walid, já curado da febre, tentava vender. Adnan aproveitava o momento de compras para oferecer seus anéis e chaveiros. Diferentemente de Walid, que, mais uma vez, não vendeu peça alguma, ele convenceu quatro homens a comprar suas mercadorias. Mesmo no inferno, a vida não para. As pessoas dormem, acordam, comem, compram, vendem, discutem, sorriem, choram, cantam, dançam, oram. Amam.

Já era madrugada, mas a ansiedade não me deixava dormir. Estava nervoso demais para relaxar. À 1 hora da manhã, Ammar e Ahmed já tinham adormecido. Walid, depois de passar a tarde agonizando, estava disposto. Ele, Adnan e Faad conversavam e fumavam. Os presos das outras células, cada uma com quatro ou cinco integrantes, também não paravam de falar. E de fumar. Os disparos e as explosões não cessavam. Mas eu era o único que parecia ouvi-los. Aos poucos, a madrugada acalmou a violência das ruas e trouxe sossego à nossa cela.

Por volta das 2h30, todos dormiam, exceto eu, Adnan e Faad, que continuava quieto e assustado. Eles estavam sentados na estopa na qual Faad dormia. Eu andava pela cela, de um lado para o outro, desorientado, tenso. O que me aconteceria ao amanhecer? Parei de pé, no centro daquele espaço que me servira de lar nos últimos cinco dias, coloquei as mãos nos bolsos da calça e olhei ao meu redor. Não havia espaço para mais ninguém. Todos os beliches e estopas estavam ocupados. A nuvem de fumaça dos cigarros ainda pairava sobre nossas cabeças. Na pia, panelas e copos sujos se equilibravam dentro da bacia azul.

Ammar dormia tranquilo, sob uma coberta e com a máscara que eu lhe havia dado. Não conseguia me imaginar dormindo tão placidamente na prisão. Mas considerando que eu realmente iria embora naquela sexta-feira 25 de maio, minha preocupação era apenas uma: o que me aconteceria ao amanhecer? Essa pergunta ficava remoendo na minha cabeça. Com seu jeito sempre sereno, Faad levantou-se, deu dois passos e parou diante de mim. "*Congratulations, my friend. You go home*", ele disse, me abraçando, e foi deitar na sua estopa.

Continuei de pé, no centro da cela. Adnan apanhou seu saco de anéis, jogou-o no chão e pegou uma das peças. Era um anel dourado, com inscrições em árabe. Ele tentou colocá-lo no meu dedo anular direito, mas era pequeno demais. Voltou a meter a mão no saco e tirou outro, também dourado, com uma imitação de pérola cravada na superfície. Ficou muito folgado. Falei que não queria anel nenhum, mas Adnan insistiu. Em sua terceira tentativa, retirou do saco plástico um anel cor de prata, com desenhos em baixo-relevo e uma pedra negra, em formato de elipse. Era o menos feio dos três. E coube no meu dedo. "Ônix", ele disse, apontando para a pedra. Fiquei constrangido em dizer que não queria o anel. Adnan tinha sido tão gentil que decidi comprar a peça.

– *How much*? – perguntei, esfregando o dedo indicador direito no polegar.

– *No* – ele respondeu, balançando a cabeça e os braços nervosamente, em sinal de negativo.

– *Money. How much*? – repeti, imaginando que Adnan não havia entendido que eu queria pagar pelo anel.

– *No. For you. For you remember me Brazili.* – disse, batendo com a palma da mão no meu peito.

– *Shukran, sadik* – agradeci ao meu amigo.

Ele abraçou-me e falou algo em árabe. Faad assistia àquela cena deitado na estopa e com os olhos marejados. Parecia comovido com o que acabara de ver. Olhei para ele e, antes mesmo que eu perguntasse o que Adnan tinha falado, o rapaz de olhar triste traduziu: "Ele disse que este anel é para você lembrar sempre da amizade que nasceu na prisão". Adnan estava agachado, vendo mais alguns anéis no saco. Levantei-o pelos braços e voltei a abraçá-lo, apoiando a palma da minha mão em sua cabeça careca.

Pedi para Faad dizer-lhe que eu jamais tiraria aquele anel do dedo e que nunca me esqueceria dos irmãos que havia ganhado em Homs. Adnan beijou minha face esquerda e curvou a cabeça para baixo, em sinal de agradecimento. Esse foi outro momento dos meus dias na Síria que me deixou com enorme vontade de chorar. Mais uma vez, consegui me controlar. Continuava firme na minha decisão de não derramar lágrima naquele lugar, mesmo que fossem de alegria e por estar comovido com uma das mais puras e sinceras provas de amizade que já recebera na vida.

Faad já dormia, quando Adnan acendeu mais um cigarro. Eu ainda estava de pé. Inquieto, impaciente, temendo pelo pior. Após dar a última tragada, meu amigo acenou, dando boa-noite, e virou-se para o outro lado da sua cama, ficando de costas para mim. Deitei na estopa e tentei dormir. Meu relógio marcava 2h55. Mantive os olhos fechados o máximo de tempo que consegui, na esperança de adormecer e só acordar na hora de ser retirado da prisão. Não dei um cochilo sequer. Às 3h40, já estava de pé novamente, como um zumbi, caminhando por entre todos aqueles mortos-vivos.

Os minutos se arrastavam. Eu não estava acostumado com toda aquela quietude pairando sobre Homs. Com todo aquele silêncio. Ouvia apenas a minha respiração. Àquela hora da manhã, os tiros e as explosões haviam, finalmente, cessado. Aliadas, a calmaria e a temperatura amena – em torno dos 15 graus – proporcionavam as circunstâncias perfeitas para uma boa noite de sono. Voltei a deitar, mas não consegui dormir. Fiquei olhando para o teto, a imaginar que aquela poderia ser a última noite da minha vida.

Quando as primeiras luzes do dia começaram a banhar a nossa cela com seus raios ainda tímidos e amarelados, ouvi a porta do banheiro arranhando o chão ao ser aberta. Era um dos homens que dormiam no beliche no canto da cela. Aos poucos, meus companheiros de cárcere começariam a acordar. E eu não queria falar com ninguém. Virei de bruços e decidi que fingiria estar dormindo até o momento em que o oficial chamasse o meu nome para que eu fosse embora. Sair daquele buraco, para ser libertado ou executado, seria um alívio. Nas duas possibilidades, eu ao menos estaria livre do cativeiro. Com ou sem vida. Mas livre.

Quanto mais iluminada ficava a cela, maior era a minha ansiedade. Meus amigos ainda dormiam. Apenas seis dos outros detentos já haviam acordado quando ouvi o ferrolho da nossa porta ranger. Não consegui disfarçar. Sentei na estopa e esperei que Abu Kusai me chamasse, anunciando a minha libertação. "*Sahafi*", ele disse, olhando para mim e gesticulando com a mão direita para que eu saísse. Eram 7h45 da manhã da sexta-feira 25 de maio. Levantei-me apressadamente, peguei meu tênis e minha mochila embaixo de uma das camas e larguei-os no chão, aos pés do oficial. Fui até a pia, lavei o rosto e passei as mãos molhadas no cabelo imundo.

Calcei os sapatos, pendurei a mochila no ombro e olhei para os meus amigos. Ammar, Adnan, Walid, Ahmed e Faad ainda dormiam. Desejava profundamente me despedir deles, especialmente de Ammar. Mas não iria acordá-los. O máximo que me permiti fazer foi ajoelhar aos pés de Ammar e segurar sua panturrilha, na esperança de que ele despertasse. Não adiantou. Diferentemente do momento em que entrei na prisão, eu sairia dela sozinho, sob um silêncio triste e pesado.

Estava prestes a deixar a cela quando senti alguém segurar minha mão direita. Imaginei que fosse Ammar. Era Adeel, o baixinho troncudo. Por meio de gestos, ele perguntou se eu queria que ele acordasse Ammar. Respondi meneando a cabeça em sinal de positivo. Adeel sentou-se na estopa que tinha sido minha cama nas últimas cinco noites e sacudiu os ombros do meu amigo, que abriu os olhos, assustado. O sujeito atarracado falou algo em árabe e apontou para mim. Ammar levantou-se num pulo e caminhou até a porta. Deu-me um forte abraço e três beijos no rosto, num tradicional cumprimento árabe utilizado por irmãos ou grandes amigos.

– Muito obrigado por tudo, meu amigo. Serei eternamente grato a você – eu disse.

– Não precisa agradecer por nada. Você é meu irmão – ele respondeu.

– Obrigado. Você é meu irmão também. Por favor, agradeça a Adnan e a Walid por mim.

– Farei isso. E nunca perca sua fé. Nunca. Alá está com você.

– Eu sei. Obrigado – falei, com o oficial já me puxando para fora da cela.

– *Salam Aleikum, sadik.*

– *Aleikum as-Salam,* meu irmão.

Enquanto Ammar dava-me um último abraço, Adeel aproximou-se e segurou meu antebraço direito. Abriu minha mão e colocou seu punho fechado sobre ela. Ao abrir a mão, ele soltou uma *masbaha*, o terço islâmico. A peça era toda preta, com 99 contas, uma para cada atributo que o Islã usa para referir-se a Deus, como todo-poderoso, magnânimo, generoso, consolador. "*Salam Aleikum*", ele disse, apertando minha mão, dessa vez, sem esmagá-la. Respondi sem palavras, apenas fechando os olhos e abaixando a cabeça em sinal de agradecimento.

Pela primeira vez, vi como era trancar aquela porta de ferro pelo lado de fora. O oficial Abu Kusai empurrava o ferrolho usando apenas uma das mãos, sem precisar olhar. Com a mesma mão, fechava o cadeado, pressionando a parte superior com o dedo indicador e empurrando a inferior com o polegar. Ao ouvir o clique, sabia que a jaula estava devidamente lacrada. Para ele, tratava-se de algo corriqueiro, como fechar a porta de casa toda manhã ao sair para o trabalho. A mim, significava abandonar meus amigos trancafiados naquele buraco malcheiroso.

Quando Abu abriu a grade que separava sua sala do corredor, ouvi alguém me chamando: "*Sahafi!*". A voz vinha da cela vizinha à nossa. Era Hanance, o comerciante de armas. Com a autorização do oficial, caminhei até a porta da sua cela particular.

– Soube que você está indo embora – ele disse, pela portinhola aberta.

– É verdade.

– Estou feliz por você.

– Obrigado.

– Você ainda quer que eu faça a sua mensagem chegar às pessoas cujos nomes me passou?

– Quero, sim, Hanance. Por favor. Não estou muito otimista com essa minha libertação.

– Por quê?

– Meu visto expirou ontem. Não vejo muito sentido em o Governo Sírio decidir me soltar justamente hoje. Acho que eles podem querer me matar.

– Eu acho que eles não fariam isso com um jornalista brasileiro que entrou no país com a autorização do governo. Mas eles já mataram outros jornalistas em Homs. Seu receio tem fundamento.

– Eu sei.

– Ok. Sua mensagem será entregue.

– Obrigado.

– *Salam*.

– *Salam*.

Já na sala do oficial, uma situação pela qual eu passara na delegacia, no dia em que fui preso, se repetiu. E minhas lembranças daquele momento não eram das melhores. Abu Kusai ordenou que eu assinasse um documento escrito em árabe. Era apenas uma página, em papel timbrado e com o selo da República Árabe da Síria: uma águia dourada com um escudo no peito, nas cores vermelha, branca e preta. Recusei-me a assinar. Expliquei-lhe que não poderia concordar com um documento cujo conteúdo eu ignorava. Ele disse que o papel informava apenas que eu estava deixando a Penitenciária Central de Homs, na manhã da sexta-feira 25 de maio, em perfeito estado de saúde. Mas que entendia a minha posição e que me autorizava a consultar Ammar ou Hanance a respeito do documento.

Eu não queria acordar meu amigo novamente. Abu abriu a grade da sala e fui à porta da cela de Hanance, acompanhado pelo oficial. Segurei o papel diante da portinhola para que o comerciante de armas lesse seu conteúdo para mim. Só havia um problema. O texto dizia que eu estava saindo da prisão com todos os meus pertences, o que não era verdade. Meu celular, minha máquina fotográfica, minha filmadora e meu passaporte não estavam comigo. Fiz essa reclamação a Abu. Ele garantiu que eu receberia meu passaporte em outra sala, antes de sair da penitenciária, e que meus equipamentos seriam entregues a mim em Damasco. Eu tinha duas opções: assinar e ir embora ou não assinar e continuar naquele inferno. Fiquei com a primeira alternativa.

Após colocar minha assinatura no documento, subi os onze degraus da escadaria que ia da sala dos oficiais à entrada principal do nosso prédio. Abu Kusai seguia-me a dois passos de distância. O Sol brilhava forte, fazendo-me apertar os olhos, abaixar a cabeça e colocar a mão na testa, implorando por uma sombra. Havia cinco dias a luz solar não incidia diretamente na minha retina. Era saboroso sentir aquele incômodo. Mesmo que eu estivesse sendo levado para o matadouro, seria menos triste morrer num dia lindo, quente e de céu azul como aquele. Continuava acreditando que minha vida estava prestes a acabar.

Antes, porém, eu passaria por uma das maiores emoções que já sentira. Caminhando pelo calçamento de pedra do presídio, já fora do prédio no qual ficava nossa ala, escutei meu nome ser chamado. Olhei para trás, mas não vi ninguém, a não ser Abu, que continuava me seguindo de perto. Voltei a andar, achando que estava ouvindo coisas. Gritaram meu nome novamente. Virei a cabeça na direção da voz. Nada. O próprio oficial me mostrou de onde vinham os chamados. Da mesma janela pela qual os presos, de cima do beliche, observavam a chegada do caminhão trazendo os novos hóspedes, Ammar, Adnan e Walid me viam ir embora.

Do lado de fora, só era possível notar suas cabeças, espremidas entre as grades de ferro. Meus três amigos sorriam efusivamente. Uma felicidade plena, sincera. Eles continuariam naquela vida miserável, sem liberdade e comendo ovo mexido na bacia de plástico. Mas conseguiam se alegrar por mim. Perguntei a Abu se podia caminhar até a janela para me despedir deles. Com a autorização do oficial, tentei correr, mas minhas pernas tinham passado tempo demais paradas. Senti uma dor aguda na coxa e segui caminhando. Ajoelhei no chão e agradeci a Ammar, a Adnan e a Walid por tudo o que haviam feito por mim. Pelo carinho, pelo respeito, pela proteção, por terem me acolhido. E, principalmente, por terem permitido que eu, um cristão, participasse da oração do Islã ao lado deles. Ammar colocou a mão direita para fora, por entre as grades.

– Adeus, meu irmão – ele disse.

– Adeus, meu irmão. Que Deus o abençoe.

– Um dia, você vai voltar a Homs e vai ver como nossa cidade é linda e como nosso povo é bom. Você será bem-vindo na minha casa – falou e entregou-me um pedaço de papel com dois números de telefone: o do seu celular e o da sua casa.

– Será um prazer.

Meti a mão na mochila apressadamente e retirei a carteira. Peguei um cartão de visitas e entreguei a Ammar. "Por favor, me ligue quando você sair daqui", eu disse. Quando o cumprimentei pela última vez, ele puxou meu antebraço até minha mão ultrapassar as grades e beijou-a. Fiz o mesmo, puxando sua mão para fora e beijando-a. O oficial me chamou. Adnan e Walid também estenderam suas mãos para fora da cela. Apertei-as com todo o carinho e agradecimento que havia no meu coração naquele momento. Abu Kusai me chamou novamente. Olhei para meus irmãos muçulmanos com tristeza. Queria levá-los comigo. Passara os últimos cinco dias desejando sair daquele buraco. E agora, que estava do lado de fora, não conseguia me alegrar. Doía-me deixá-los ali.

Como que adivinhando meus sentimentos e pensamentos, Ammar disse, carinhosamente: "Vá, meu amigo. Vá. *Salam Aleikum*". Quis responder, mas as palavras não saíam da minha boca. Estava comovido demais para falar. "*Sahafi!*", gritou pela terceira vez o oficial. Levantei-me e caminhei na direção de Abu. A cada cinco passos, eu olhava para trás. Meus amigos continuavam lá, me vendo ir embora. Cerca de 20 metros adiante, chegamos à entrada de outro prédio, ainda na penitenciária. Uma imagem de Bashar al-Assad, de uns 2 metros quadrados, enfeitava a fachada. Na foto, o ditador sírio aparecia sério, de uniforme militar e óculos escuros. Abu me mandou entrar por uma porta de madeira pintada de preto. Antes, no entanto, olhei pela última vez para a janela do buraco que tinha sido meu lar nos últimos dias. Eles ainda estavam lá, em cima do beliche. Meus três amigos. Três irmãos que a guerra da Síria havia me dado. O mais triste e doloroso era não saber se um dia eu iria voltar a vê-los. Tudo indicava que não.

Conduzido pelo oficial, entrei no outro prédio. Nem o jeito educado e gentil de Abu Kusai conseguia arrancar da minha mente a suspeita de que seria executado. O local estava vazio. Todas as lâmpadas, apagadas. Não se ouvia uma voz. Entramos numa sala de uns 10 metros quadrados, onde havia apenas uma mesa, duas cadeiras e um armário de madeira, que o tempo tratara de descascar. O tampo da mesa e os assentos das cadeiras estavam empoeirados, sinal de que havia muito ninguém entrava ali. Abu disse para eu me sentar e me mandou esperar. Preferi ficar de pé, certo de que o próximo rosto que apareceria diante de mim seria o do meu assassino. Voltei a fazer uma oração, apenas pedindo a Deus para guardar e consolar as pessoas que me amam. Àquela altura, morrer já me parecia um alento.

Durante cinco minutos, vasculhei tudo o que pude naquele cubículo, à procura do meu passaporte e dos meus equipamentos. Abri as gavetas da mesa e as portas do armário. Nada havia, além de canetas e folhas de papel, algumas em branco, outras com inscrições em árabe. Quando ouvi os passos pesados de alguém no corredor, fechei rapidamente as gavetas da mesa e sentei numa das cadeiras cobertas de poeira. No mesmo instante, Abu entrou na sala. Estava sozinho.

– O homem que vai trazer seu passaporte ainda não chegou – ele disse, no seu inglês arabizado.

– Será que demora?

– Acredito que não.

– E o que fazemos?

– Nada. Esperamos – ele respondeu, batendo com a mão no assento da outra cadeira e sentando-se.

Aproveitei o momento para conversar com o oficial sobre os meus amigos de cela. Pela maneira sincera como haviam me contado suas histórias, eu acreditava ser tudo verdade. De qualquer forma, queria saber o que Abu diria a esse respeito. Fingi não saber de muitos detalhes sobre os outros detentos e perguntei o que homens que me pareciam tão honestos, como Ammar e Walid, tinham feito de errado para estar enjaulados. Ele, após acender um cigarro, respondeu com naturalidade. Seus relatos confirmaram tudo o que eu ouvira na prisão. Inclusive que Adnan fora deixado na penitenciária pelo próprio pai, a quem Abu Kusai declarava conhecer havia mais de dez anos. Fez apenas um acréscimo à história de Walid. Segundo o oficial, meu amigo taxista, pouco antes de ser preso, tinha dado um tiro que atingiu o braço de um militar do Exército Sírio.

Abu só ficou nervoso quando perguntei sobre Hanance Badr, o preso solitário que me dissera ser comerciante de armas. Sobre esse, falou que não faria comentários. Diante da minha insistência, o oficial pôs o dedo em riste, apontou-o para a minha cara e pontuou: "*No*". Pedi que me confirmasse, ao menos, se Hanance realmente trabalhava com armas. Abu meneou a cabeça positivamente, e quis saber a razão do meu interesse nas histórias dos outros detentos. "Só curiosidade", respondi.

Aliás, eu também gostaria muito de saber como você chegou aqui. Há quanto tempo trabalha na penitenciária. Como é a sua relação com os presos – eu disse.

Ele sorriu, deu uma tragada no cigarro e fez sinal com a mão, para que eu esperasse. Saiu da sala. Voltou três minutos depois, acompanhado por outro homem, que usava roupas civis e tinha uma pistola presa à cintura. Lembrei-me do jovem de agasalho Adidas que havia me levado até a delegacia subterrânea sob a mira do seu fuzil. Minhas suspeitas de que o Governo Sírio estava apenas esperando meu visto expirar para acabar com a minha vida faziam cada vez mais sentido. O sujeito da pistola carregava meu passaporte na mão direita, mas não parecia disposto a entregá-lo a mim.

Saímos do prédio, na direção do portão principal da penitenciária. Dei uma última olhada para a janela engradada da nossa cela, mas meus amigos já tinham descido do beliche. Deviam estar tomando o café da manhã, metendo suas mãos na bacia de plástico, disputando aquela lavagem feita de ovos e tomates. Por um instante, desejei estar lá dentro com eles. Ainda olhava para trás, quando senti Abu me puxar pelo braço direito. Escoltado pelos dois homens, cheguei ao portão da penitenciária. Era de ferro, pintado de branco, e tinha aproximadamente 6 metros de altura por 10 metros de comprimento. Uma cerca eletrificada, instalada em toda a extensão do muro, protegia o local. Abu falou algo para um militar que estava de pé na guarita no alto do muro, e o portão começou a se abrir, deslizando sobre os trilhos e rangendo agudamente. O ruído causado pelo atrito do ferro do portão com o aço dos trilhos fez com que nós três levássemos as mãos aos ouvidos.

Do lado de fora, um carro estava à nossa espera. A primeira coisa que percebi me deixou ainda mais preocupado. As placas do veículo tinham sido pintadas de preto, o que não me parecia um bom sinal. Não havia ninguém dentro do carro. Dali em diante, eu ficaria sob os cuidados do sujeito da pistola. Antes de entrarmos no veículo, porém, ele falou algo com Abu e voltou a entrar correndo no presídio. Perguntei o que estava acontecendo, e o oficial disse que o homem tinha ido ao banheiro.

– Você sabe para onde ele vai me levar? – perguntei.
– Acho que para Damasco.
– Ninguém lhe falou?

– Sim. Você vai para Damasco.
– Agora? Vou direto para Damasco? Ou vão me levar para outra prisão?
– Você vai para Damasco, *sahafi*.
– E por que resolveram me soltar agora?
– Não sei. Mas chegou um fax de Damasco ordenando sua libertação.
– Mas por qual motivo?
– Não sei, *sahafi*. Você pergunta demais.
– Esse homem é da polícia?
– Ele não é policial, mas trabalha conosco.
– Deve ser do mesmo grupo que me levou para a delegacia, certo? Civis que trabalham com o Exército e a Polícia da Síria.
– Sim. São os *Shabiha*. Homens muito preparados. Você está em boas mãos.

Nunca tinha ouvido falar nos Shabiha. Não sabia sequer o significado da palavra. E nem tive tempo de perguntar a Abu. O homem da pistola voltou antes. Apenas dois dias mais tarde, eu viria a saber que shabiha é o vocábulo árabe para "fantasma" e que esse é o nome da temida milícia síria que age a favor do regime de Assad. Quando o Exército e a Polícia não querem ou não podem fazer algo, os Shabiha entram em ação. Sem saber de nada disso, despedi-me de Abu Kusai com um aperto de mão e agradecendo pela forma respeitosa com a qual fora tratado durante os cinco dias que passara ali.

– Vá em paz. *Salam Aleikum* – ele disse.
– *Shukran. Aleikum as-Salam.*

Com o Sol torrando minha cabeça, ouvi o portão arranhando os trilhos novamente ao ser fechado. Meus dias de presidiário tinham ficado do outro lado do muro. Ainda que não me sentisse livre – já que estava sob custódia de um homem armado –, fazia-me bem não estar enjaulado. Olhei para trás. Queria ver o portão se fechando. Senti um certo alívio quando a muralha de ferro chegou ao fim dos trilhos e me trancou do lado de fora. Continuava angustiado por não saber o que me aconteceria dali em diante. Mas pelo menos podia admirar o céu azul e limpo de nuvens de Homs, sentir o Sol inclemente aquecer minha cabeça e o vento desgrenhar meus cabelos imundos. Meu relógio marcava 8h50. Pela primeira vez em seis dias, eu senti um laivo de liberdade.

Quando chegamos ao carro, o sujeito da pistola abriu a porta do passageiro e me mandou sentar. Mostrou-me o cabo da arma em sua cintura e fez sinal de negativo com o indicador. Entendi o recado: "Não faça nenhuma estupidez". Respondi meneando a cabeça positivamente. Quando ele sentou no banco do motorista, perguntei-lhe se falava inglês. "*No english*", ele disse. Nos 15 minutos seguintes, atravessamos o centro de Homs. Ouvi alguns disparos isolados, distantes. Àquela hora da manhã, a guerra ainda não havia acordado com todo o seu vigor.

O cenário ao nosso redor era pavoroso. Casas, prédios e lojas depredados e destruídos por bombas e tiros. Carros carbonizados por todo lado. Água jorrava de canos estourados, criando uma lama densa e escura, resultado da mistura do líquido com a poeira e as cinzas das explosões. Não havia ninguém nas ruas. Uma alma sequer. Estavam todos refugiados em suas casas. Homs, a terceira maior cidade da Síria, com 1,7 milhão de habitantes – o equivalente à população de Curitiba – estava deserta, abandonada. Cartazes colados em muros e postes expressavam a dor e o desejo da população local. Em dois deles, lia-se "Bashar, *stop killing*" e "*We want freedom*". Outros eram pedidos de socorro à comunidade internacional: "*If you do not help us, we will be killed*", "*Please, save our children*", "*Stop the massacre in Syria*".

Em todos os cartazes havia palavras pintadas de vermelho ou manchas simulando marcas de sangue. O fato de terem sido escritos em inglês deixava evidente o objetivo de fazer com que aquelas mensagens chegassem ao resto do mundo por meio da imprensa. Lamentei por não ter uma máquina fotográfica em mãos. À medida que nos afastávamos do centro, surgiam parcos sinais de vida. A princípio, apenas de militares nas barreiras nas estradas. Reconheci uma delas. Era o segundo posto no qual fui parado após sair da rodoviária. Apesar de estarmos num carro civil, os soldados arrastavam os cavaletes rapidamente, antes mesmo de nos aproximarmos. Certamente, sabiam que o veículo de placas pintadas de preto pertencia à milícia *Shabiha*.

Assim que cruzamos essa barreira, ouvimos um estrondo à nossa direita. Olhei a tempo de ver um avião rasgar o céu azulado. A explosão não parecia ter ocorrido muito longe da estrada. O motorista reduziu a velocidade e curvou-se na minha direção, na tentativa de ver algo. Notamos algumas pessoas gritando e correndo pelas ruas. Eram seguidas por uma coluna de fumaça acinzentada, que crescia do chão para cima, cobrindo casas, carros, prédios. Quantos homens, mulheres e crianças teriam morrido naquele ataque?

O homem que me escoltava balançou a cabeça em sinal de negativo, como se não aprovasse aquele tipo de violência. Toquei em seu ombro direito e apontei na direção da fumaça, sugerindo que fôssemos até lá ver o que estava acontecendo. Ele deu um leve sorriso e voltou a menear a cabeça negativamente. O carro se afastava do local da confusão, mas eu continuava olhando para trás. Via apenas a fumaça subindo para o céu por entre os prédios. Da penitenciária, seria impossível ouvir aquela explosão. A guerra em Homs era ainda mais intensa do que a vida na prisão sugeria.

Pouco adiante, reconheci o muro da rodoviária. Fiquei feliz, imaginando que o sujeito da pistola me colocaria num ônibus e me despacharia para Damasco. Mas ele passou pelo local sem parar. E minha paranoia voltou com tudo, trazendo com ela a certeza de que estava sendo levado para ser executado. Não suportava mais aquilo. Por que não me matavam logo e acabavam com aquela agonia de uma vez por todas? O carro saiu da estrada e tomamos uma rua de terra batida. O matadouro devia ser por ali.

O motorista parou o veículo bruscamente diante de uma casa, fazendo subir uma poeira seca e avermelhada. Tapei a boca e o nariz com a mão direita. Ele buzinou duas, três, quatro vezes. Lá de dentro saiu outro sujeito, também de roupas civis. Usava um boné com as letras NY e carregava uma metralhadora no ombro esquerdo. Era a arma com a qual eu seria assassinado. Menos mal. "Tiros de metralhadora devem matar mais rapidamente", pensei, sentindo um medo lancinante. Mas continuava tranquilo. Não havia nada que eu pudesse fazer, a não ser aceitar a morte, exatamente como fizera no dia da minha captura, na escadaria escura e sob a mira do fuzil do rapaz de agasalho Adidas e gel no cabelo. Estava tão exausto emocionalmente que só queria morrer em paz. Desejava, apenas, que aquele inferno terminasse logo.

O outro sujeito sentou-se no banco de trás, e o carro deu partida. Logo percebi que estávamos fazendo o caminho de volta. Eles não falavam comigo. Uma palavra sequer. Novamente, vi o muro da rodoviária. Como gostaria de embarcar num daqueles ônibus e sumir daquele lugar. O homem da pistola estacionou o veículo em cima da calçada e, sem desligar o motor, mandou que eu saísse. Despediu-se do indivíduo da metralhadora com três beijos no rosto e fez sinal para que eu entrasse na rodoviária. O outro sujeito sentou no banco do motorista e foi embora. "Siga-me", disse o homem da pistola, em inglês. Obedeci, achando que aquela era apenas uma das frases que ele sabia no idioma.

Paramos diante de um ônibus pintado de branco e azul. O sujeito que me escoltava deu uma nota de 500 pounds sírios e duas de 100 a um rapaz que parecia ter no máximo 20 anos. Juntas, nossas passagens custaram cerca de 10 dólares. O movimento na rodoviária continuava fraco. Imaginei que na manhã de uma sexta-feira, feriado em todo o país, o normal seria que houvesse ônibus estacionados em todas as 14 plataformas e grande balbúrdia de passageiros e comerciantes. Mas o cenário era outro. Além do nosso, havia apenas um ônibus no local. E não mais de 20 pessoas circulavam sobre aquele chão de cimento polido, que me parecia limpo demais para uma rodoviária no meio do deserto sírio.

– Você quer comer ou beber alguma coisa? – o homem da pistola me perguntou num inglês carregado de sotaque, mas compreensível.

– Aceito água. *Shukran*.

– Siga-me – ele disse, caminhando até uma bancada de madeira sobre a qual estavam expostos sanduíches, doces, latas de refrigerantes e de sucos e garrafas d'água.

– Então, você fala inglês?

– O suficiente – respondeu, sorrindo e falando algo em árabe com o vendedor, que lhe entregou minha água, um sanduíche e uma lata de suco.

– Por que você me disse que não falava inglês?

– Porque Abu Kusai me falou que você perguntava demais, e eu não queria você me incomodando antes de chegarmos aqui – ele disse, voltando a sorrir.

– Então, a partir de agora eu posso incomodá-lo? – perguntei, também sorrindo, mais para parecer simpático do que por enxergar algo engraçado naquela situação.

– Só um pouco.

– Ok. Qual o seu nome?

– Baharin Dahi – respondeu, estendendo a mão.

– Klester. Muito prazer.

– Ninguém consegue dizer seu nome direito. Todos nós chamamos você apenas de *sahafi* – ele falou, ainda sorrindo.

– Sem problemas. Pode me chamar assim. Já estou acostumado.

Embarcamos no ônibus às 10h10. Quem nos visse de longe, poderia imaginar que fôssemos amigos. Mas a realidade veio à tona tão logo nos sentamos nas primeiras poltronas do lado oposto ao do motorista. Baharin mandou que eu me sentasse perto da janela e disse, em tom de lamento, que precisava me algemar. "Desculpe, mas é uma questão de segurança", falou. Fiquei calado. Apenas estendi as mãos para ele. Mais uma vez, eu passava pela situação humilhante de estar algemado. Todos que embarcavam olhavam para minhas mãos. Imaginei que pensamentos poderiam passar pela cabeça daquelas pessoas a meu respeito.

O motorista me encarou assustado e perguntou algo a Baharin. Eu quis saber qual era a preocupação daquele velho de pele morena e barba e cabelos grisalhos. "Ele perguntou se você era perigoso, e eu falei que não", disse, com ar de riso. O ônibus deu partida. O sorriso quase constante no rosto do homem que me escoltava e o fato de estar algemado me incomodavam. Mas saber que estávamos a caminho de Damasco me dava um grande alívio. Depois de todo o esforço que fiz para chegar a Homs, era muito bom estar indo embora daquele lugar, onde eu passara os piores e mais angustiantes dias da minha vida. Agora, a liberdade me parecia apenas uma questão de tempo.

13   O retorno a Damasco

A estrada que nos levaria a Damasco se espichava sobre o deserto sírio como uma língua de asfalto negro. Os tons de ocre da paisagem contrastavam com o céu limpo e de um azul que me lembrava as águas cor de turquesa do Mar Vermelho, no Egito, não muito longe dali. A viagem seguia tranquila e silenciosa. Dos 42 assentos do ônibus, apenas 14 – um terço do total – estavam ocupados. As poltronas mais próximas às nossas estavam vazias. Muito provavelmente porque os outros passageiros não queriam ficar perto de um sujeito algemado.

Durante o percurso, tentei conversar com Baharin Dahi. Queria saber que tipo de trabalho ele fazia em Homs naqueles dias de guerra. Mais do que tudo, tinha interesse em conhecer como agiam os homens da Shabiha, a milícia pró-Assad. Acreditava que, fazendo as perguntas certas, nos momentos adequados, Baharin poderia me falar um pouco sobre os temidos "fantasmas". Mas ele rechaçou qualquer questão a respeito do seu trabalho. Além disso, seu parco conhecimento de inglês não ajudava. Como ele mesmo dissera, seu inglês era apenas "suficiente". Conjugava quase todos os verbos no presente e faltavam-lhe palavras para construir frases mais longas.

– *No talk about work* – ele me disse, quando fiz a primeira pergunta sobre seu trabalho em Homs.

— Você é policial, militar ou civil?

— *No talk work* — respondeu, contrariado, com a voz firme.

Fiquei em silêncio para que meu companheiro de viagem se acalmasse e passei apenas a observar a beira da estrada. Quinze ou 20 minutos após sairmos da rodoviária, vimos algumas barracas improvisadas às margens do asfalto. Tinham tábuas de madeira que faziam as vezes de colunas e lonas plásticas como teto. Perguntei a Baharin se eram refugiados da guerra, mas ele não conhecia a palavra em inglês *"refugee"*. Tive de usar vários vocábulos para que compreendesse minha pergunta. Quando conseguimos nos entender, ele confirmou minha suspeita. Com a guerra, as famílias que não tinham condições financeiras de fugir para outras cidades estavam acampando na beira da estrada, à espera de que os conflitos terminassem para que elas voltassem para casa. O pior era não saber quantas luas ainda teriam de ver ao relento até esse dia chegar.

Aos poucos, a irritação de Baharin passou. Voltamos a conversar. Agora, o assunto era a família dele. Aos 32 anos, ele era casado e tinha uma filha, Nadirah, de 4 anos. Ficou tão animado ao falar da menina, que me mostrou fotos dela que guardava no celular. Era linda. Tinha grandes olhos castanhos, cabelos pretos e lisos e a pureza no sorriso que só as crianças têm. Numa das fotos, feita na sala da casa, notava-se que se tratava de família modesta. O encosto do sofá estava rasgado, deixando à mostra um pouco da espuma. Um televisor descansava sobre um móvel de madeira, dividindo espaço com um aparelho de DVD. Os fios elétricos se misturavam, descendo do móvel ao chão.

Ele, a mulher e a filha viviam na cidade de Al Kiswah, cerca de 20 quilômetros ao sul de Damasco e com pouco mais de 20 mil habitantes. Não queria falar de trabalho, mas confessou odiar ter de passar 48 horas em Homs para poder ficar outras 48 na companhia da esposa e da filha. Era esse o esquema que Baharin cumpria desde que a guerra ficara ainda mais intensa, em setembro de 2011. Usando a família como tema principal da conversa, consegui que ele me falasse um pouco sobre sua atuação nos conflitos.

Nunca tinha ido a um campo de batalha. Agia mais na área de investigação e na captura de opositores. Mas já perdera as contas de quantos amigos e companheiros havia enterrado, mortos em confrontos com o ELS. Outros tantos tinham sido executados diante de câmeras de vídeo, pouco depois de serem capturados em emboscadas armadas pelos rebeldes. Cinco dias antes de embarcar ao meu lado no ônibus – exatamente o domingo em que fui levado à penitenciária –, Baharin recebera a notícia de que um dos seus melhores amigos havia sido morto em combate, no centro de Homs. Assim como todos os policiais e militares do Exército Sírio, ele abominava o trabalho dos jornalistas estrangeiros.

– Vocês sempre defendem os nossos inimigos – ele disse, com os olhos fixos na estrada.

– Eu gostaria de mostrar o lado de vocês também.

– Ok.

– Estou sendo sincero.

– Esqueça. Já falei demais.

– Como você quiser.

Eu tinha esperanças de que, algum tempo depois, meu companheiro de viagem voltasse a falar sobre seu trabalho ou sua vida. Mas isso não aconteceu. Após relatar a morte do amigo, Baharin ajeitou-se na poltrona, esticou as pernas, apoiou a cabeça no encosto e fechou os olhos. Sem abri-los, falou algo em árabe, quase gritando, ao que o motorista respondeu de imediato.

– O que houve? – perguntei.

– Pedi para ele me acordar perto de Damasco.

Passei o restante da viagem olhando para o deserto de areias alvas e montanhas. Dois caminhões carregados de grandes tomates vermelhos cruzaram por nosso ônibus, em sentido contrário. Imaginei que alguns daqueles frutos poderiam ter como destino a nossa bacia de plástico. Árvores isoladas surgiam para quebrar a monocromia da paisagem, como se quisessem lembrar a todos que já houvera vida por essas paragens. A cada 10 ou 15 quilômetros, o areal era pontuado por pequenos povoados e vilarejos, com não mais de uma centena de casas, algumas de madeira. Num deles, notei uma mulher de véu e vestido avermelhado pastoreando um rebanho de ovelhas. Alguns garotos brincavam, correndo de um lado para o outro. Naqueles rincões da Síria, a vida parecia não ter sofrido grandes alterações. Eram lugares tão inóspitos e esquecidos, que nem a guerra lhes dava importância.

Enquanto o ônibus passava diante de uma dessas vilas, grudei o rosto na janela e entortei o pescoço o máximo que pude. Queria continuar olhando para aquelas casas sem pintura e sem reboco até vê-las desaparecer sob o lençol branco do deserto. Seria interessante passar um dia naquele lugar e mostrar que havia paz a menos de 40 quilômetros de Homs. As famílias que moravam ali não tinham hospital, cinema, shopping, universidade, restaurantes ou estádio de futebol, como em Homs. Mas não precisavam passar pelo tormento de ouvir tiros e explosões todos os dias, nem deitavam à noite sabendo que uma bomba poderia ser lançada em suas cabeças durante o sono.

À medida que nos aproximávamos da capital, os sinais de civilização voltavam a aparecer, como as mesquitas com seus minaretes alongados entre as casas de pequenas cidades. Um desses sinais, em especial, chamou minha atenção. Tratava-se de um condomínio de prédios de quatro andares que pareciam ter sido esculpidos nas encostas das montanhas. Em suas varandas, cortinas impediam que a luz do Sol tornasse insuportável a vida ali dentro. Não havia nada num raio de 5 quilômetros. Só o deserto. Aos poucos, começaram a surgir empresas às margens da estrada. Muitas eram concessionárias de automóveis: Hyundai, BMW, Toyota, Mercedes-Benz.

Já era possível enxergar, ao longe, os edifícios de Damasco. O ônibus iniciou uma série de paradas rápidas para que alguns passageiros descessem. Um deles, um senhor grisalho, de pele morena e vestindo uma galabia cinza, olhou para as minhas mãos algemadas com ar de compaixão. Antes de desembarcar, me encarou e falou uma frase em árabe, muito provavelmente por achar que eu era sírio, graças à minha fisionomia e à barba cheia e desgrenhada que ganhara na prisão. Jamais saberia o que ele havia falado. Mas o tom de bondade em sua voz importava mais do que o significado das suas palavras.

Pouco depois de passarmos por uma placa que indicava estarmos a 7 quilômetros de Damasco, o motorista disse algo ao cobrador, que viajava em pé, à sua direita. O rapaz deu dois passos e parou ao lado do homem que me escoltava. Hesitava em acordar o passageiro. O cabo da pistola de Baharin estava à mostra, por cima do cinto que lhe prendia a calça. O jovem me olhou, como que pedindo minha autorização para acordá-lo, ao que meneei a cabeça positivamente. Mas seria preciso algo bem mais brusco do que os leves toques que o cobrador deu no antebraço de Baharin. E o rapaz não parecia disposto a tanto. Eu mesmo tive de despertá-lo, empurrando-o com o meu ombro esquerdo e chamando por seu nome.

Acordou meio assustado, balançando a cabeça nervosamente e levando a mão à cintura, à procura da arma.

– Calma. Estamos chegando a Damasco.

– Ok – disse, sorrindo e passando as mãos no rosto.

Buzinas nervosas e constantes anunciavam nossa chegada à capital, pouco mais de duas horas após sairmos de Homs. Congestionamentos por todo lado, muita gente nas ruas, gritaria. Como era bom estar no meio daquela confusão toda, depois de passar seis dias trancafiado e vendo apenas paredes, grades, policiais e meus companheiros de cárcere. Já no centro da cidade, Baharin mandou o motorista parar. Não compreendi por que iríamos descer do ônibus antes do terminal rodoviário. Mas não achei que valia a pena perguntar.

Antes de desembarcarmos, pedi para que ele tirasse minhas algemas. Incomodava-me a ideia de caminhar pelas ruas de Damasco com aquilo nos pulsos. Baharin não entendeu, por não conhecer a palavra em inglês para "algemas". Repeti o pedido, apenas mostrando minhas mãos presas. "*I am sorry, my friend*", ele disse, obrigando-me a descer ainda algemado. Foi uma das maiores humilhações por que já passei na vida. Eu caminhava com as mãos unidas na frente da barriga e os braços levemente arqueados – as algemas me impediam de mantê-los totalmente esticados.

Todos nas ruas me olhavam. Deviam estar se questionando que crime eu havia cometido para ser tratado como um cão feroz na coleira. Nunca esquecerei a expressão de medo que percebi nos olhos castanhos de um menino. De pele clara e cabelo loiro, ele parecia ter não mais de 8 anos. Quando se aproximou de mim, agarrou-se à mão do pai. O homem, que também notara minhas algemas, colocou o filho nos braços e acelerou o passo. Em seu lugar, provavelmente eu teria feito o mesmo.

Baharin segurou minha mão esquerda e fez-me parar num ponto de ônibus, diante de uma loja de aparelhos celulares. Esperamos por dois ou três minutos, sem trocar palavras, até que uma van branca parou e ele me orientou a subir. Deu duas notas de 100 pounds sírios ao motorista – cerca de 3 dólares – e sentou-se ao meu lado na última fileira de assentos. Os outros cinco passageiros não se preocuparam em disfarçar o incômodo por ter um homem algemado no veículo. Seus olhares me condenavam. Um homem chegou a reclamar com o motorista. Segundo Baharin, por não aceitar dividir espaço com um criminoso. De nada adiantou.

Sem saber para onde íamos, eu continuava temendo que algo pior pudesse me acontecer. Por mais improvável que parecesse, ainda tinha o receio de ser executado. Minha paranoia dera uma trégua, mas ainda estava lá, viva e pulsante. Tudo o que eu queria era o meu celular, para ligar para Bruno Carrilho, da Embaixada do Brasil em Damasco, e dizer-lhe que já estava na cidade. Uma ideia absurda me ocorreu: pedir a Baharin que me deixasse usar o seu celular. Deu certo. Quando falei que gostaria de telefonar para um amigo na Embaixada do Brasil, ele concordou de imediato e entregou-me seu aparelho. Prevendo que situações de emergência poderiam surgir, eu já havia memorizado o número do celular de Bruno. Ainda estava na van, quando fiz a ligação. Ele atendeu ao quarto toque, causando em mim enorme alegria e alívio.

— Alô — disse, em português. Era a primeira vez, em seis dias, que ouvia o meu idioma.

— Bruno. É o Klester — falei, ofegante.

— Klester! Como você está? Que bom falar com você. Onde você está?

— Acabo de chegar a Damasco.

— Ótimo. Mas onde você está?

— Não sei. Estou numa van, algemado e sendo escoltado por um homem armado.

— Para onde vocês estão indo?

— Não tenho a menor ideia. Não me sinto seguro. Ainda tenho medo de que façam algo comigo.

— Mas você está bem fisicamente?

— Estou. Mas fui ameaçado de morte várias vezes e torturado. Queimaram meu rosto com cigarro.

— Nossa! Onde você ficou todos esses dias?

— Eu estava preso na Penitenciária Central de Homs, numa cela com outros detentos. Foi um inferno, Bruno.

— Mas tudo vai ficar bem agora.

— Espero que sim. Mas salve o número deste telefone do qual estou ligando para você. É o celular do homem que está me escoltando. Se acontecer qualquer coisa comigo, você tem, ao menos, um número de telefone. Tenho de desligar agora. Ele está pedindo o aparelho de volta.

— Ok. Por favor, me ligue novamente assim que você puder.

— Claro. Obrigado.

Devolvi o telefone a Baharin e olhei para o relógio: 12h45. Cinco minutos depois, passamos em frente a um quartel. Acima da entrada principal, uma enorme imagem de Bashar al-Assad, de uns 3 metros quadrados. Soldados armados com fuzis e metralhadoras protegiam o local. Dois tanques de guerra guardavam o portão de acesso aos veículos. O cenário me fez lembrar da chegada a Homs e reacendeu em mim o medo de ser aprisionado novamente. Se me jogassem dentro daquele quartel, dificilmente eu sairia com vida. Só não conseguia enxergar razão para terem me trazido de Homs para morrer em Damasco. Mas já tinha aprendido que, na guerra, razão é o que menos importa. Soprei aliviado quando nossa van se distanciou do muro branco do quartel.

Em poucos minutos, estávamos numa grande avenida, com quatro faixas em cada sentido, mas poucos carros trafegando. À nossa esquerda, vários prédios e condomínios residenciais. À direita, edifícios que me pareciam instituições públicas, com fachadas portentosas e militares em pé. Todos armados. Também havia tanques para proteger os prédios. Baharin deu três pancadas no teto da van, fazendo o motorista parar perto da calçada. Antes de sairmos do veículo, tirou minhas algemas. "*Do not crazy, my friend*", ele falou, levando-me a concluir que eu não deveria fazer nenhuma loucura, como, por exemplo, tentar fugir. "Ok. *No problem*", respondi.

O prédio no qual entraríamos estava cercado por militares armados. Uma escadaria de uns 10 metros de largura e oito degraus nos levou à portaria envidraçada. Baharin falou algo com o homem cujo rosto o vidro escuro escondia. Caminhamos por um salão de piso de cerâmica de cerca de 400 metros quadrados. Não havia ninguém e todas as lâmpadas estavam apagadas. No fim do salão, três elevadores. Entramos no do meio. Baharin apertou o número oito do painel de teclas redondas e entregou-me minha mochila, que ele carregara durante toda a viagem. Perguntei para onde me levava, mas fiquei sem resposta. Na saída do elevador, um cartaz de papel com uma seta apontando para a direita indicava: "*Foreign Media*". Vinte metros depois, estávamos numa sala com três sofás e uma mesa, à qual uma senhora de véu na cabeça parecia estar à nossa espera. Ela e Baharin trocaram algumas frases. O diálogo terminou quando a senhora apontou para uma porta à nossa esquerda. Ele colocou a mão no meu ombro e me conduziu até essa porta, abrindo-a para que eu entrasse.

A mulher que nos esperava atrás de uma mesa de madeira escura, digitando num computador, era bonita e jovem. Aparentava, no máximo, 35 anos. Tinha o rosto triangular, nariz alongado, cabelos castanhos e lindos olhos, num tom de verde acinzentado. Sentada numa poltrona de couro preta que parecia grande demais para o seu corpo miúdo – cerca de 1,60 metro e 45 quilos –, nos recebeu com um largo sorriso. Levantou-se e, antes de apertar a minha mão – gesto que uma muçulmana conservadora jamais faria –, disse algo a Baharin, que se retirou da sala, fechando a porta ao sair. Eu ainda não sabia onde estava. Tampouco quem era aquela mulher diante de mim, usando roupas ocidentais – calça jeans e camisa branca, de botões – e cujas sobrancelhas, raspadas e pintadas, me causavam um certo incômodo.

– Então, você é Klester Cavalcanti, o jornalista brasileiro? – perguntou-me, em inglês.

– Sim. Muito prazer – respondi, apertando sua mão.

– Eu sou Abeer, diretora de Mídia Internacional do Ministério da Informação.

Abeer al-Ahmed era a mulher com quem eu conversara ao telefone, no posto da fronteira entre o Líbano e a Síria, quando fui impedido de entrar no país. Agora, oito dias depois, estava diante dela, em seu escritório decorado com quadros com motivos islâmicos, fotos de pontos turísticos da Síria, dois sofás de três lugares, duas poltronas, uma estante de madeira repleta de livros e uma mesa de centro, com tampo de vidro. Sua sala tinha cerca de 50 metros quadrados, área maior do que a cela na qual meus amigos ainda estavam presos na Penitenciária Central de Homs. E tudo aquilo só para ela. Aceitei o copo de água que me ofereceu e sentamos num dos sofás.

– Está tudo bem com você?

– Agora, sim. Mas meus últimos dias foram infernais.

– Imagino.

– Não. Você não imagina. Você não tem ideia do que é passar seis dias preso sem saber o que vão fazer com você.

– É verdade. Sinto muito por tudo o que lhe aconteceu. Mas isso teria sido evitado se você tivesse cumprido a recomendação que colocamos em seu passaporte, de que deveria vir ao Ministério da Informação tão logo chegasse a Damasco – ela falou, em tom de reprovação.

– Nada justifica o que o seu governo fez comigo. Várias vezes fui ameaçado de morte, com armas apontadas para a minha cabeça. Um policial queimou o meu rosto com cigarro para me obrigar a assinar um documento em árabe – respondi, com a voz um pouco exaltada e mostrando o ferimento que a queimadura deixara na minha face esquerda.

– Se você tivesse vindo aqui, nada disso teria acontecido. Por que você foi para Homs sem nos comunicar? – perguntou, em tom sereno e se aproximando para ver a queimadura de perto.

– Preciso ser sincero com você. Eu não vim aqui porque tenho certeza de que vocês não permitiriam que eu fosse a Homs. E eu vim do Brasil para a Síria com a missão de mostrar o que estava acontecendo na cidade.

– Se você tivesse falado comigo, nós colocaríamos um oficial do governo para acompanhá-lo e ajudar em tudo, dando-lhe segurança e estrutura.

– Perdoe-me. Mas não acredito nisso. Acho que o governo não permitiria que eu fosse a Homs.

– Você está enganado. O meu trabalho é ajudar os jornalistas estrangeiros a fazer o que eles quiserem. No máximo, eu iria dizer para você não ir a Homs porque seria muito arriscado. Mas se você decidisse ir mesmo assim, destacaria um oficial para ir com você até lá e ajudá-lo em tudo.

– Sério?

– Claro.

– Ótimo. Posso voltar para Homs agora, acompanhado por um oficial do governo?

– Como? – ela perguntou, com suas sobrancelhas pintadas arqueadas.

– Você acabou de dizer que, se eu quisesse ir a Homs, destacaria um homem para me acompanhar. Eu quero voltar para Homs agora. Onde está o oficial que vai comigo?

– Infelizmente, agora a situação é outra. Você já passou por tudo isso, seu visto expirou. Não posso mais ajudá-lo.

– Entendi. Então, você sabe que meu visto expirou?

– Claro.

– Sabe também que eu assinei um documento em árabe?

– Sei. Tenho uma cópia desse documento.

– Eu preciso de uma cópia também. Tenho o direito de saber o conteúdo de um documento que fui forçado a assinar.

— Infelizmente, não posso ajudá-lo nesse sentido.

— Ok. Vou pedir para a Embaixada do Brasil solicitar oficialmente uma cópia desse documento.

— Faça o que você achar melhor. Mas posso lhe garantir que não vai adiantar.

Ela estava certa. Meu pedido para que a Embaixada do Brasil intercedesse para que eu tivesse uma cópia do documento não surtiu efeito. Jamais saberia o conteúdo daquele texto em árabe. Ainda sentado no sofá de couro, ouvi Abeer dizer que meus equipamentos continuavam em Homs, com a polícia, mas que seriam entregues a mim antes que eu saísse do país. Só não sabia quando isso seria possível. Eu teria de esperar o governo renovar o meu visto, para, só então, poder cruzar a fronteira de volta a Beirute. "Deve levar uns dois ou três dias", ela me disse. Não entendi a razão da demora, já que a renovação do meu visto dependia apenas da vontade do próprio governo. Mas achei que não valia a pena perguntar-lhe mais nada. Abeer levantou-se, deu-me seu cartão de visitas e perguntou se eu tinha onde ficar em Damasco. Falei que poderia me hospedar no hotel Al Majed, na região central da cidade, onde eu ficara antes de ir para Homs. Ela caminhou até a porta da sua sala e abriu-a, deixando claro que nossa conversa havia chegado ao fim.

— O homem que trouxe você está à sua espera na portaria — ela falou.

— Ok.

— Ele vai levá-lo ao hotel, por questões de segurança. Amanhã, telefone para mim quando você acordar, para saber se já temos alguma definição sobre o seu caso.

— Farei isso. *Shukran. Salam Aleikum.*

— *Aleikum as-Salam* — respondeu, sorrindo.

Baharin me esperava fora do prédio, de pé, na escadaria. Ao me ver, caminhou ao meu encontro e perguntou-me para onde iríamos. Abri a mochila e tirei o cartão do hotel que guardara na carteira. "Vamos para este hotel", eu disse, entregando-lhe o cartão. O táxi demorou 15 minutos para nos levar do Ministério da Informação ao hotel Al Majed. Durante o trajeto, ficou evidente que a vida em Damasco seguia como se não houvesse guerra. Homens, mulheres, jovens e crianças circulavam pelas ruas. As avenidas estavam repletas de carros, com seus motoristas apaixonados por buzinas. Havia lojas, bares e restaurantes abertos.

Era tudo muito diferente do que eu vira em Homs. Na capital, os únicos sinais de que a Síria enfrentava dias de conflito eram os militares armados e os tanques de guerra que guardavam os prédios públicos – alvos das forças rebeldes. Ainda no táxi, lembrei que não havia perguntado a Abeer a razão de eu ter sido solto apenas naquela sexta-feira 25. Baharin já dissera que também desconhecia o motivo que levara à minha libertação. Mas alguma explicação tinha de haver para o Governo Sírio ter resolvido me tirar da prisão justamente naquele dia.

Às 13h40 da sexta-feira 25, eu estava no quarto 206 do hotel. Tinha uma cama de casal, com lençol e quatro travesseiros. Um banheiro com privada, chuveiro e pia. Um aparelho de televisão antigo, de 20 polegadas, e um frigobar, com quatro garrafas de água mineral, duas Cocas e duas latas de suco. Havia, ainda, um telefone no criado-mudo e ar-condicionado. E tudo aquilo só para mim. Mas ainda não me sentia um homem livre. Continuava sendo vigiado por Baharin Dahi. Ele estava sentado numa cadeira, do lado de fora do quarto, no corredor. E meu passaporte permanecia em seu bolso. Ao menos, eu tinha um pouco de privacidade e conforto.

Antes de qualquer outra coisa, arranquei do corpo aquela roupa imunda e fedendo a cigarro, e joguei-a no chão. Era a primeira vez, em seis dias, que tirava a calça e a camisa. Senti uma estranha sensação de liberdade. Era como se todo o sofrimento e angústia pelos quais eu havia passado em Homs estivessem impregnados naquelas roupas. Por um momento, considerei a ideia de queimá-las. Mas decidi fazer justamente o contrário: guardar para sempre a calça e a camisa, como uma recordação física e palpável de tudo o que eu vivera e das pessoas que eu conhecera na Síria.

Abri a torneira do chuveiro e fiquei agachado, sentindo a água quente massagear minhas costas. Seria capaz de ficar ali por horas. O líquido que caía no piso de azulejo branco era escuro, leitoso. Eu estava muito mais imundo do que imaginava. Demorei quase meia hora no banho. O bastante para me sentir bem melhor. Estava faminto. Já passava das 14 horas e ainda não comera nada durante todo o dia. Telefonei para o restaurante do hotel e pedi um filé com arroz e fritas. Agora, era só esperar e minha refeição seria levada ao quarto em 30 minutos. Tudo era tão fácil e prático. Àquela hora do dia, meus companheiros de cela deviam estar disputando migalhas de ovo mexido na bacia de plástico.

Deitado na cama, deixei o corpo relaxar por uns cinco ou dez minutos, me livrando de uma parte da tensão enorme que sentira nos últimos dias. Adoraria esquecer o mundo e dormir. Mas queria falar com Bruno Carrilho e com o meu irmão, para contar que já estava teoricamente seguro, na capital. O primeiro telefonema que fiz do quarto do hotel foi para Bruno. Durante a conversa, ele me explicou o complicado e delicado processo que fez parte da minha libertação. Minha prisão na Síria tinha se tornado um incidente diplomático internacional. O próprio ministro Antonio Patriota, das Relações Exteriores, telefonou duas vezes para Bruno para ser atualizado sobre a minha situação, e chegou a dar declarações à imprensa a respeito da minha prisão.

Tudo havia começado à meia-noite, horário de Damasco, da quarta 23 para a quinta-feira 24. Naquele instante, quando os relógios marcavam 18 horas em São Paulo, o diretor de redação da *IstoÉ*, Mário Simas Filho, telefonou para Bruno, exatamente como havíamos combinado, caso eu não fizesse contato até o dia marcado para a minha volta ao Brasil. Bruno prometeu empenhar todos os esforços para descobrir o que havia me acontecido.

No mesmo momento, a direção da revista comunicou o Itamaraty, em Brasília, a respeito do meu desaparecimento na Síria. Pouco depois de terminar a conversa com Simas, Bruno recebeu um telefonema do Ministério das Relações Exteriores, em Brasília, orientando-o a, na qualidade de encarregado de negócios da Embaixada, fazer tudo o que estivesse ao seu alcance para descobrir o meu paradeiro. Às 9 horas da manhã da quinta-feira 24, Bruno telefonou para o Ministério do Exterior da Síria, solicitando uma reunião com o vice-ministro, Fayssal Meqdad, homem de confiança de Bashar al-Assad e um dos responsáveis por conduzir as negociações junto à ONU, na tentativa de chegar a um plano de paz. Era com Meqdad, por exemplo, que Kofi Annan, então emissário das Nações Unidas e da Liga Árabe, costumava se encontrar para discutir a violência no país.

Graças à relação amistosa que o Brasil ainda mantinha com a Síria naquele momento, meu desaparecimento foi tratado pelo Governo Sírio como prioridade. Às 15 horas, o diplomata brasileiro já estava na sala do vice-ministro, um homem de aparência serena, porém cansada. Tinha os olhos apertados, pele clara e um sinal escuro na face esquerda, ao lado do nariz. A calvície deixava-lhe toda a testa à mostra. Não usava barba nem bigode, e penteava os poucos cabelos que ainda tinha para o lado.

Ao ouvir o relato de Bruno sobre o meu caso, Meqdad disse não saber nada a respeito. Mas garantiu que acionaria os mecanismos de informação da área militar e os serviços de inteligência do governo para que descobrissem, o quanto antes, o que me acontecera. "Quando tivermos alguma novidade a respeito do jornalista, eu mesmo lhe direi", falou o vice-ministro. Naquela mesma tarde, Meqdad recebeu a confirmação de que havia um "*sahafi brazili*" na Penitenciária Central de Homs, e ordenou que eu fosse libertado e encaminhado para Damasco na manhã seguinte. Se eu tivesse sido informado de todo esse processo quando ainda estava na prisão, minha última noite na cela não teria sido tão sofrida e angustiante.

– Mas, até agora, o vice-ministro não me ligou para dizer que já tinham encontrado você – disse-me Bruno, ao telefone.

– E como você soube o que me aconteceu?

– Só fiquei sabendo hoje, no início da tarde, quando você me ligou do celular do policial que o estava escoltando.

– Ele não é da polícia. E continua me vigiando. Neste momento, está na porta do meu quarto, aqui no hotel, e permanece com o meu passaporte.

– Mas, ao menos, agora você está seguro.

– Tomara.

– Tente descansar um pouco e pode me ligar quando quiser.

– Obrigado.

A campainha do quarto tocou antes que minha conversa com Bruno terminasse. Era o meu almoço. Quando abri a porta para pegar a bandeja, vi Baharin remexendo a comida com o garfo, como se procurasse algo de errado. Ao me ver, ficou sem graça, pediu desculpas e disse: "*Is my work*". Perguntei-lhe se queria que eu pedisse algo para ele comer, mas respondeu que estava sem fome. Antes de fazer a minha primeira refeição do dia, precisava telefonar para o meu irmão. A conversa foi tensa. Ele acompanhara todo o processo da minha libertação. Obviamente, estava nervoso e bastante preocupado comigo e com nossos pais, que só souberam que eu havia sido preso quando já estava em Damasco, no hotel. Melhor assim. Eles foram poupados de muita dor e sofrimento.

Desde a quarta-feira 23, meu irmão e Luiz Fernando Sá, diretor editorial adjunto da Editora Três, conversaram várias vezes por dia, por meio de telefonemas ou mensagens de celular. Mas Sá estava preocupado com o meu desaparecimento desde o domingo 20. Com o passar dos dias, sua preocupação aumentou. Mas decidiu manter o plano de só contatar as autoridades brasileiras se eu não aparecesse no dia 23.

No início daquela noite, enquanto o diretor de redação da revista, Mário Simas Filho, telefonava para Bruno Carrilho, Sá ligava para o jornalista Thomas Traumann, porta-voz da Presidência da República e com quem eu trabalhara entre 1998 e 2000, na revista *Veja*, informando-o a respeito do meu desaparecimento. Menos de cinco minutos depois, Traumann telefonou de volta. "O Planalto vai agir para descobrir, o mais rápido possível, o que houve com Klester. E o ministro Antonio Patriota já está sabendo do caso", disse o porta-voz da Presidência. Antes de desligar o telefone, Traumann orientou Sá a não divulgar nada na imprensa sobre o caso. Era uma recomendação do Itamaraty "para não atrapalhar as negociações com o Governo Sírio".

A direção da revista decidiu, então, que uma nota à imprensa nacional e internacional seria divulgada caso não surgisse nenhuma notícia sobre o meu paradeiro até a sexta-feira 25. O texto, que Sá escreveu na noite da quinta-feira 24, no computador da sua sala, na redação, dizia:

> NOTA À IMPRENSA
>
> O jornalista Klester Cavalcanti está desaparecido em território sírio desde o último sábado, dia 19 de maio. Em seu último contato com familiares e com a direção da Editora Três — onde atua como editor executivo —, ele informou, por meio de mensagem de texto enviada do seu celular, que havia chegado à cidade de Homs, onde estava para produzir reportagens sobre o cotidiano nas áreas de conflito na Síria. Cavalcanti ingressou na Síria na sexta-feira, dia 18, proveniente de Beirute, no vizinho Líbano, com visto de imprensa emitido pelo Consulado Sírio em São Paulo. Sua previsão era permanecer no país até a terça-feira, dia 22, retornando então a Beirute e, de lá, para São Paulo, em voo da Turkish Airlines. Não compareceu, no entanto, para o embarque e também não fez contato com a redação até a tarde do dia 23, data que havia sido estabelecida como limite para que fossem acionadas as autoridades, caso o jornalista não voltasse a contatar a redação.
>
> Imediatamente, a Editora Três comunicou seu desaparecimento ao Ministério das Relações Exteriores, em Brasília, e à Embaixada do Brasil, em Damasco, capital da Síria. Ainda na noite da quarta-feira, dia 23, o Itamaraty

emitiu um alerta para a diplomacia brasileira. No dia seguinte, o encarregado de negócios da Embaixada em Damasco, Bruno Carrilho, informou o fato ao Governo Sírio, em audiência com o vice-ministro do Exterior daquele país. Recebeu a promessa de que seriam acionados os mecanismos de informação da área militar e outros dez serviços de inteligência oficiais que atuam na Síria. Apesar do empenho do Itamaraty, até o momento a Editora Três não recebeu nenhuma informação sobre o paradeiro do jornalista Klester Cavalcanti.

Sá não tinha como saber, mas, enquanto ele escrevia a nota à imprensa, a ordem para a minha libertação do cativeiro já tinha sido dada. O plano elaborado pelo governo do Brasil para descobrir o que havia me acontecido e me libertar da prisão funcionara. E tinha Bruno Carrilho como peça fundamental em território sírio. Apenas quando Bruno me contou tudo isso, durante nossa conversa ao telefone, compreendi que minha detenção na Síria havia se transformado num incidente diplomático internacional. E que, sem a intervenção do Itamaraty, dificilmente eu teria sido libertado. Poderia passar o resto dos meus dias naquele buraco malcheiroso, comendo ovo na bacia de plástico e respirando fumaça de cigarro. Ou simplesmente ser assassinado e ter o meu corpo jogado numa das valas comuns de Homs. Mas, agora, tudo parecia estar caminhando para um desfecho bem melhor. E eu só queria comer o meu almoço antes que o filé esfriasse.

14   Liberdade

Pela primeira vez em quase uma semana, podia fazer uma refeição num prato, usando talheres. Era ótimo voltar a me alimentar sem ter de catar a comida com as próprias mãos. Mal terminei de almoçar, o telefone tocou. Do outro lado da linha, estava Luiz Fernando Sá. Mostrou-se feliz e aliviado por saber que eu já estava num hotel e ficou chocado com o breve relato que lhe fiz sobre tudo o que eu passara em Homs, especialmente os vários momentos em que tive armas apontadas para a minha cabeça, a tortura de ter o rosto queimado para assinar um documento em árabe e o fato de ter sido jogado numa penitenciária.

– Eles te machucaram no presídio? – perguntou-me.

– Não. Na cela, eu fui muito mais bem tratado e respeitado do que quando estava nas mãos do Exército e da Polícia.

– E por que você foi preso?

– Não sei. Ninguém nunca me disse. Fui fichado numa delegacia, colocado numa penitenciária e até hoje não sei por qual acusação.

– Seria bom conseguirmos o documento de quando você foi fichado.

– Eu sei. Já falei com Bruno sobre isso. Mas acredito que o Governo Sírio não vai colaborar nesse sentido.

– É. Também acho difícil.

A conversa terminou com Sá dizendo que eu podia telefonar para ele a qualquer momento e me mandando descansar. Dormir naquela cama de casal seria muito mais agradável do que na estopa que me servia de colchão na cela. Antes, porém, queria ver um pouco de tevê. À procura de algum canal em inglês – quase todos eram árabes –, parei na rede americana CBS. A notícia era terrível. Enquanto Baharin me escoltava de Homs a Damasco, as forças de Bashar al-Assad haviam realizado um pesado ataque à cidade de Houla, a cerca de 30 quilômetros de Homs. O episódio estava sendo chamado de "Massacre de Houla" e resultara na morte de 108 pessoas.

A reportagem da CBS exibia fotos de corpos estirados no chão e cobertos de sangue. Segundo a ONU, a maior parte das vítimas era de civis que teriam sido executados por integrantes de milícias fiéis ao presidente sírio. No vídeo, o porta-voz do Alto Comissariado das Nações Unidas para os Direitos Humanos, Rupert Colville, declarava haver evidências de que menos de 20 das 108 mortes registradas no massacre tinham sido causadas por disparos de artilharia e tanques de guerra. De acordo com a ONU, do total de mortos, 32 eram crianças com menos de 10 anos. E tudo isso numa única manhã. Muitas das vítimas tiveram as mãos amarradas antes de serem assassinadas com tiros na cabeça, o que configurava a execução sumária.

No mesmo dia, Bashar al-Assad divulgou nota atribuindo o ataque a grupos terroristas. Mas os observadores das Nações Unidas que foram a Houla constataram que o massacre havia sido, de fato, realizado pelo governo. Uma das provas disso eram os projéteis de tanques de guerra e de canhões do Exército Sírio encontrados em profusão na região mais afetada da cidade, uma área residencial. Diante dos fatos, o governo da França e o do Reino Unido exigiram uma resposta mais dura da comunidade internacional ao ditador. A oposição síria, por sua vez, solicitou uma reunião de emergência do Conselho de Segurança da ONU, que havia um mês e meio tentava estabelecer um cessar-fogo entre o governo e os rebeldes. Nada, porém, surtia efeito.

No quarto do hotel, em Damasco, eu me sentia seguro. Mas a guerra não dava trégua ao povo sírio. Com a tevê ainda ligada, telefonei para o meu contato em Homs, o ativista de Direitos Humanos. Ele atendeu ao primeiro toque. Estava chorando e muito nervoso. Mas demonstrou um laivo de alegria ao ouvir minha voz. "Todo mundo em Homs está sabendo do jornalista brasileiro que foi preso no centro da cidade. Eu pensei que você já estivesse morto", falou. Perguntei-lhe como estava a situação em Homs e se ele tinha amigos ou familiares em Houla.

– Aqui está tudo do mesmo jeito. Conflitos todos os dias, e as noites são cada vez mais violentas – ele disse.

– E em Houla?

– Tenho amigos trabalhando lá, fazendo o mesmo que eu faço aqui.

– Você já conseguiu falar com alguns deles?

– Sim. Eles dizem que nunca viram nada tão triste. Há muitas crianças mortas. Muitos civis foram executados, com as mãos amarradas. Abdul já está trabalhando para enviar algumas imagens à imprensa do mundo todo. Se você quiser, peço para ele mandar os vídeos para o seu Skype – falou, citando o nome de um ativista.

– Eu quero, sim. Só não sei quando terei acesso à internet. Ainda estou sob custódia de um homem do governo.

– Tenha cuidado, meu amigo. Não confie em ninguém. Eu preciso atender outra ligação. Estão me ligando de Houla.

– Ok. Muito obrigado.

– De nada. *Salam*.

– *Salam*.

Desliguei e deitei na cama. Nos minutos seguintes, recebi outras três ligações: da minha mãe, do meu pai e da minha irmã. Tentei tranquilizá-los e economizei nas partes mais dramáticas dos meus dias em Homs. Falei apenas que estava bem. Após conversar com a família, continuei assistindo à reportagem sobre o massacre. Com o corpo estirado no colchão, senti um certo incômodo por estar ali, gozando de todo aquele conforto e mordomia, podendo pedir uma refeição no quarto e com água mineral à vontade, enquanto meus amigos continuavam na prisão, em Homs. Poucas horas antes, eu estava entre eles, naquele inferno. Agora, tinha tudo isso a meu dispor e eles permaneciam enjaulados. Daria tudo para poder arrancar Ammar, Adnan e Walid daquele buraco. Adormeci com esse pensamento martelando minha cabeça, tal qual bigorna.

Acordei às 19h30, com o telefone gritando. Era Bruno Carrilho, me convidando para jantar. Achei a ideia excelente. Seria ótimo desfrutar de algo simples, mas que só as pessoas livres podem fazer, como jantar fora.

Para isso, porém, teria de pedir autorização ao homem que me vigiava. Tive uma grata surpresa. Baharin empurrara meu passaporte por baixo da porta e havia ido embora. Aos poucos, eu voltava a sentir o delicioso sabor da liberdade. Enquanto me vestia para esperar Bruno, olhei-me no espelho pela primeira vez nos últimos seis dias. A imagem era horrorosa, sofrida. A barba estava muito maior do que eu imaginava. Os olhos cansados, com olheiras profundas. E havia, ainda, o ferimento causado pela queimadura na minha face esquerda. Pensei em tirar a barba para parecer um pouco menos selvagem. Mas ela estava tão cheia que ia levar tempo demais, e eu devia estar pronto em menos de meia hora.

Além disso, tinha outra preocupação. Antes de sair, precisava encontrar um local seguro para esconder os dois cartões de memória nos quais estavam as fotos e os vídeos que fizera no Líbano e na Síria. A paranoia ainda estava presente. Eu realmente acreditava que algum espião do Governo Sírio – talvez o próprio Baharin – poderia entrar no meu quarto à procura dos cartões. E quando eu saísse do hotel para jantar com Bruno, ele – o espião – teria todo o tempo do mundo para vasculhar minhas coisas. Sair do hotel levando os cartões comigo também não me parecia uma boa ideia. Eu poderia ser revistado em alguma batida militar nas ruas de Damasco e ter os cartões apreendidos.

Gastei alguns minutos procurando aquele que me parecesse o local menos provável para alguém esconder um cartão de memória. A melhor ideia que tive foi tirar a lâmpada do abajur, colocar o cartão no bocal e pôr a lâmpada de volta. Mas não deu certo. Com o cartão no bocal, não conseguia fixar a lâmpada. Acabei escondendo um dos cartões no meio do rolo do papel higiênico ao lado da privada. Por precaução, decidi colocar o outro em algum lugar fora do quarto. No corredor de cada andar do hotel, havia vasos com flores de plástico fincadas num tipo de areia sintética. Enrolei o outro cartão num pedaço de papel e empurrei-o dentro do vaso até a areia cobrir toda a minha mão. Para ficar ainda mais tranquilo, fiz isso num vaso do primeiro andar, e não no segundo, no qual ficava o meu quarto.

Antes de sair, coloquei minha mochila no chão, perfeitamente alinhada com o suporte de parede da tevê. Se alguém tocasse nela, eu perceberia ao voltar. Considerando tudo o que eu passara nos últimos dias, nada me parecia absurdo demais. Às 20 horas em ponto, Bruno chegou ao hotel, acompanhado da mulher, Priscila. Senti-me feliz em conhecer o homem

cuja atuação fora imprescindível para que eu obtivesse o visto sírio e também para a minha libertação da penitenciária. Além disso, era muito bom poder conversar com alguém em português. Durante o jantar, num restaurante de gastronomia contemporânea, Bruno e Priscila fizeram diversas perguntas sobre a minha prisão.
– Felizmente, tudo acabou bem – Bruno falou.
– Para mim, só vai ter acabado quando eu sair deste país.
O jantar foi agradável. A carne estava deliciosa e a companhia, excelente. Bruno e Priscila se mostraram gentis e preocupados comigo. Estavam vivendo em Damasco havia sete meses, desde que ele fora transferido da Embaixada em Paris para a capital síria. Gostavam de morar numa cidade com tanta história e cultura, e diziam não ter sua vida diretamente afetada pela guerra. "As áreas de risco são apenas aquelas em que há prédios públicos e alguns bairros da periferia, nos quais os rebeldes têm influência", disse Bruno. "Aqui, a violência ainda não chegou para valer."
Ao voltar ao hotel depois do jantar, peguei os cartões de memória, no vaso de flores e no rolo de papel higiênico. Fiquei aliviado ao ver que estavam onde eu os havia deixado. Na manhã seguinte, depois de dormir por quase dez horas ininterruptas, fui acordado pelo toque do telefone, às 9h30. A ligação vinha do Ministério da Informação. O homem do outro lado da linha identificou-se como Fady Marouf, chefe do Departamento Latino-Americano e subordinado a Abeer al-Ahmad, a diretora de Mídia Internacional do ministério. A partir daquele momento, Fady ficaria responsável pela minha segurança e por acompanhar todo o meu processo, principalmente para viabilizar a renovação do meu visto. Ele me orientou a ir ao Ministério da Informação levando meu passaporte.
Não gostei da ideia de circular por Damasco com o visto vencido. Se eu fosse parado em alguma inspeção militar, certamente teria grandes problemas. Preocupava-me bastante a possibilidade de ser preso novamente. Na noite anterior, quando saí para jantar com Bruno, eu estava no carro com um diplomata brasileiro. Sair do hotel sozinho, naquelas circunstâncias, me parecia arriscado. Falei tudo isso para Fady. Ele garantiu que eu não teria problemas: "Se você for parado em alguma barreira militar, pode falar para telefonarem no meu celular".
Menos de uma hora depois, eu entrava no escritório de Fady. Ele era mais jovem do que eu imaginara. Tinha 34 anos, cerca de 1,70 metro de

altura, uns 80 quilos, pele morena, cabelos crespos e curtos e olhos levemente esverdeados. O rosto era redondo, com bochechas salientes e nariz largo, e a barriga parecia querer saltar para fora da camisa. Falava de forma mansa, com um pesado sotaque árabe. Disse que havia sido imbuído da missão de me ajudar em tudo o que eu precisasse, mas que ainda não sabia quando meus equipamentos – celular, máquina fotográfica e filmadora – seriam devolvidos. Convidou-me a fazer um passeio pela Cidade Velha, com visitas à Grande Mesquita de Damasco e ao Mercado Público.

Conosco, iria o fotógrafo cubano Luis Fonseca, de 58 anos, que morava na capital síria havia quatro anos e adorava a cidade. Antes de sairmos do ministério, Fady pegou uma máquina fotográfica e disse algo que me deixou desconfiado: "Se você quiser, pode me dar o seu cartão de memória que eu coloco na máquina e você fica com todas as imagens". Ele poderia simplesmente usar um cartão qualquer do ministério e, depois do passeio, me entregar ou me enviar as fotos por e-mail. Fiquei com a suspeita de que Fady havia sido orientado a descobrir se eu realmente falara a verdade, ao dizer que não tinha nenhum cartão. Mantive a mentira, afirmando não possuir cartão algum, e pegamos um táxi para a Cidade Velha.

Nada fazia lembrar que aquele país estava passando por uma guerra civil. Sob um magnífico céu azul, as ruas estavam infestadas de gente e de carros. As buzinas não paravam. Começamos o passeio pela Mesquita de Damasco, erguida há quase 1.400 anos e uma das mais belas e importantes do mundo. Foi construída depois que os árabes conquistaram a cidade, sobre uma capela cristã onde, acredita-se, está a cabeça do apóstolo João Batista. No pátio da mesquita, usei a máquina de Fady para fazer algumas fotos do local considerado Patrimônio Mundial pela Unesco. Tocou-me, em especial, ver crianças correndo, sorridentes, sobre o piso reluzente de mármore em tons de rosa.

Uma delas era Nahdja, de 2 anos. Usava um vestido branco e lilás e uma tiara vermelha que lhe prendia os cabelos. Mesmo tão nova, já aprendera que não podia usar sapatos no solo sagrado da mesquita. Corria descalça, com as sandálias nas mãos e um sorriso puro. Seus pais assistiam a tudo de longe, sentados no chão. Sabiam que a filha estava segura. Oxalá todos os pais da Síria pudessem sentir o mesmo e todas as crianças do país corressem despreocupadas e livres como a linda Nahdja. Fiz três fotos dela e voltei ao encontro de Fady e Luis.

O Mercado de Damasco ficava ao redor da mesquita e era uma espécie de labirinto de lojas e barracas vendendo de tudo. Roupas, perfumes, bijuterias, óculos, artesanato, tapetes, peixes – vivos e mortos –, frutas, verduras e uma infinidade de ervas. Em algumas ruelas, o cheiro dos temperos era tão intenso que me fazia espirrar. Como em qualquer mercado público do mundo, a gritaria não cessava. Era curioso ver as muçulmanas mais tradicionais encarando as manequins das lojas, vestidas com roupas ocidentais – algumas com minissaias e shorts –, com olhar de repreensão.

Parei numa das lojas para comprar um par de brincos, deixando Fady e Luis do lado de fora, à minha espera. Não gastei mais de três minutos. Quando saí, eles não estavam mais lá. Olhei para todos os lados, e nada. Não entendi como poderiam ter me deixado sozinho, no meio daquele labirinto, sem falar a língua local e, o mais grave, sem o visto sírio. Eu estava ilegalmente num país em guerra. Mais uma vez, a paranoia se fez presente. "Eles me deixaram aqui de propósito, para eu ser capturado e levado à prisão novamente. Dessa vez, por um motivo justo: estou na Síria sem visto, clandestinamente", pensei. Tentando encontrar o caminho de volta à mesquita – de onde saberia voltar para o hotel –, eu andava apressada e nervosamente entre a multidão.

Olhava para os lados e para trás, certo de que, a qualquer instante, alguém tentaria me interceptar. Ao meu olhar desconfiado e assustado, era natural que as pessoas respondessem da mesma maneira. Naquele momento, no entanto, eu não tinha essa clareza. Um homem de pé, diante de uma barraca que vendia damascos, ameixas e outras frutas, me pareceu suspeito demais, pelo simples fato de me encarar por alguns segundos. Quando passei por ele, começou a caminhar atrás de mim. Acelerei o passo. O sujeito continuava me seguindo. Corri um pouco e entrei em algumas lojas, à procura de alguém que falasse inglês e que pudesse me dizer como chegar à mesquita. Ninguém ajudou.

Da última loja na qual entrara, saí correndo e olhando para o alto, tentando enxergar um dos minaretes da Grande Mesquita. Esbarrei em várias pessoas. Algumas reclamavam, gritando o que me pareciam ser xingamentos. Eu não voltaria à prisão. Preferia morrer. Consegui chegar ao muro lateral da mesquita e continuei correndo por mais uns cinco minutos, até a avenida Sa'adalah El-Jabri. Dali para o meu hotel, eram apenas mais mil metros. Aparentemente, não havia mais ninguém me seguindo. Talvez nunca tenha havido. Naquelas circunstâncias, porém, preferi não correr o risco. Cheguei ao hotel encharcado de suor, por causa da corrida. Mas agora eu tinha um banheiro com chuveiro só para mim. Depois do banho, telefonei para Fady.

– Eu e Luis ficamos preocupados com o seu desaparecimento – ele disse.

– Eu não desapareci. Entrei numa loja e vocês ficaram à minha espera. Quando saí, vocês não estavam mais lá.

– Nós entramos numa loja em frente à sua. Pensamos que você tinha visto.

– Não. Eu não vi. Vocês deveriam ter me avisado. Estou num país em guerra, sem visto e acabo de sair da prisão. E você sabe de tudo isso.

– Você está certo. Sinto muito. Mas agora está tudo bem, certo?

– Sim. Já estou no hotel.

– Acho melhor você não sair daí até conseguirmos renovar o seu visto. Só por precaução.

– Ok. E quando você acha que isso será possível?

– Ainda não sei. Mas manterei você informado.

Depois de passar seis dias preso, eu sabia que não conseguiria ficar muito tempo dentro de um quarto de hotel. Meu corpo e minha alma tinham fome de liberdade. Apesar do inconveniente que havia passado no mercado, tinha sido maravilhoso poder caminhar na rua, entre outras pessoas, ir para onde eu quisesse, sem ninguém comandando os meus passos. Queria sentir aquilo novamente. À noite, após a oração das 20 horas, cujo cântico saía de uma mesquita próxima ao hotel e invadia o meu quarto, resolvi caminhar um pouco pela cidade. Fazia um tempo agradável, por volta dos 18 graus. A passos lentos, pensava em tudo o que me acontecera nos dias anteriores e em como era sublime a sensação de andar no meio da rua, com as mãos nos bolsos, sem o receio de que, a qualquer momento, alguém pudesse me mandar entrar na cela.

Naquela noite, adormeci assistindo à tevê. No domingo 27, acordei às 11h10, sentindo-me em paz e seguro. Durante a madrugada, havia sonhado com meus pais. Lembrava apenas de vê-los sorrindo e me abraçando. Sonhara, também, com a ilha de Fernando de Noronha, mais especificamente com a recente viagem que fizera ao arquipélago, em março de 2012, dois meses antes de embarcar para a Síria. Meu cérebro parecia se esforçar para trazer-me boas lembranças.

Pouco antes do meio-dia, me preparava para sair e comprar algo para comer, quando o telefone tocou. Era Fady, dizendo que eu deveria ir ao Ministério da Informação. Ele iria me acompanhar ao Departamento de Imigração, onde meu visto seria renovado. No ministério, tive uma breve conversa com a diretora de Mídia Internacional, Abeer al-Ahmad, a moça dos olhos bonitos. Parecia triste. Sua voz saía fraca, trêmula, como se tivesse acabado de chorar. Imaginei que estivesse abatida devido ao massacre de Houla, no dia anterior. Perguntei-lhe se estava bem. Sua preocupação era outra.

– Só para você entender como vivemos aqui. Minha mãe mora em Homs. E eu não consigo ficar em paz.

– Por que você não tenta trazê-la para Damasco?

– Já tentei várias vezes. Ela não quer. Diz que nasceu em Homs e vai morrer em Homs.

– E seu pai?

– Já morreu há muito tempo. Ela vive lá, sozinha. Não sei mais o que fazer.

Queria confortá-la. Mas não sabia o que dizer. Abeer conhecia a situação do seu país muito melhor do que eu. Por isso mesmo, tinha motivos para estar preocupada com a mãe. Com a quantidade e a frequência dos ataques que o Exército Sírio realizava em Homs, as chances de a mãe dela entrar para a lista de vítimas do governo para o qual ela trabalhava eram enormes. Respirou fundo, deu um gole no copo de água que segurava na mão direita e fingiu um sorriso de conformismo. "Mas tudo vai ficar bem", ela disse. Mais calma, falou que lamentava por tudo o que eu passara em seu país e que ficaria feliz em me receber de volta quando os conflitos terminassem. "Será um prazer. Sempre quis conhecer a Síria, e desta vez a experiência não foi das melhores", eu disse, despedindo-me com um aperto de mão.

Cerca de 20 minutos depois, eu e Fady estávamos no Departamento de Imigração. Reconheci o prédio pela fachada. Era o edifício da rua escura, na qual eu estivera na noite anterior à minha viagem a Homs e onde tivera armas apontadas para a minha cabeça pela primeira vez na Síria. Continuava cercado por militares armados, com barricadas nas esquinas. Se eu soubesse que íamos para lá, teria ido diretamente do meu hotel, a cerca de 700 metros de distância. Fady me mandou esperar do lado de fora – "para evitar problemas" – e entrou com o meu passaporte.

Voltou 15 minutos depois, com orgulho e sorridente, sacudindo o documento na mão esquerda. Meu visto havia sido renovado até o dia seguinte – segunda-feira 28 de maio. Dei-lhe um forte abraço e nos despedimos. Ele prometeu que continuaria tentando recuperar meus equipamentos e disse que precisava retornar ao trabalho. Eu voltaria ao hotel caminhando. Queria saborear a liberdade. Aos poucos, recuperava o meu direito de ir e vir. O passo seguinte era articular a minha saída da Síria. Já no meu quarto, pedi algo para comer e telefonei para Bruno, informando-o de que estava com o visto regularizado.

– Quando você pode sair da Síria? – ele quis saber.
– Quando eu quiser. Mas tem de ser até amanhã.
– E o que você pretende fazer?
– Por mim, iria embora hoje mesmo. Mas quero esperar até amanhã. Ainda tenho esperanças de recuperar meus equipamentos.
– Então, posso programar sua volta a Beirute para amanhã?
– Sim. Não tenho escolha. Com ou sem meus equipamentos, amanhã eu volto para o Líbano.
– Ok. Vou organizar as coisas aqui na Embaixada e ligo para você mais tarde.
– Muito obrigado.

* * *

Naquela tarde, voltei a falar com o meu irmão e com Luiz Fernando Sá, e coloquei-os a par de tudo. Ficaram felizes e tranquilos ao saber que meu visto fora renovado e que eu deixaria a Síria no dia seguinte. Telefonei, também, para Fady, ansioso por alguma novidade a respeito dos meus equipamentos. Ele mal conseguia falar. Acabara de receber uma ligação de uma tia que morava em Houla, dizendo que um dos seus primos havia sido morto no massacre do dia anterior. A guerra não tinha partido nem bandeira. Como Fady, muitos funcionários do Governo Sírio já tinham perdido familiares nos confrontos. Apesar da tristeza, ele disse que continuava conversando com a Polícia de Homs, na tentativa de recuperar meus pertences. O pouco contato que tivemos foi suficiente para me mostrar que Fady era um homem bom, de coração generoso. Ele tinha muito mais motivos do que eu para estar preocupado com a guerra em seu país. Diariamente, vários amigos e familiares seus corriam riscos em cidades sírias. Mas sua maior preocupação era em relação à esposa – Suad, 34 anos – e os dois filhos – William, 8, e Elian, 4. Durante os dois primeiros anos do conflito – 2011 e 2012 –, Fady e sua família conseguiam levar a vida com alguma normalidade. Apesar da violência extrema em algumas regiões do país, em Damasco, ele e a mulher continuavam trabalhando e os meninos ainda frequentavam a escola. Tudo começaria a mudar pouco mais de um ano após a minha saída da Penitenciária Central de Homs.

Na tarde do dia 23 de junho de 2013, um carro-bomba explodiu a poucos metros do prédio em que sua família vivia, num bairro de classe média da capital. A explosão derrubou paredes sobre os móveis e arrancou a porta de vidro da varanda e as janelas do quarto das crianças. Não havia ninguém em casa no instante do atentado. Ele e a mulher estavam no trabalho, e os garotos, no colégio. O episódio levou-o a tomar uma decisão dura e sofrida: enviar a esposa e os filhos para a casa de familiares no povoado de Hama-Myssiaf, a cerca de 200 quilômetros de Damasco e onde os efeitos da guerra ainda não eram sentidos. Com isso, passou a sofrer, também, com a saudade da família. Mas ao menos sentia um pouco de paz, por saber que Suad, William e Elian estavam em segurança. Ele, porém, não podia fugir daquele cenário de dor e morte. Precisava continuar em Damasco, trabalhando para o Governo. E naquele momento, fazia parte do seu trabalho me ajudar a recuperar meus pertences que haviam sido confiscados pela polícia de Homs. Por volta das 16 horas, ouvi o Adhan – o cântico que precede a oração do Islã – no alto-falante da mesquita próxima ao hotel. Lembrei-me de Ammar, com sua voz grave e melódica, cantando na prisão. Era provável que, naquele exato momento, enquanto eu estava deitado numa cama de casal, depois de um almoço farto e com direito a pudim de leite de sobremesa, meu amigo estivesse cantando o Adhan na nossa cela, com seus olhos bondosos mirando aquela parede encardida de dor e angústia. Quando o cântico terminou, fiquei em pé e comecei a fazer minha prece solitária. Iniciei com as frases que eu sabia em árabe e continuei orando na minha mente, em português. Agradeci por estar prestes a voltar a ser um homem livre e pedi pelos meus irmãos que continuavam encarcerados.

Com o passaporte em mãos e o visto regularizado, senti-me seguro e à vontade para caminhar um pouco naquela que seria minha última noite na Síria. Queria andar por Damasco com calma, sem medo de ser preso a qualquer minuto. Casais caminhavam de mãos dadas nas calçadas. Jovens conversavam e sorriam nas mesas dos bares. Os restaurantes estavam com as portas abertas. No cinema que ficava a 100 metros do hotel, uma fila se formava na bilheteria para assistir ao filme *O grande dragão branco*, de 1988, com o ator Jean-Claude Van Damme. A capital vivia como se a guerra fosse algo muito distante. Pelo menos, era esse o discurso de Bashar al-Assad. Sempre que aparecia na tevê, o presidente dizia que o conflito não era tão grave assim e que os confrontos só ocorriam nas regiões dominadas pela oposição, à qual ele se dirigia como "terroristas". Os habitantes de Damasco pareciam acreditar nas palavras do ditador ou se esforçavam para isso.

De volta ao hotel, ouvi o telefone do meu quarto tocar quando ainda estava no corredor. Corri, mas não consegui chegar a tempo. Com o meu celular ainda nas mãos do governo, não podia me dar ao luxo de deixar de atender a uma ligação. Poderia ser algo importante. Era. Uns cinco minutos depois, o telefone tocou novamente. Bruno Carrilho queria me informar que já estava tudo providenciado para a minha saída da Síria. Um veículo oficial da Embaixada do Brasil me levaria de Damasco a Beirute. Mais seguro impossível. Eu faria uma viagem internacional dentro de um carro da Embaixada, o que significava, em termos legais, estar em território brasileiro. Seria muito mais confortável, rápido e tranquilo do que retornar a Beirute de ônibus ou de van, como até então eu estava pensando em fazer.

Bruno não poderia me acompanhar, por ter outros compromissos diplomáticos, mas um funcionário da Embaixada passaria no hotel ao meio-dia da segunda-feira 28. Além de ter me ajudado a conseguir o visto sírio e de atuar no processo da minha libertação, Bruno conseguira montar o esquema perfeito para que eu saísse da Síria em segurança. Por mais que lhe agradecesse, jamais seria capaz de expressar toda a gratidão que sentia. Com tudo muito bem encaminhado, tive uma das mais tranquilas noites de sono de que me recordo.

Acordei por volta das 10h30, descansado, calmo, feliz. Sem pressa, tomei banho e arrumei minha mochila. Continuava preocupado com os cartões de memória. Sabia que dentro do carro da Embaixada do Brasil meus pertences estariam seguros. Num país em guerra, no entanto, tudo me parecia possível. Os comandados de Bashar al-Assad já haviam dado provas de que não tinham problemas em desrespeitar tratados internacionais. Se quisessem invadir um veículo oficial e confiscar tudo o que bem entendessem, eles fariam isso. Sem dúvida alguma. Recoloquei os cartões nos mesmos locais de antes: um na caixa do fio dental e o outro na bainha da calça, que agora estava dentro de um saco plástico, na mochila.

Ao meio-dia em ponto, o vice-cônsul João Alcântara chegou ao hotel Al Majed. Cinco minutos antes, recebi um telefonema de Fady Marouf. "Seus equipamentos estão aqui, no ministério. Pode vir buscá-los", ele disse. A notícia era ótima. Mas eu jamais acreditaria que o celular, a máquina fotográfica e a filmadora só haviam chegado a Damasco justamente naquele momento, quando me preparava para ir embora da Síria. Mas o que realmente importava era que faltavam poucos minutos para eu reaver meus equipamentos e, finalmente, sair daquele país.

Eu e João iríamos percorrer os 115 quilômetros que separam Damasco de Beirute no veículo utilizado pelo próprio embaixador, uma BMW 525, preta, com vidros escuros e bancos de couro. Ao ver a placa oficial da Embaixada Brasileira, os policiais e os militares sírios tinham de abrir caminho. Em teoria, não poderiam sequer nos mandar sair do carro. Em teoria. Nosso motorista seria Aid Abdul Hamid, um sírio responsável por conduzir o embaixador em todas as suas viagens. João, de 31 anos, chegara a Damasco havia um mês e meio, no dia 14 de abril. Nascido em Brasília, onde trabalhava antes de ser enviado para a Síria, ainda não tinha sentido o peso da guerra na sua nova cidade de domicílio. No caminho para sair de Damasco, paramos no Ministério da Informação. Contei 12 soldados armados e duas metralhadoras giratórias guardando o prédio. Foi tudo muito rápido. João me acompanhou até a sala de Abeer al-Ahmad. Ela e Fady estavam à minha espera, com meus equipamentos dentro de um saco plástico lacrado. Abeer pediu para eu abrir o pacote e conferir se estava tudo em ordem. Não havia problemas. Cumprimentei-os e agradeci por tudo. "Estamos à sua disposição. E não deixe de voltar a Damasco quando nosso país estiver em paz", disse ela. Finalmente, eu poderia ir embora da Síria, em paz, seguro e com meus equipamentos. Assim que entramos no carro, tentei ligar meu celular, mas a bateria estava descarregada. A viagem seguiu tranquila, com a boa companhia e ótima conversa de João. Ele ficou chocado com o meu relato sobre tudo o que eu vira e passara em Homs. Mas nada conseguia tirar a alegria da nova vida que ele acabara de abraçar. João e a namorada, Luciana Costa, de 31 anos, estavam juntos havia menos de três meses e resolveram encarar o desafio de deixar o Brasil para viver na capital de um país em guerra. Para eles, o que importava, acima de tudo, era que estivessem juntos. Diante do amor, a guerra ficava indefesa.

Chegamos à linha que separa a Síria e o Líbano cerca de 40 minutos após deixarmos o prédio do Ministério da Informação. Sem que eu soubesse, João tentou me fazer cruzar a fronteira como se eu também fosse diplomata. Assim, não seria necessário sequer descer do carro. Ele só me colocaria a par do seu plano ao saber que não tinha dado certo. Também sem me informar naquele momento, pagou 500 pounds sírios – pouco mais de 7 dólares – no posto de fronteira da Síria, referentes à taxa cobrada aos estrangeiros que desejam sair do país.

Percorrendo as estradas que serpenteiam as montanhas do Líbano, lembrei-me de quando fizera o caminho inverso, de Beirute a Damasco, na van do motorista Isam Mukhtar, exatamente dez dias antes. Durante aquela viagem, jamais poderia ter imaginado que passaria por tanto sofrimento em Homs. Mas havia uma parte de mim que estava feliz pelo fato de ter entrado na cidade que era o epicentro da guerra na Síria. Por ter visto, com os meus olhos, o que acontecia naquele lugar e com aquele povo. Sentia-me, também, um pouco frustrado por não ter acompanhado as tropas rebeldes em ação durante confrontos com as forças de Bashar al-Assad, como já estava acordado com oficiais do ELS. Mas nada era maior do que a alegria de ter feito verdadeiros amigos no meio do inferno. Mesmo que nunca mais voltasse a vê-los, Ammar, Adnan e Walid estariam para sempre no meu coração e na minha mente. Principalmente Ammar, que várias vezes havia me chamado de *"my brozer"*, com seu inglês arabizado. No meio de tanta barbárie e desgraça, a guerra da Síria tinha me presenteado com um irmão. *Shukran*, Bashar.

Chegamos a Beirute cerca de duas horas após sairmos de Damasco. Fazia calor. Uns 30 graus. O trânsito, como sempre, estava caótico, travado. Gastamos mais de 20 minutos para completar um percurso de 5 quilômetros, do litoral banhado pelo Mar Mediterrâneo ao hotel Assaha, no qual eu me hospedara antes de ir para a Síria. João Alcântara me acompanhou até a recepção e aguardou que eu fizesse o check-in. Queria ter certeza de que o pacote havia sido entregue no destino. Abracei-o e agradeci tudo o que fizera por mim.

Ao entrar no quarto, minha mente foi imediatamente levada à cela que me servira de lar por cinco dias, em Homs. Era inevitável. Estava, agora, num mundo tão absurdamente diferente – apesar de tão próximo geograficamente –, que tudo me remetia àquele buraco malcheiroso. Meu quarto era mais espaçoso do que a cela na qual meus amigos perdiam seus dias. Havia uma tevê de LED de 32 polegadas e um frigobar abastecido com água, refrigerante, suco, uísque, cerveja. Sobre ele, um pacote de batata frita, dois tabletes de chocolate, um saco de castanhas e uma caixa de bombons.

A cama era uma *king size*, com lençóis egípcios de 1.200 fios. Havia até um menu de travesseiros, com seis opções: plumas de ganso, *mousse* de poliuretano, látex alto e baixo, 100% de penas, 100% de látex e aromático de alfazema. Três dias antes, eu estava dormindo numa estopa fedida, vendo baratas circulando ao meu redor, comendo numa bacia de plástico e tomando água de torneira. Era estranho ter todo aquele conforto só para mim. Mas era muito bom. Pedi um filé com arroz marroquino para comer no quarto e fui tomar banho.

Enquanto almoçava, telefonei para os irmãos Shadi e Chadia Kobeissi, que conhecera em Beirute antes de partir para a Síria. Eles ficaram felizes em saber que eu já estava na cidade e bem de saúde. E falaram que passariam no hotel à noite para me levar para jantar. Tinham tomado conhecimento da minha prisão pela internet. "Há matérias falando sobre você em todos os sites do Brasil e até em alguns estrangeiros", disse Shadi. Só não fiquei preocupado com minha família porque todos já sabiam que eu estava fora de perigo. Telefonei também para Luiz Fernando Sá, Mário Simas Filho e o meu irmão, informando que chegara ao hotel em Beirute. A ideia inicial era que eu escrevesse a reportagem sobre a guerra da Síria na minha volta a São Paulo, onde deveria chegar na noite da quarta-feira 30. Isso me deixou tranquilo para descansar em Beirute, sem me preocupar com a matéria que tinha para escrever.

Após o almoço, pude usar a internet pela primeira vez desde que fora preso. Havia mais de cinquenta mensagens de amigos, conhecidos e até de estranhos no Facebook, querendo saber como eu estava. Uma delas era de um jornalista que se apresentava como Wagner Sarmento, repórter de internacional do *Jornal do Commercio*, do Recife. Havia uma nota circulando pelos sites de notícia do Brasil afirmando que eu havia sido preso por não ter a documentação necessária para estar na Síria a trabalho e que eu não sofrera maus-tratos no país. Sarmento dizia querer me entrevistar para esclarecer as circunstâncias e o motivo da minha prisão. Pelo Facebook, enviei a ele o telefone do hotel e o número do meu quarto. Dez minutos depois, o jornalista me ligou. Contei-lhe o que realmente havia acontecido: que eu tinha o visto de imprensa para atuar na Síria, que passara seis dias preso e que sofrera ameaças de morte e tivera o rosto queimado durante minha captura.

Naquela noite, conforme havíamos combinado, Shadi e Chadia foram me buscar no hotel para jantarmos. Senti-me muito feliz por estar novamente entre amigos. Na tarde da terça-feira 29, um dia depois de chegar à capital libanesa, fui levado por eles a um passeio turístico. Fomos à cidade histórica de Saida, a cerca de 40 quilômetros ao sul de Beirute. Fundada pelos fenícios, Saida já tinha estrutura de cidade por volta de 500 a.C., mas pesquisas arqueológicas indicam que era habitada desde 3800 a.C. Durante o passar dos séculos, havia sido dominada por persas, assírios, babilônios, egípcios, gregos, pelas tropas de Alexandre, o Grande, e, finalmente, pelos romanos. O lugar é citado diversas vezes na Bíblia. Por suas vielas emolduradas por paredes de pedra, caminharam Jesus e João Batista. Hoje, suas ruas vivem repletas de turistas, vendedores e crianças.

Algumas lindas, como Badia, de 5 anos, que fotografei enquanto ela brincava com os amigos. Com lindos olhos verdes e sorriso tímido, usava uma tiara com antenas de borboletas rosa. Vendo tamanha pureza no seu semblante, só podia desejar que ela nunca passasse pelo tormento que eu vira nos olhos das crianças em Homs. Era confortante a sensação de poder caminhar naquela cidade fascinante sem ter de olhar para os lados, à procura de alguém que quisesse me capturar.

De volta a Beirute, precisava arrumar a mochila, já que meu voo para São Paulo partiria na madrugada da quarta-feira 30. Mas como eu havia perdido o voo original – por estar preso –, a passagem tinha sido remarcada. Já no aeroporto, fui informado de que ocorrera um problema na alteração, o que atrasaria o meu retorno em dois dias. Com isso, eu só viajaria do Líbano para o Brasil na madrugada da sexta-feira, dia 1º de junho, quando minha reportagem já deveria estar finalizada. A mudança no roteiro fez com que eu tivesse de escrever a matéria no hotel, em Beirute. A conexão da internet não ajudou. Algumas fotos que eu fizera na Síria deixaram de ser enviadas à redação, em São Paulo, por queda de sinal. Nem a preciosa ajuda de Shadi e Chadia, que levaram um laptop para o hotel, conseguiu sanar esse problema. Mas o texto foi encaminhado sem complicações.

No dia da minha volta ao Brasil, Shadi e Chadia, mais uma vez, foram prestativos e atenciosos. Buscaram-me no hotel à 1 hora da madrugada para me levar ao aeroporto e ficaram comigo até as 3 horas, horário do meu embarque. Agradeci por todo o carinho que haviam dedicado a mim durante o tempo que passara em Beirute e abracei-os. Meu voo faria uma conexão em Istambul, na Turquia, de onde, finalmente, poderia voltar para casa. Ao entrar no avião que me levaria de Istambul para São Paulo, ouvi alguém chamar meu nome. Era o fotógrafo Leo Lemos, com quem eu havia trabalhado em 2005. Ele estava voltando das férias pela Turquia e já sabia do que me acontecera na Síria. "Eu li na internet", disse.

Naturalmente, Leo quis saber como eu havia sido preso, o que passara nos dias na penitenciária, o processo da minha libertação. Fez-me bem vomitar tudo aquilo olhando para um rosto conhecido. Assim como foi prazeroso e relaxante ouvi-lo falar das suas aventuras pela Turquia e ver as belíssimas fotos que fizera durante suas férias. Estávamos os dois empolgados, um com as histórias do outro. Passamos as 13 horas do voo conversando quase que ininterruptamente. Leo chegou a fazer fotos nossas a bordo e uma minha no exato momento em que o avião tocou o solo brasileiro, às 18h25 do primeiro dia do mês de junho de 2012, uma sexta-feira.

Preocupado com a situação na Síria, pedi o celular de Leo para ver os sites de notícias. As reportagens me deixaram ainda mais tenso. Naquele mesmo dia, Bashar al-Assad havia feito um comunicado, alertando que suas tropas iriam "esmagar" os rebeldes. Em outro pronunciamento, também naquela sexta-feira e exibido na tevê, o ditador declarara que a Síria se encontrava "em estado de guerra". A população continuava sendo reprimida pelas forças leais ao governo.

A ONU e as organizações de Direitos Humanos estimavam em 20 mil o número de mortos no conflito e em cerca de 1,5 milhão o de refugiados. E nada levava a crer que essa situação pudesse mudar num curto espaço de tempo.

Muito pelo contrário. Com o passar dos anos, o cenário ficaria muito pior. Em novembro de 2024, segundo levantamentos oficiais, mais de

500 mil pessoas já tinham sido mortas na guerra da Síria, e o número de refugiados ultrapassava os 7 milhões – mais do que a população de países como Escócia e Finlândia, ambos com cerca de 6 milhões de habitantes. A escalada da violência culminou num episódio que surpreenderia até os analistas mais experientes em assuntos do Oriente Médio.

No dia 8 de dezembro de 2024, o governo de Bashar al-Assad, iniciado em 2000, viria abaixo. Naquele domingo ensolarado em Damasco, integrantes do grupo rebelde sírio Hayat Tahrir al-Sham (HTS) – também conhecido como Organização para a Libertação do Levante – invadiram a capital. Foi a primeira vez, desde o início da guerra, em março de 2011, que os opositores de Bashar chegaram a Damasco com força capaz de causar real impacto. Com a ajuda de parte da população, os insurgentes tomaram a capital e, num gesto de grande peso simbólico, derrubaram a estátua de Hafez al-Assad, pai de Bashar, que instituiu, em 1971, uma ditadura que duraria 53 anos.

O assunto virou manchete nos grandes veículos da imprensa mundial. Todos destacavam o fato de que à frente do movimento que forçou Bashar al-Assad a fugir do seu país e se refugiar na Rússia estava um homem cujas origens indicavam que o futuro da Síria poderia ser tão pesado – ou até pior – do que fora sob a ditadura da família al-Assad. Líder do HTS, Abu Mohammed al-Jolani fez parte do grupo terrorista Al-Qaeda e sempre declarou sua intenção de transformar a Síria numa nação regida pelas leis do Islã. Isso levaria o país a se tornar algo próximo ao que é o Irã, República Islâmica na qual a constituição é regida por normas religiosas.

Na Síria de Bashar al-Assad, igrejas cristãs eram vistas a poucos metros de mesquitas, sem que isso causasse qualquer problema. Mulheres podiam usar a roupa que quisessem – como minissaias e blusas de alça –, assumir cargos públicos e disputar eleições. Sob uma eventual ditadura islâmica, nada disso seria possível. No Irã, por exemplo, as mulheres são obrigadas a usar o véu, têm de cobrir todo o corpo para sair de casa, e só podem viajar para fora do país se o marido ou o pai autorizar. Além disso, há o fato de que o HTS não é o único grupo rebelde com ambições de assumir o comando do país, o que significa que haverá uma disputa entre os próprios opositores de al-Assad, para ver quem assume o Governo Sírio.

Poucas horas após invadir Damasco, Abu Mohammed al-Jolani, aos 42 anos, fez sua primeira aparição pública na capital. Na Mesquita Omíada

– também conhecida como Grande Mesquita –, ele disse que a derrota de Bashar al-Assad era "uma vitória para a nação islâmica". Seu discurso terminou sob aplausos de centenas de pessoas que ocupavam o pátio principal da mesquita e que gritavam "Allah Akbar". Assim, terminava a tarde do dia 8 de dezembro de 2024. Data que marcaria para sempre um dos países mais antigos do planeta, com cerca de 5 mil anos de História e que já teve o seu território ocupado pelos mais diversos povos, como arameus, babilônios, bizantinos, egípcios, fenícios, gregos, hebreus, persas e sumérios.

Doze anos e seis meses antes, eu estava naquela mesma mesquita, passeando por seus pátios e salões, aproveitando um pouco da liberdade que acabara de reconquistar, depois de passar 6 dias como preso do regime de Bashar al-Assad. E me preparava para deixar a Síria, depois de vivenciar a experiência mais angustiante e, ao mesmo tempo, rica do ponto de vista humano da minha vida. No dia 1º de junho de 2012, por volta das 20h, eu abria a porta da minha casa, em São Paulo.

Em paz. Depois de todo o medo e agonia que vivera na Síria, finalmente sentia-me completamente seguro. A alegria de estar de volta, no entanto, era dividida com uma pesada tristeza. Não conseguia parar de pensar nos meus irmãos de cárcere. Eu estava na minha casa, tranquilo e longe de toda aquela desgraça. Mas Ammar, Adnan e Walid continuavam lá, naquele buraco fétido, ouvindo tiros e explosões dia e noite. Sentei no sofá, joguei a mochila no chão e recordei o momento que ficará para sempre gravado na minha memória.

Fechei os olhos e vi meus três amigos em cima do beliche, se espremendo por entre as grades da janela da nossa cela para se despedirem de mim. Como podiam estar tão genuinamente felizes com a minha libertação, sabendo que permaneceriam naquele inferno? Estava tudo ainda tão vivo na minha mente e no meu coração, que quase cheguei a sentir Ammar puxando minha mão para dentro da cela e beijando-a. Ouvindo sua voz grave e serena recitando o Adhan e me chamando de "*my brozer*", ajoelhei na sala, prostrando-me como aprendera com meus irmãos muçulmanos: com as palmas das mãos, o nariz e a testa colados ao chão. Fiz uma breve oração. Apenas pedi a Alá que os protegesse e que abreviasse os dias de dor e de morte na Síria. Aquele povo merece um pouco de paz. Chorei.

A geografia da guerra

Confira a localização das principais cidades citadas no livro

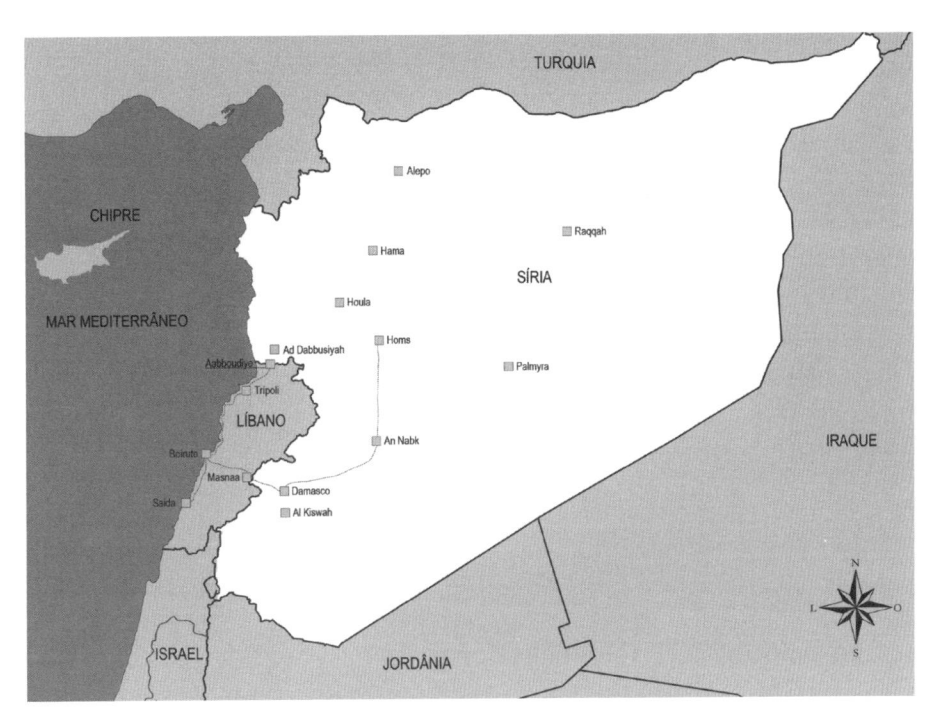

REPÚBLICA ÁRABE SÍRIA

Capital: Damasco.
Cidades mais populosas: Alepo (2,7 milhões de habitantes), Damasco (2,2 milhões) e Homs (1,7 milhão).
Língua oficial: árabe.
Independência da França reconhecida em 17 de abril de 1946.
Área: 185 mil quilômetros quadrados (pouco menor do que o estado do Paraná, com 199 mil quilômetros quadrados).
População: 21 milhões de habitantes (o equivalente à população da região metropolitana da cidade de São Paulo).
Países com os quais faz fronteira: Israel, Iraque, Jordânia, Líbano e Turquia.
PIB: cerca de 95 bilhões de dólares (menos de 4% do PIB do Brasil, que é de 2,5 trilhões de dólares).

TERRAS EM CONFLITO

Durante milênios, o território sírio foi ocupado por vários povos e civilizações. A Síria já foi disputada pela Mesopotâmia e pelo Egito, e esteve nas mãos de arameus, assírios, persas, Alexandre, o Grande, entre outros. Na época helenística, passou a ser centro do reino dos selêucidas até se tornar, no século I a.C., uma província romana. Com o crescimento do islamismo, a Síria converteu-se num dos mais importantes centros da civilização árabe, especialmente nos anos do califado omíada, que durou quase 100 anos, de 661 a 750 d.C. O país também foi invadido pelos cruzados, que ergueram fortificações marcantes, como o Krak dos Cavaleiros, localizado a 65 quilômetros de Homs e cujas obras foram concluídas em 1170. No início do século XVI, a Síria passou a fazer parte do Império Otomano, sob o comando dos turcos, e assim permaneceu até o final da Primeira Guerra Mundial, em 1918, quando foi dividida em duas partes: uma sob mandato francês, que compreendia a Síria e o Líbano atual, e a outra sob mandato britânico, composta de Palestina, Transjordânia (atualmente Israel e Jordânia) e Iraque. A Síria de hoje foi criada como mandato francês e obteve sua independência em abril de 1946.

A GUERRA

Em março de 2011, a Síria entrou numa guerra civil disputada entre grupos fiéis ao presidente Bashar al-Assad – o Exército, a Polícia e milícias – e grande parte da população, que exige a saída do ditador, representada principalmente pelo Exército Livre da Síria (ELS), cujas tropas têm o reforço de civis contrários ao governo. Em março de 2014, quando o conflito completou 3 anos, a ONU e as entidades de Direitos Humanos estimavam em cerca de 150 mil o número de mortos nos confrontos e em mais de 2 milhões (quase 10% da população do país) o de refugiados da guerra. As cidades mais afetadas pelo conflito são Homs e Alepo, mas o Exército Sírio e as milícias já promoveram massacres em outras localidades, como Hama e Houla, onde mais de 100 pessoas foram executadas no fim de maio de 2012, entre elas cerca de 30 crianças. Em agosto de 2012, a guerra chegou a algumas áreas da capital, Damasco, levando, inclusive, o governo do Brasil a transferir os funcionários da Embaixada na cidade para Beirute, no Líbano. Foi votada, no Conselho de Segurança da ONU, uma resolução contra o governo de Assad, mas a Rússia e a China, que têm direito a veto, não aprovaram.

UM POVO DE FÉ

Cerca de 90% dos habitantes da Síria são muçulmanos. Os outros 10% são, em sua maioria, cristãos. Entre os muçulmanos, cerca de 16 milhões são da etnia sunita, a maioria no país. Os outros 3 milhões são de outras etnias, como xiitas, drusos e alauítas – esta última é a etnia do presidente Bashar al-Assad. Conhecida por sua tolerância, a Síria permite que seus habitantes sigam outras religiões, que não seja o Islã. Há, por exemplo, cidades em que a maioria é cristã, como acontece em Khabab. Apesar de ser um país de cultura árabe, a Síria é um dos berços do cristianismo, sendo a sede da segunda Igreja Cristã fundada pelos discípulos de Jesus, presidida pelo apóstolo Pedro – a primeira foi a de Jerusalém. Os primeiros cristãos se estabeleceram em território sírio, por volta do ano 37 d.C., fugindo da perseguição iniciada pelos judeus em Jerusalém.

Álbum de fotos

Fotos: Klester Cavalcanti

Em todos os postos de fronteira da Síria, há fotos do presidente Bashar al-Assad. Neste, na divisa com a cidade de Masnaa, no Líbano, há também uma imagem do pai do ditador, o ex-presidente sírio Hafez al-Assad.

Posto de fronteira da Síria, no qual Cavalcanti, apesar de ter o visto sírio, foi impedido de entrar no país e obrigado a retornar ao Líbano, atravessando sozinho a ponte que liga os dois países.

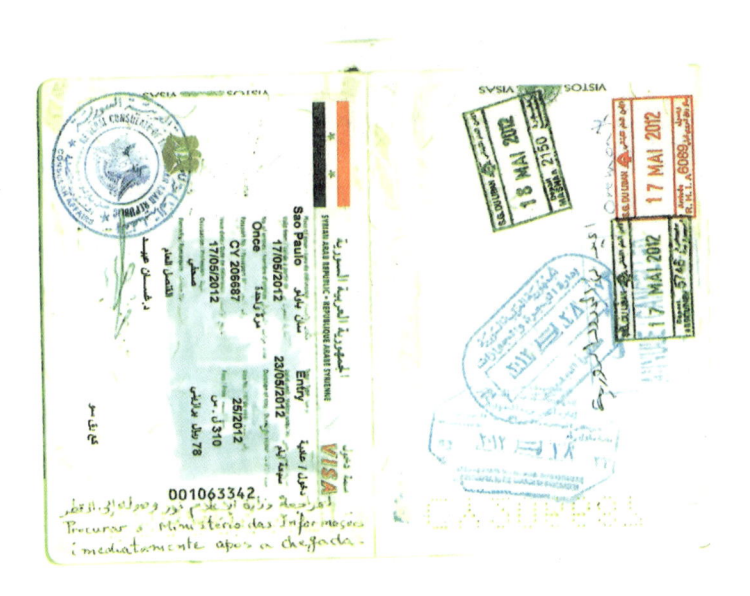

Imagem do passaporte do jornalista Klester Cavalcanti, com o visto de imprensa que o autorizava a atuar como jornalista no país e os carimbos de entrada e saída na Síria e no Líbano.

Os irmãos Chadi e Shadia Kobeissi ajudaram Cavalcanti na viagem de Beirute, no Líbano, a Damasco, na Síria, e também quando o jornalista retornou à capital libanesa, após ser solto da prisão. Eles nasceram no Brasil, mas são de origem libanesa e viveram em Beirute a maior parte da vida. Em setembro de 2013, eles deixaram o Líbano e voltaram para São Paulo, fugindo dos efeitos da guerra. Poucas semanas antes de retornarem ao Brasil, um atentado a bomba atingiu prédios, carros e matou cerca de dez pessoas em Beirute.

Fotos: Klester Cavalcanti

Na tarde de sábado, 19 de maio, Cavalcanti desembarcou na rodoviária de Homs. Diferentemente do que ocorreria em dias normais, o lugar estava vazio. O único ônibus a chegar à estação era o que levava o jornalista (veículo branco).

Em outubro de 2011, Jawad Merah, de 21 anos, viu o pai ser executado por militares sírios na mercearia em que trabalhavam, em Homs. No episódio, ele foi atingido por estilhaços de uma granada, que cortaram quase toda a sua face esquerda. Carregará as cicatrizes para sempre. Em maio de 2012, Jawad foi convocado pelo Exército Sírio a se apresentar no quartel em Homs, para integrar as forças que assassinaram seu pai e lutar contra os rebeldes, com os quais simpatizava. Se não atendesse ao chamado, teria sua prisão decretada. No dia desta foto (17 de maio), viajava para Homs, para se apresentar no Exército.

Acampamento de refugiados na região de Trípoli, no Líbano, perto da fronteira com a Síria. As mulheres da foto são familiares de Jawad Merah.

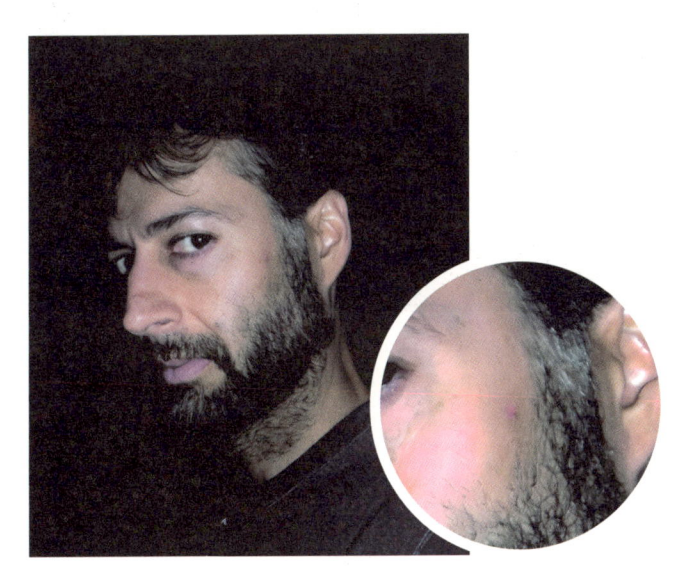

Após ser preso, no centro de Homs, Cavalcanti foi levado a uma delegacia, na qual foi interrogado por policiais. Um deles queimou o rosto do jornalista com um cigarro, para obrigá-lo a assinar um documento em árabe. A foto mostra a cicatriz deixada pela queimadura. Na ameaça, o policial disse que, se Cavalcanti não assinasse o documento, iria queimar o seu olho.

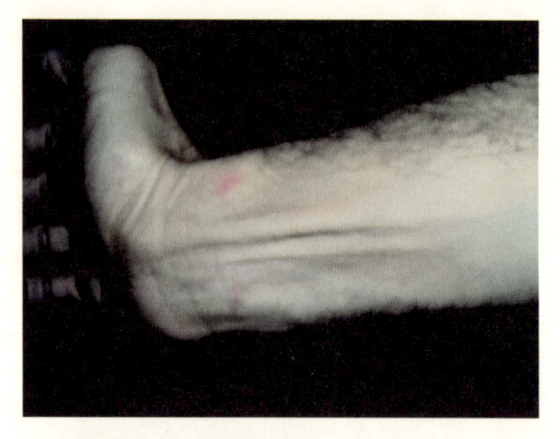

Cicatrizes deixadas pelas algemas no pulso do jornalista.

Um dos incontáveis cartazes espalhados pela Síria com a imagem do ditador Bashar al-Assad (em Homs).

Papel timbrado da delegacia. Ao centro, lê-se "Força de Segurança Interna".

Fotos: Klester Cavalcanti

Em Homs, cidade da Síria onde a guerra é mais intensa, Klester Cavalcanti registrou os efeitos da guerra. No centro da cidade, fotografou tanques de guerra, carros carbonizados, uma grande avenida com o asfalto destruído e prédios e casas com marcas de tiros e explosões (acima). Em junho de 2013 – um ano após a libertação do brasileiro –, um ativista dos Direitos Humanos fotografou a mesma avenida pela qual Cavalcanti circulou e enviou as imagens ao jornalista. O lugar estava irreconhecível (abaixo).

Fotos: ONG Direitos Humanos/Divulgação

Próximo ao centro de Homs, o jornalista fotografou, de dentro do táxi, a explosão de uma bomba em cima de um prédio, durante um ataque do Exército Sírio.

No centro de Homs, os sinais da guerra são assustadores, como carros carbonizados durante ataques do Exército Sírio e grandes avenidas totalmente abandonadas e repletas de destroços (acima).

Tanque de guerra dividia espaço com carros, no centro de Homs. Ao ver que estava sendo fotografado por Cavalcanti, o soldado sírio apontou o canhão do tanque na direção do táxi no qual o jornalista estava.

Fotos: Klester Cavalcanti

سألت عذابي عن هواك
وكيف يصبر ما ساه هواك
كيف أدوك يا عمري المعنى
إذا مالقلب أسكره هواك
سهرت الطول أنشدي شعري
وكأن نفسي الشعر ناداك
أجيبك لو طلبني العمر يوما
منك الدواء والدا شناداك
أحبك لا تقوى كيف هذا
خنوعي وانتحاري لو هواك
عمار علي

Poema escrito pelo preso Ammar Ali, no bloco de anotações de Cavalcanti.

Perguntei ao meu sofrimento e ao meu amor
Como meu amor pode virar um sofrimento?
E como o sofrimento virar amor?
Como morrer vendo essa Lua brilhante?
E meu coração se embriagou do meu amor por você
Passei toda a madrugada tentando recitar poemas
Mas nenhum poema pude fazer
Um dia eu vou te ver
Mesmo que isso custe minha vida
Eu viverei em tua alma
Enquanto houver vida
Eu te amo
Não queira entender como
Minha vitória é o teu amor

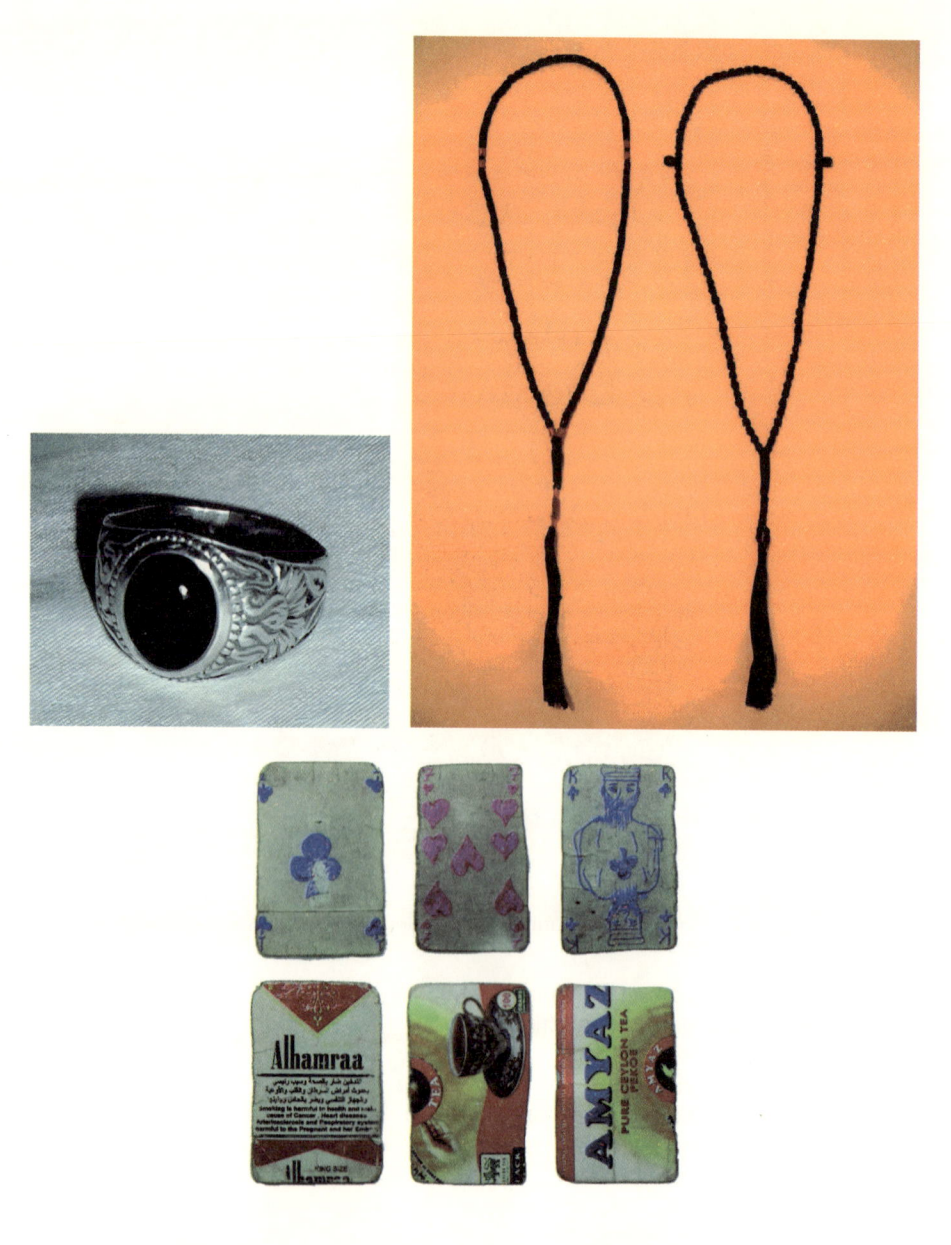

Durante sua passagem pela Síria, Cavalcanti recebeu presentes de pessoas que conheceu. As *masbahas*, espécie de terço islâmico, ele recebeu de Ibrahim Mansour, cobrador do ônibus que o levou até Homs, e de Adeel, seu companheiro de cela. Já o anel de prata com ônix, recebeu do detento Adnan al-Saad, na noite em que soube que seria libertado.
As cartas do baralho eram feitas pelos presos com embalagens de chá e de cigarro.

Fotos: Fady Marouf/Arquivo Pessoal

Chefe do Departamento Latino-Americano de Mídia do Ministério da Informação da Síria, Fady Marouf, 34 anos, ficou encarregado de manter Cavalcanti em segurança em Damasco, após seu retorno de Homs. Seria dele também a tarefa de providenciar a renovação do visto do jornalista brasileiro, que havia expirado durante seus dias na Penitenciária Central de Homs. Casado e com dois filhos – William, 8, e Elian, 4 (na página seguinte) –, Fady também era vítima da guerra em seu país.

Além de perder amigos e familiares no conflito, Fady passou por um grande susto. No dia 23 de junho de 2013, um carro-bomba explodiu a poucos metros do prédio em que sua família vivia. A explosão derrubou paredes e arrancou a porta de vidro da varanda e as janelas do quarto das crianças (abaixo). Não havia ninguém em casa no momento do atentado. O episódio levou Fady a tomar uma decisão dura e sofrida: enviar a esposa e as crianças para a casa de familiares no povoado de Hama-Myssiaf, a cerca de 200 quilômetros da capital, onde os efeitos da guerra ainda não eram sentidos. Com isso, ele passou a sofrer também com a saudade da família. Mas ao menos podia sentir um pouco de paz quando ia visitá-los. Aproveitava aqueles parcos momentos de leveza para brincar com os filhos e matar a saudade do sorriso da mulher.

Fotos: Klester Cavalcanti

Mesquita de Damasco, erguida há quase 1.400 anos, é considerada uma das mais belas e importantes do mundo. Mesmo tão pequena, Nahdja, de 2 anos, já aprendeu que não pode andar de sandálias no solo sagrado da mesquita.

No final de maio de 2012, enquanto a guerra destruía a cidade de Homs, turistas, moradores e vendedores lotavam o interior do Mercado de Damasco, com suas bancas de frutas, verduras, temperos e especiarias, além das lojas de roupas, tapetes, bijuterias, relógios e outros produtos.

Foto: João Alcântara/Arquivo Pessoal

Vice-cônsul do Brasil em Damasco, João Alcântara, 32 anos, foi encarregado de levar Klester Cavalcanti da capital síria até Beirute, no Líbano, num carro oficial da Embaixada Brasileira, depois que o jornalista foi libertado da prisão. Alcântara fora enviado à Síria em abril de 2012, um mês antes da chegada de Cavalcanti ao país e com a guerra já muito intensa. Apesar dos riscos, o vice-cônsul estava animado com sua primeira missão no Oriente Médio. Mas seus dias na Síria duraram pouco. Em julho de 2012 – 3 meses após sua chegada –, ele e todos os funcionários brasileiros da Embaixada em Damasco foram transferidos para Beirute, por questões de segurança. Mesmo tendo passado 3 meses vivendo num país em guerra, foi em Beirute que Alcântara sentiu o perigo mais de perto. No dia 19 de outubro de 2012, ele voltava para casa, quando uma explosão sacudiu o táxi em que estava. Olhou para os lados, assustado, sem saber o que tinha acontecido. Viu pessoas correndo em pânico, vidraças de prédios quebradas. Um carro-bomba havia explodido a pouco mais de 200 metros, no bairro cristão de Achrafieh, onde Alcântara mora. O atentado matou 8 pessoas e feriu cerca de 80.
Ele nunca tinha passado por nada parecido durante o tempo em que viveu na Síria. Mesmo assim, costuma dizer que se sente mais seguro em Beirute do que em Damasco, onde o peso da guerra é muito maior e mais presente.

MATRIX